내가
걸은 만큼만
내 인생이다 :-)

내가 걸은 만큼만 내 인생이다 :-)

여덟 번째 인터뷰 특강 **청춘**

☆ 강풀, 홍세화, 김여진, 김어준, 정재승, 장항준, 심상정

한겨레출판

머리말

일단 걷자, 내가 걸은 만큼만 내 인생이다

"이상! 빛나는 귀중한 이상, 그것은 청춘이 누리는바 특권이다. 그들은 순진한지라 감동하기 쉽고 그들은 점염(點染)이 적은지라 죄악에 병들지 아니하였고, 그들은 앞이 긴지라 착목(着目)하는 곳이 원대하고, 그들은 피가 더운지라 현실에 대한 자신과 용기가 있다. (……) 청춘은 인생의 황금시대다. 우리는 이 황금시대의 가치를 충분히 발휘하기 위하여, 이 황금시대를 영원히 붙잡아 두기 위하여, 힘차게 노래하며 힘차게 약동하자!"

민태원이 쓴 중수필 「청춘예찬」의 끝 부분이다. 1968년부터 고등학교 국어 교과서에 실렸는데, 요즘은 중학교 3학년 국어 교과서에 실려 있단다. 민태원이 「청춘예찬」에서 찬양한 '청춘'은 가슴 시리게 눈부시다. 그러나 대한민국 근현대사를 통틀어 '청춘'이 민태원이 일갈한 것처럼 눈부시기만 했던 적은 없다.

주변을 둘러보라. 2011년 대한민국에서 '청춘'은 백수, 백조, 알바, 불완전노동, 비정규직 따위의 동의어다. 오죽하면 '88만원 세대'라는,

소득을 세대에 고정시킨, 전혀 사회과학적이지 않은 개념이 커다란 반향을 일으켰겠나. '성공'과 '승리'는 대다수 청춘들에게 '나의 것'이 아니다. 이 땅에서 삶은 너 나 할 것 없이 살아남기 위한 목숨을 건 투쟁이다. 민태원이 예찬한 청춘을 만끽할 여유가 눈곱만큼도 없다. 그러나 돌이켜 생각해보면, 적어도 아시아의 동쪽 끝 한반도 남쪽 땅의 근현대사에서 고달픈 청춘의 삶은 새삼스런 게 아니다. 늘 그랬다. 시대의 변화에 따라 고달픔의 내용과 색깔이 달랐을 뿐이다. 한국전쟁기엔 서로 죽이고 죽어야 했고, 1980년대엔 독재에 항거하느라 제 몸에 불을 지르거나 투신자살하기도 했다. 2011년 등록금 대출금을 갚으려고 알바를 뛰다 목숨을 잃은 '황승원들'이 있다면, 1980년대엔 반미반독재 싸움에 목숨을 건 '이재호·김세진들'이 있었다. 이 죽음들에 높낮이를 매기는 건 무의미하다. 세상의 모든 생명은 시리게 푸르고, 어떤 죽음도 아프지 않은 게 없다.

도대체 이 땅에서 '청춘'은 어떤 존재인가? 그래서 〈한겨레21〉 창간 17돌(2011년 3월 15일) 기념 제8회 인터뷰 특강의 화두를 '청춘'으로 잡았다. 강연자는 모두 7명. 단골도 있고 새로 얼굴을 선뵈는 이도 있다. 4월 4일부터 19일까지 서강대 곤자가홀에서 시사평론가 김용민 씨의 사회로 진행됐다. 인터뷰 특강을 풍성하게 만들어준 뜨거운 열정의 시민들과, 강연자 및 사회자 모두에게 감사의 말씀을 전한다. 강연 순서대로 보자.

첫 강연자는 강풀. 직업은 만화가다. 『순정만화』 『당신을 사랑합니다』 『바보』 등은 세상을 대하는 섬세하고 정겨운 시선으로 훈훈하고, 『26년』에 담긴 광주학살 원흉들에 대한 억제할 수 없는 분노의 폭발은 강렬하다. 내놓은 작품마다 영화화 제의를 받는, 대한민국 청소년들과 젊은이들이 가장 사랑하는 만화가다. 강풀은 "100번의 습작보다 한 번의 실전작이 낫다"고 강조했다. 습작을 하다보면 어느 정도 타협하고 한계를 규정하게 된다는 이유에서다. 강풀은 꿈과 직업의 차이를 직시할 것을 당부했다. 꿈을 어떤 직업이나 연봉 같은 것으로 잡기보다는 자기가 원하는 자신의 모습을 파악하고 그것을 완성해가는 것으로 꿈을 상정하길 바란다는 것이다. 강풀은 이른바 명문 대학을 나오지 않아도 하고 싶은 일을 하다보면 먹고사는 문제도 해결하며 행복할 수 있다는 걸 온몸으로 보여주는 산증인이다.

다음은 홍세화. 흔히 쓰는 직함은 '〈르몽드 디플로마티크〉 한국판 편집인'. '똘레랑스(관용)'의 미덕과 힘을 한국에 소개한 전직 '파리의 택시운전사'. 인터뷰 특강과 인연이 깊은 인기 강연자다. 늘 진지한 이야기만 골라서 하는데 팬이 많다. 홍세화는 '자기 형성의 자유'를 거듭 강조했다. "생존은 자아실현을 위한 조건에 지나지 않는다"며, 자아실현과 먹고사는 문제로 갈등할 경우 "(생존을 위해 자아실현을) 유보하되 포기하지 말자"고 당부했다. 홍세화는 자신의 인생에 영향을 끼친 책으로 『전태일 평전』 『난장이가 쏘아올린 작은 공』 『공산당 선언』 등을 들었다.

3번 타자는 김여진. 직업은 연극, 영화, 텔레비전 드라마를 종횡으로 누비는 대중예술인이다. '자고 일어나니 유명해졌더라'는 누군가의 말을 연상시킬 정도로, 2011년 세간의 뜨거운 관심을 사고 있다. 홍익대 청소노동자의 든든한 벗인 '날라리 외부세력'의 핵심이자, 희망버스의 인도자인 김진숙 민주노총 부산본부 지도위원이 '천사'라 부른 사람. '유명한 개인'으로서 대중예술인의 사회적 영향력이 시민의 삶에 어떻게 긍정적 구실을 할 수 있는지 온몸으로 보여주고 있는, 대중예술인에 대한 시민들의 존경심을 한껏 높이고 있는, 자유로운 영혼의 소유자. 그는 자신의 지금까지 삶의 선택을 구체적으로, 진솔하게 밝히며 이렇게 당부했다. "고민하지 말고 뛰어들어라. 그러다 보면 방법을 깨칠 것이다. 어찌됐든 한 발짝 나서보는 것이 중요하다. 다른 사람에게 근사해 보이려고 아등바등 경쟁하면서 살 것인가, 아니면 지금 당장 여기서 행복할 것인가. 나는 지금 조건 없이 무조건 행복하기로 선택했고, 여러분도 그러길 바란다."

네 번째 강연자는 김어준. 공식 직함은 '〈딴지일보〉 총수'. '총수'라는 직함에 달라붙은 반민주적·권위적 느낌과 달리 그는 철저한 민주주의자다. 대중예술인이나 스포츠 스타가 아닌데도 촌철살인의 해학과 풍자로 대한민국 청소년들과 청년들 사이에 팬덤을 불러온 특이한 캐릭터의 소유자. 그는 주장한다. "행복은 적금을 들 수 없다. 예치했다가 나중에 찾는 게 아니다. 내일 할 일은 내일 하시라. 오늘 당장 할 수 있는 일을 하자. 과거는 수정하지 못하고 미래는 통제할 수 없다. 오로지 현재 내 태도만을 자신의 의지로 정한다. 자신의 욕망을 알고, 언제 행복할지 알겠다면 그냥 하시라. 이유를 달지 말고, 의미를 부여하지 말고."

5번 타자는 정재승. 공식 직함은 '카이스트 바이오및뇌공학과 교수'. 그 이름만 들어도 머리에 쥐가 날 것만 같은, 난해한 연구를 하는 과학자. 서태지를 보고는 '과학계의 서태지가 되겠다'고 다짐하고, 여자친구한테 잘 보이려고 대학 2학년 때에야 어쩔 수 없이 처음으로 오락실에 가봤다는, 대한민국 대표 '범생 천재'. 당부도 과학자답다. "창의적으로 살고 싶으세요? 그럼 전전두엽을 자극하세요." 전전두엽은 인간의 고등 사고를 관장하는 부위인데, 학원이나 학교에서의 암기식 학습으로는 절대로 자극받지 않는단다. 과외와 학원 교습으로 자녀의 미래를 보장받으려는 학부모들이 새겨들어야 할 '말씀'이다. 정재승 교수가 권하는 전전두엽 자극법은 운동과 수면, 독서와 여행, 그리고 다양한 사람 만나기 등이다.

그다음은 장항준. 영화감독이자 시나리오 작가. 법의학 드라마 〈싸인〉과 영화 〈박봉곤 가출사건〉의 대본과 시나리오를 썼고, 영화 〈라이터를 켜라〉를 연출했다. 아직은 영화감독으로서보다는 시나리오 작가로 더 유명하다. 스스로를 '성공하지 못한 감독'이라 부르는 까닭이다. 그래도 장항준은 "내 꿈은 예순 살 생일에 촬영 현장의 감독 의자에 앉는 것"이란다. 청춘에 권하는 장 감독의 비기는 "긴장하면 지고 설레면 이긴다".

마지막 행운의 7번을 장식한 강연자는 심상정. 공식 직함은 진보신당 전 대표. 한국 노동운동의 대모이자 진보정치의 상징적 인물. 진보적 가치를 거북해 하는 한국의 중장년층 사이에서도 '똑똑하고 강단이 있어 보이는 여자'로 통하는 장부형 캐릭터의 소유자. 전후 최초의 연대파업인 1986년 구로동맹파업의 실질적 조직자. '상부'(김문수 경기도지사)는 전향을 했지만, 꿋꿋하게 노동자와 사회적 약자의 동반자가 되겠다고 하는 정치인. 심상정은 "청춘이 꽃피어야 미래가 꽃핀다"며 "모든 것을 뒤로 물리고 자유를 찾는 시간을 갖기를 간절한 마음으로 권한다"고 당부했다.

강연자 7인의 삶의 궤적은 서로 다르다. 세상 사람들이 모두 서로 다른 것처럼. 그래도 겹치는 부분이 있다. 그 지점을 단순무식하게 추출하자면, 아마도 이러하리라. '나는 나를 사랑한다. 그리고 좌고우면하지 않고 내가 하고 싶은 일을 하며 살아왔고, 앞으로도 그러고 싶다.'

누군들 그렇게 살고 싶지 않을까. '삶이 내 뒷덜미를 잡고 놓아주지 않는다'고 여기는 청춘들께, 루쉰의 독백을 전하는 것으로, 이 허접한 소개를 접는다. "생각해보니 희망이란 본시 있다고도 없다고도 할 수 없는 거였다. 이는 마치 땅 위의 길과 같은 것이다. 본시 땅 위엔 길이 없다. 다니는 사람이 많다보면 거기가 곧 길이 되는 것이다."

그래, 일단 걷자. 내가 걸은 만큼만 내 인생이다. 좌절 금지!

〈한겨레21〉 편집장
이제훈

사회 김용민

극동방송·기독교TV PD, 한양대 신문방송학과 겸임교수 등을 지냈다. 지금은 하니TV〈김어준의 뉴욕타임스-김용민의 시사장악퀴즈〉와 딴지라디오 방송〈나는 꼼수다〉를 비롯해 이 방송 저 방송 기웃거리며 생계를 이어가는 시사평론가라고 자기를 소개한다. '시사평론계의 홍금보' 또는 '뉴스의 김구라'로 불리며 각종 방송을 통해 시사적인 내용들을 분석 종합하여 전하는데, 알기 쉽고 속 시원한 멘트로 인기가 높다. 『조국현상을 말한다』 『고민하는 청춘, 니들이 희망이다』 『MB 똥꾸 하이킥』 등의 책을 통해서도 그의 통렬한 풍자를 만날 수 있다.

머리말 5

일단 걷자,
내가 걸은 만큼만
내 인생이다

이제훈 〈한겨레21〉 편집장

제1강 ☆ 강풀 14

청춘은 꿈꾸는 자의 것이다

좀 더 살아본 청춘이 들려주는
알듯모를 같은 서바이벌 비법

제2강 ☆ 홍세화 48

유배된 청춘의 길을 찾아서

유배되었던 선배가
유배된 후배에게 들려주는 세상 이야기

제3강 ☆ 김여진 86

미안하다, 청춘! 행복해라, 청춘!

지금 이 순간의 행복을 선택할 청춘들을 위하여

제4강 ☆ **김어준** 124
청춘은 따로 없다, 내 스타일이 있을 뿐!
지금의 나를 만든 첫 경험들, 그 알짜배기 이야기

제5강 ☆ **정재승** 162
불안하고 불온하고 불쌍하다, 청춘들의 뇌
경쟁하되 협력하기 위한, 고뇌 어린 머릿속 생각 탐험

제6강 ☆ **장항준** 200
한없이 즐겁고 영화로워라, 청춘!
대책 없고 철없고 엉뚱 발랄한 영혼의 어른 되기

제7강 ☆ **심상정** 238
자유로이 노래하는 청춘을 위하여
억압의 청춘을 열정의 청춘으로 바꾸는 세상 만들기

제1강 강풀

☀ 청춘은 꿈꾸는 자의 것이다

2액년 4월 4일 저녁 7시
서강대학교 곤자가홀

좀 더 살아본 청춘이 들려주는
알토란 같은 서바이벌 비법

강풀 ★ 섬세하게 독자들의 마음을 사로잡으며 온라인 만화가 1세대로 부상했으며, 다양한 정치·사회적 의제에 대해 발언을 아끼지 않는 만화가이기도 하다. 2004년 대한민국만화대상 우수상, 2005년 BICOF 만화상 대상 등을 수상했고, 짓고 그린 책으로는 『당신의 모든 순간』 『그대를 사랑합니다』 『저치지 않을 물음표』 『만화로 평화 만들기』 등이 있다.

사회자 반갑습니다. 〈한겨레21〉 창간 17돌 기념, 제8회 인터뷰 특강 '청춘'의 사회를 맡은 시사평론가 김용민입니다.

추위를 물리치고 다가온 봄이 반가워야 하겠지만, 유독 올해는 참 두렵습니다. 작년에 800만 마리의 생명체를 땅에 묻어버렸지요. 이런 업보, 아직 정산하지 못했습니다. 그뿐 아닙니다. 일본 원전의 방사능 유출 사고로 해외도 어지럽습니다. 100주가 넘게 이어지는 전셋값 상승세, 3개월간 지속된 4퍼센트대 물가 상승세는 그 기세가 꺾이지 않고 있습니다. 그렇지만 강연자, 사회자, 청중 구분 없는 이야기의 장, 〈한겨레21〉 인터뷰 특강을 통해 반가운 봄을 부활시켜보려 합니다.

첫 시간에 모신 분은 흥행 가도를 달린 영화 〈그대를 사랑합니다〉의 원작자이면서 그야말로 이 시대 최고의 이야기꾼, 강풀 선생입니다.(청중 박수)

강풀 아, 아, 마이크 테스트, 마이크 테스트…….(청중 웃음)

사회자 등장하면서부터 큰 웃음 주시네요. 원작 만화뿐만 아니라 영화와 연극을 통해서도 『그대를 사랑합니다』가 많은 사랑을 받고 있는데요. 이 이야기를 만드는 데 할머니께서 상당한 영감을 주셨다고 들었습니다.

강풀 사실 저는 할머니랑 별로 안 친했어요. 제가 만화를 그려서 돈을 번 후 부모님 살 곳을 마련해드렸을 때 아버지께서 맨 처음 하신 일이 할머니, 그러니까 당신의 어머니를 모셔 오신 거였어요. 그 전에 할머니란 1년에 한두 번, 명절 때만 뵙는 분이었지요. 또 저희 할머니가 자식을 열이나 낳으셨기 때문에, 저는 많은 손자들 중 하나일 뿐이었고요. 나이 들어 할머니랑 같이 살게 되면서 좀 친해졌어요. 그러다보니 '아, 노인들의 사랑 이야기를 그려보고 싶다'라는 생각이 갑자기 튀어나와 만화까지 만들게 됐습니다.

사회자 『그대를 사랑합니다』를 보면서 '어르신들도 사랑을 할 수 있는데, 이런 생각까지는 못 하고 살았구나' 싶었어요. 우리가 간과해왔던 부분일 텐데, 어르신들뿐만 아니라 오늘을 살아가는 20대에 대해서도 우리가 얼마나 아는지 생각해보았어요. 어떤 생각 없는 사람이 '20대는 희망이 없다, 10대에게 판돈을 다 걸겠다'라고 말해서 물의를 빚기도 했지요. 심지어 〈조선일보〉 사설에까지 나왔어요. 아, 이건 제 얘기랍니다.(청중 웃음) 이런 몰지각한 사람은 우리 사회에서 추방해야 합니다만, 강풀 선생이 20대를 바라보는 감정은 어떻습니까?

강풀 솔직히 말해서 참 안됐습니다. 오죽하면 '88만원 세대'라는 말이 나왔을까 싶기도 하고요. 가끔 제 또래 사람들이 "요즘 20대, 너무 데모를 안 해. 사회문제에 관심이 없어"라고들 하는데, 저는 왠지 그런 말 하기가 좀 미안해요.

  제가 94학번인데, 저희 때만 하더라도 대학 다닐 때 열심히 데모하고 학생회 활동을 해도 대학 나와서 취직은 했던 것 같아요. 그런데 요즘 저보다 어린 동생들을 만나 이야기를 들어보면 정말 암담하더라고요. 지금 20대들은 사회 나오면 바로 빚쟁이가 되는 경우가 많은 것 같아요. 그렇지만 시간이 지나고 나면 다들 "그때 우리는 다 어려웠다"고 얘기하잖아요. 그 친구들에게도 그런 날이 오겠지요. 저보다 어린 20대들을 탓하기보다는 응원하고 싶은 마음이 큽니다.

사회자 그런 20대 대학생들이 등록금 투쟁에 나서고 있습니다. 여러 대학에서 동시다발로 이뤄지고 있는데, 어떻게 보십니까?

강풀 잘하는 짓이라고 생각합니다.(청중 웃음) 여러 대학에 들를 때마다 계속 새로운 건물을 짓는 게 보이더라고요. 언뜻 보니 이곳 서강대에도 건물이 두 개나 올라가던데, 그저 보면서 '와, 좋겠다'가 아니라 '아휴, 애들 등록금 때문에 머리 아프겠다'라는 생각이 들더라고요.

사회자 학교 다니실 때 운동권이었습니까?

강풀 네. 열심히 했지요. 제가 상지대학교를 나왔는데, 학원 자주화 투쟁과 등록금 투쟁에 열심히 참여했습니다. 1학년 때 등록금이 140만 원이었는데, 데모를 열심히 했는데도 졸업할 때는 210만 원까지 올랐어요. 그렇게 등록금이 올랐으니 데모가 소용없는 짓이라고 할지 모르겠지만, 그래도 자기가 할 얘기는 하는 게 맞지요.

대학 다닐 때 저는 총학생회에서 대자보 같은 걸 쓰는 홍보부원으로 활동했습니다. 그런데 대자보가 너무 많이 붙었다가 떨어지니까 학우들이 안 보더라고요. 그래서 대자보 만화를 그리게 된 겁니다. 5월이 되니까 5·18을 알리고 싶었는데, 저는 만화를 그려 그걸 알린 거지요.

사회자 말씀을 듣고 보니 5·18을 소재로 한 『26년』이란 작품이 그냥 나온 것 같지 않은데, 『26년』에 대한 이야기도 잠깐 해주시지요.

강풀 간단히 말하자면 5·18 희생자의 아이들이 커서 학살자를 암살한다는 얘기예요. 폭력에 폭력으로 대항한다는 굉장히 극단적인 작품인데요, 결말에 암살이 성공했느냐 실패했느냐로 아주 말이 많았지요. 저는 모든 만화를 시작하기 전에 결말을 다 구상해놓거든요. 결말을 못 지은 게 아니라 원래 결말이 그렇습니다. 암살에 성공하는 것으로 결말을 지으면 카타르시스도 느껴지고 보는 사람도 좋아했겠지요. 하지만 저는 『26년』을 통해 암살의 성공과 실패를 얘기하고 싶진 않았어요. 시간이 지나고 나면 사람들은 모든 작품에 대해 압축해서 말합니다. 그런데 "『26년』이 무슨 만화냐?"라는 질문에 "암살하는 얘기야"라는 답을 듣고 싶진 않았습니다.

저는 『26년』을 통해서 5·18민주화운동이 지금도 계속되고 있다는 이야기를 하고 싶었어요. 정권을 비롯한 여타의 것들이 계속 바뀌면서 "이제는 화해의 시대, 용서의 시대다. 용서하자, 화해하자"라고들 하는데, 지금은 화해를 하고 싶어도 용서해달라는 사람이 없잖아요. 그래서 그 아픔은 계속되고 있고요.

사람들이 화해를 이야기할수록 5·18은 계속 잊히는 것 같았어요. 심지어 어린 동생들은 5·18과 8·15를 헷갈려 해요.(청중 웃음) 그건 그들 잘못이 아니에요. 우리가 전달자 역할을 제대로 못한 거지요. 그래서 저는 5·18민주화운동이 끝난 게 아니라 지금도 지속되고 있다는 데 초점을 맞췄습니다. 그러다보니 결말도 열려 있고요. 저는 지금도 그런 결말이 맞다고 생각합니다.

사실 당시에 전두환 씨가 자기 전 재산이 29만원이라고 말했다는 보도를 보고, 시쳇말로 '빡'이 돌았어요. '저 인간이 미쳤나' 하는 생각이 들 정도로요. 그건 5·18 희생자들을 우롱하는 거잖아요. 거기서 『26년』에 대한 구상이 시작됐어요. '암살해버리자!' 이런 거였죠.(청중 웃음) 이런 인간을 법적으로도, 사회적으로도 어찌할 수 없을 때, 그래도 나는 만화를 그리는 사람이니까 문화적으로라도 어떻게 해봐야지, 라는 욕구가 있었던 겁니다.

사회자 『26년』에 대한 말씀 잘 들었고요. 이제 〈한겨레21〉 창간 17돌 기념 제8회 인터뷰 특강 '청춘', '아빠의 청춘'이 아닌 '오빠의 청춘', 본격적으로 시작해보겠습니다.(청중 박수)

100번의 습작보다 한 번의 실전작이 낫다

강풀 오늘 강연 주제가 '청춘'이더라고요. 고민이 많이 됐어요. 강연장에 저보다 나이 많은 분들도 많이 오셨던데…… 저도 아직 청춘이잖아요?(청중 웃음) 아니군요. 다들 저보다 젊다고 우기신다면…… 그래도 저는 아직 청춘 하겠습니다. 여러분은 어린이 하세요.(청중 웃음)

　청춘에 대해 맨 처음으로 하고 싶은 얘기는, 앞서 말씀드렸듯이 좀 미안하다는 겁니다. 선배로서 항상 뭐라고 할 말이 없다는 생각이 많이 들어요. 생각해보면 청춘일 때 가장 고민이 많잖아요. 저도 그랬고요. 그때는 동기들이나 후배들이 술 먹으면 꼭 어려운 걸 물어봐요. "인생이 뭐야?"(청중 웃음) 제가 그걸 어떻게 알겠어요. 너무 어려운 문제잖아요. 거기다가 "사랑이 뭐야?" 이런 걸 물어보고……. 그나마 거기까지는 괜찮은데, 졸업할 때가 되면 "나 취직은 어떻게 하냐", "나 뭐 하고 사냐"라는 고민을 털어놓지요. 인생이나 사랑도 문제지만, 하고 싶은 일이 있는데 어떻게 해야 할지 모르는 게 가장 큰 고민인 것 같아요. 예를 들자면 "시사평론가가 되고 싶은데 너무 어려운 것 같아. 어떻게 해야 할지 모르겠어" 같은 고민이지요. 그런데 그런 고민에 대한 결론은 하나더라고요.

생각을 복잡하게 하면 그건 고민이고, 간단하게 하면 그건 계획인 것 같아요. 그런데 청춘들은 항상 생각을 복잡하게 하는 거지요. 청춘들의 고민을 들어보면, 모든 고민에 하나의 공통점이 있어요. 해결 방법은 본인이 가장 잘 알아요. 그런데 그걸 해결하는 과정이 어렵고 두려우니까 모르는 척하는 거지요. 이럴 때 제가 해줄 수 있는 말은 하나밖에 없어요. "힘내!"

저도 어렸을 땐 "나도 너만 할 때 그랬어"라며 내 고민을 가볍게 여기거나, "우리 때는 더 어려웠어"라고 얘기하는 게 싫었어요. 그런데 지금은 그때 그렇게 말했던 사람들이 무책임한 게 아니라 그들의 말이 진심이었을 수도 있겠다고 생각해요. 물론 귀찮아서 그렇게 말했던 사람도 있겠지만요. 결국 저는 고민하는 청춘들을 볼 때마다 두려워하지 말고 힘내라고 얘기합니다.

만화가 지망생들이 저에게 메일을 아주 많이 보내요. "어떻게 하면 만화가가 될 수 있습니까?" 그럴 때마다 웃으면서 "저도 만화가 됐어요"라고 합니다. 그리고 진심을 담아 한마디 덧붙이지요. 100번의 습작보다 한 번의 실전작이 낫다고. 습작을 많이 하다보면 어느 정도 타협을 하게 되고 스스로 한계를 규정하게 되는 것 같더라고요. '여기까지는 괜찮아.' 이런 식으로요. 그래서 저는 만화가 지망생들에게 실력이 부족하고 좀 창피하더라도 습작을 하지 말고 첫 작품이라는 생각으로 실전작을 그리라고 늘 강조해요. 습작을 계속하다보면 '이건 습작인데' 하면서 느슨해지고 시간은 시간대로 흘러가게 되거든요. 이

귀중한 청춘의 시간을 습작하느라 보내지 말고 바로 실전에 뛰어들라는 겁니다. 폭넓게 얘기하자면 지금 내 스펙으로 이 분야에 뛰어들 수 있을까 고민하지 말고 일단 뛰어들었으면 좋겠다는 거예요.

여기에다 한마디 덧붙여, 조금만 더 사회에 관심을 가져달라는 말을 하지요. 청춘들이 뛰어들 사회가 바로 눈앞에 있는데 조금만 더 관심을 가지면 좋지 않을까 해서 살짝 요구하는 겁니다. 그러다보면 조금 더 바쁘지만 재미있게 살 수 있는 것 같아요.

저는 대학 들어가서 졸업할 때까지 신나게 데모만 하면서 지냈어요. 대학 시절에는 어떤 직업을 갖겠다는 생각을 안 했고, 졸업할 때쯤 만화를 선택한 경우거든요. 그때 만화가가 되기로 마음을 먹고 나서 별짓을 다 했어요. 저는 국문학과를 나왔고 그림은 전혀 배운 적도 없는데 만화가가 되는 게 꿈이었습니다. 그래서 이력서도 엄청나게 많이 돌렸고 발품 팔아 편집장들 만나러 수도 없이 돌아다녔는데, 그래도 잘 안 됐어요. 그런데 끝까지 믿었지요. '내 꿈은 만화가다. 만화가의 꿈을 이뤄야지.'

꿈은 내가 원하는 나의 모습

사실 저는 대단한 역경이나 고난을 겪었다고는 생각하지 않아요. 제가 그렇게 이력서 돌리고 발품 팔아 편집장들 만나러 다닌 게 대단한 일처럼 보일지 모르겠지만, 제 주변에 영업 뛰는 친구들은 지금도 그렇게 살거든요. 그건 대단한 일이 아니에요. 그리고 역경이나 고난이 있더라도 저는 그걸 무시하는 편이었어요. '이게 뭐가 힘들어.' 이러고 살았어요. 그걸 너무 인식하면 도리어 힘들어지는 것 같아요.

그렇게 살다보니 2001년에 데뷔해서 어느덧 만화가가 돼 있더라고요. 제가 꿈을 이뤘다는 생각도 가끔 했지요. 그런데 지금 돌이켜보면 만화가는 제 꿈이 아니라 그냥 직업이더라고요. 굉장히 미묘한 차이이고 말장난 같지만 그렇더라고요.

서른여덟 살에 어느 정도 돈벌이를 하는 제가 꿈 얘기를 하면 '너는 성공했으니까 그렇겠지'라고 생각하실지도 모르지만, 분명한 건 꿈과 직업은 엄연히 다르다는 겁니다. '내 꿈은 앵커야', '내 꿈은 대기업 간부야', 이건 그냥 직업이고, 생활의 모습을 보여줄 뿐이지요. 직업이 내가 하는 일이라면, 꿈은 어떤 일을 하든 내가 원하는 나의 모습인 것 같아요. 무슨 일을 하든 최종적으로 무엇을 이룰지가 꿈인 것 같습니다.

예전에 제 꿈은 만화가였는데, 지금 제 꿈은 제 만화를 보는 사람들이 조금 더 행복해지는 거예요. 개인마다 꿈은 다 다르겠지요. 하지만 꿈을 어떤 직업이나 연봉 같은 것으로 잡게 되면 오히려 잃는 게 더 많지요. 자기가 원하는 자신의 모습이 뭔지 알고 그것을 완성해가는 게 좋은 꿈인 것 같아요. 그러니까 여기 계신 청춘들 모두 좋은 꿈을 꿨으면 좋겠습니다. 그럼 강연 마치겠습니다.

사회자 벌써요?

강풀 저는 할 얘기 다 했습니다.(웃음)

사회자 강연을 이렇게 간략히 하시니까 진땀이 나는데요. 강풀 선생과 저는 공통점이 많습니다. 일단 나이가 같고, 어디 가서 초콜릿 복근 가졌다는 얘기는 절대 못 듣고, 대학 다닐 때 술도 못 마셨고…….

강풀 진짜요? 저는 서른한 살에 처음 술을 마셨고요. 담배는 서른세 살 때 처음 피웠습니다. 굉장히 청순하게 살았지요?(청중 웃음) 저는 아버지 때문에 그렇게 됐는데요. 재작년에 칠순을 맞아 은퇴하셨는데, 대형 교회가 아니라 아주 가난한 교회의 목사님이셨지요.
　저희 부모님이 저를 키운 방식이 꽤 독특했어요. 일단 저를 많이 믿어주셨습니다. 대학에 들어갔을 때 아버지께서 "너는 아버지가 목사고 크리스천이니까 술, 담배 하지 마라" 그러시더라고요. 그래서 "네, 알겠습니다" 했는데, 먹고 싶고 피우고 싶어서 미치겠더라고요.(청중 웃음) 대학 들어가서 오리엔테이션 같은 데 가면 미친 듯이 술 마시잖아요. 그래도 끝까지 유혹을 이겨내고 집에 와서 멋있게 있는데, 아버지가 두 번 다시 안 물어보시더라고요. "술 먹었니?" 이런 확인을 안 하시는 거예요, 졸업할 때까지. 사회에 나와서야 비로소 "아버지, 제가 술을 안 먹고는 도저히 사람들과 어울리기 힘든 것 같아요"라고 말씀드렸더니 "먹어" 이러시더라고요.(청중 웃음) 그래서 술, 담배를 굉장히 늦게 배웠지요.

　　사회자 정말 똑같네요. 아버지가 목사셨고, 지금 은퇴하셨고, 재작년에 칠순이셨고, 또 믿어주는 스타일. 저도 그렇습니다.

강풀 외모도 좀 닮은 것 같아요.

　　사회자 그건 저에 대한 모독입니다.(청중 웃음)

강풀 제가 강연을 너무 빨리 끝내서 당황하신 것 같은데, 저는 강연할 때 먼저 질문을 받고 시작합니다. 그래서 청중 분들이 원하시는 얘기를 많이 하는 편이고요. 모든 질문에는 100퍼센트 답변합니다. 그러니까 '이런 거 물어봐도 되나?' 하는 걸 물어보셔도 됩니다.

꿈을 꾼다는 것, 먹고산다는 것

사회자 오늘 주제가 '청춘'이니까 우리 청춘들의 목소리를 많이 들어볼까 하는데요, 가장 젊어 보이는 분께 질문 기회를 드리겠습니다.

청중1 저는 구리시에서 온 고등학생입니다. 얼마 전에 『무한동력』이라는 만화를 봤는데요, "죽기 전에 못 먹은 밥이 생각나겠나, 아니면 못 이룬 꿈이 생각나겠나?"라는 말이 굉장히 감명 깊었어요. 지금 진로를 결정해야 하는 시기인데, 저는 하고 싶은 것도 없고, 좋아하는 것도 없고, 특별히 와 닿는 것도 없고, 학교에서 진로 검사를 해도 별 느낌이 없습니다. 제가 원하는 것을 찾아서 이루려면 어떻게 해야 할까요?(청중 웃음)

강풀 저랑 비슷하시네요. 저도 대학 졸업할 때까지 제가 만화가가 될 줄은 몰랐어요. 하다못해 고등학교 다닐 때 학교에서 장래희망을 써내라고 할 때도 칸을 채워서 낸 적이 없어요. 하고 싶은 게 없었거든요. 주변 친구들이 뭔가 꿈을 설정해놓은 것 같아서 불안한 듯한데, 그애들도 별 생각 없을 거예요.(청중 웃음) 뭔가 꿈을 얘기해야 할 것 같아서 말하는 친구들도 많을 거고요.

벌써부터 꿈을 확실히 정해놓을 필요는 없다고 봅니다. 나중에 뭐가 되겠다, 라고 너무 일찍 정해버리면, 그 외의 것들을 볼 수 있는 기회를 많이 놓치는 것 같아요. 그러니까 지금 본인의 꿈을 모르더라도 '난 어떻게 해야 하나요'라는 고민은 안 하셔도 될 것 같습니다. 일단 좋아하는 걸 많이 하다보면 그것과 연관해서 하고 싶은 일이 생길 거예요. 하고 싶은 일이 없을 때 억지로 그런 일을 설정해놓고 거기에 맞춰서 움직이지 마시고, 그냥 지금을 즐기세요.

저도 만화를 좋아하기만 하다가 결국 만화를 안 그리고는 못 살겠다 싶어서 만화가가 됐거든요. 20대가 아니면 언제 좋아하는 걸 이것저것 해볼 기회가 있겠어요. 30대에 들어서면 이미 삶에 치이기 시작하죠. 그러니 할 수 있는 모든 것에 관심을 두고 이것저것 많이 해봤으면 좋겠어요. 맘 편히 먹고 하고 싶은 걸 하다보면, 언젠가는 분명 꿈을 찾을 겁니다.

사회자 제 생각에는 가장 훌륭한 답인 것 같네요. 아, 이번 질문자보다 더 젊어 보이는 분이 계시네요. 질문 받겠습니다.

청중2 저는 중3인데요, 초등학교 때 꿈은 만화가였어요. 엄마한테 만화가가 되고 싶다고 했더니 충고를 아끼지 않으셨지요. 만화가로 성공하면 좋겠지만 무명 만화가가 되면 지하 셋방에서 라면이나 끓여 먹으며 살 거라면서…….(청중 웃음) 그래도 만화가를 하겠다면 밀어주겠다고 하시긴 했어요. 그런데 만화가라는 게…… 굉장히 충격이었어요.(청중 웃음) 그래서 지금 꿈을 역사학자로 바꿨거든요. 이게 잘한 건지, 또 무명 만화가

들은 진짜 그렇게 사는지 궁금해요.(청중 웃음)

강풀 좀 독하게 말하는 만화가분들은 돈 잘 벌려면 만화가 하지 말라고 얘기하세요. 그런데 저는 그렇게까지 얘기하고 싶지는 않네요. 어느 직업이나 다 편차는 있습니다. 만화가들이 모두 라면 끓여 먹고 셋방에 사는 건 아니고요. 그리고 꿈을 바꾼 게 잘한 건지 아닌지는 이제 중3인데 뭘 벌써부터……. 그렇게 생각하지 마시고, 만화 계속 그리면서 공부도 하세요. 아주 진지하게 질문해서서 뭐라고 드릴 말씀이 없네요. 파이팅!

    사회자 역사학자 하면서 만화가를 하는 것도 한번 생각해보세요. 만화로 자기 메시지를 표출할 수도 있으니까요. 그럼 다음 청춘의 질문 받겠습니다.

    청중3 제 꿈이 방송작가인데, 돈을 많이 못 번다고 하더라고요. 제 꿈을 부모님께 말씀드렸더니 그러라고 공부 시킨 거 아니라고 하시더군요. 제가 하고 싶은 일 중에는 돈을 많이 버는 직업이 없어요. 그런데 우리나라에서 돈을 못 벌면 솔직히 좀 그렇잖아요. 장기적으로 봤을 때 제가 하고 싶은 일을 하는 게 옳은지, 아니면 편안한 삶을 위해 남들처럼 돈 많이 버는 직업을 택하는 게 나을지 모르겠어요.

강풀 그건 간단한 것 같아요. 돈을 많이 버는 게 더 행복할지, 방송작가를 하시는 게 더 행복할지 선택하시면 되지요. 그러니까 돈이 많아야 행복할 것 같으면 돈 버는 일을 하면 되고, 벌이가 적더라도 방송

작가를 해야 행복할 것 같으면 방송작가 일을 하면 되는 거예요. 부모님 말씀 듣지 마세요. 어차피 당신의 인생인데요.(청중 웃음)

사회자 사실 청춘들이 먹고사는 문제에 대해 관심이 많습니다. 현실이고, 실존의 문제니까요. 이 문제는 어떻게 풀어가야 할까요? '꿈이 있으면 그 꿈을 위해 올인하라!' 이런 얘기가 청춘들에게는 참 막연하게 들린다고 하더라고요.

강풀 제 얘기를 할게요. 저는 만화를 간절히 그리고 싶었는데 집이 많이 가난했어요. 그런데 저는 집이 가난했다고 얘기하는 걸 굉장히 싫어해요. '그렇게 말하면 부모님은 뭐가 돼'라는 생각이 들거든요. 저희 아버지는 목사님이었기 때문에 비교적 당당하게 말할 수 있긴 하지만요.

저는 가정 형편은 어려웠지만 가정환경은 좋았어요. 물론 저도 대학 졸업하고 '나이는 서른 가까이 됐는데 집안에 백도 없고 만화는 그리고 싶은데 어떡하지' 하고 생각을 많이 했습니다. 당장 돈 한 푼 없으면서 매일 이력서를 돌리고 다녔거든요. 데뷔도 못 했는데 만화를 하려다보니, 서울·경기 지역 전화번호부를 ㄱ부터 ㅎ까지 샅샅이 뒤져서 모든 신문사, 잡지사, 출판사에 이력서를 보냈어요. 한 400장 뿌렸지요. 그런데 연락이 거의 안 오더라고요.

두 군데에서 오긴 했는데, 하나는 돈 받지 말고 만화를 그리라는 거였어요. 저는 직업으로 만화가를 선택한 것인데 말이지요. 또 하나는 파이프 배관 관련 잡지였어요. 거기는 고료가 2만 원이었어요. 그나마 거기서 만화를 그리긴 했는데, 두 달 후에 폐간되더라고요.

그래서 그다음엔 교보문고 잡지 코너에 가서 잡지 맨 뒤에 있는 편집장 전화번호를 다 베껴 와서 6개월 동안 돌아다녔어요. 내 만화 좀 써달라고요. 그래도 안 되더라고요. 그래서 그때 강풀이란 필명으로 온라인 만화를 시작했어요. 사실 저는 오프라인 만화를 하고 싶었는데, 아무도 안 받아줘서 온라인으로 온 경우거든요. 그런데 아주 운이 좋았던 거지요.

하여튼 그렇게 일을 찾아다닐 때 정말 고민이 많았어요. 이력서 돌리고 다닐 때 어머니한테 하루에 5천 원씩 받아서 나갔거든요. 교통비와 점심값으로요. 그때 참 고민 많이 했지요. 이렇게 살다가는 굶어 죽을 것 같고, 돈도 못 벌 것 같고, 가정 형편도 좋지 않은데 내가 너무 철이 없는 게 아닌가 싶은 생각이 들었어요. 그런데 그런 상황에서도 끝까지 만화를 그리고 싶더라고요. 만화를 안 그리고는 못 살겠다 싶어서 결국 만화가가 된 거예요. 자신의 욕구와 현실적인 상황이 부딪쳤을 때, 그 상황을 이겨낼 수 있는 경우는 자신의 욕구가 더 강할 때밖에 없는 것 같아요.

사회자 왜 이 질문이 안 나오나 싶었는데, 문자 메시지로 질문이 들어왔네요. 강풀 선생은 얼마나 버시는지?(청중 웃음)

강풀 모든 질문에 답한다고 했으니까…… 저는 1년에 5개월을 연재합니다. 한 달은 놀고 나머지 6개월은 다음 연재를 준비하는데…… 제가 얼마 버는지는 잘 모르겠어요.(청중 웃음) 저는 프리랜서이기 때문에 월급 개념이 없어요. 인세도 띄엄띄엄 들어오고. 하여튼 제 나이에 비해서는 꽤 번다고 생각합니다. 지금은 솔직히 굶지만 않고, 만화를 계속 그릴 수 있을 만큼만 돈을 벌면서 살 수 있으면 좋겠다고 생각해요.

사회자 역시 돈 문제는 모든 사람들에게 가장 솔깃한 주제인 것 같습니다.(청중 웃음) 다음 질문 받도록 하겠습니다.

청중4 강풀 선생님은 만화와 상관없는 전공을 하셨지만 만화가가 되셨는데요. 저도 대학에서는 법학을 전공했지만, 지금은 프리랜서 라디오 리포터로 일하고 있습니다. 저는 하고 싶었던 일을 하고 있긴 한데, 좋아하는 일을 해도 매너리즘이 자주 찾아오더라고요. 처음에는 돈을 안 받더라도 좋아하는 일이니까 방송을 하고 싶다고 생각해서 시작했는데, 시간이 지나다보니 이거 말고 또 재미있는 게 없을까, 순수 학문을 공부해보는 건 어떨까 하는 생각이 들었어요. 그런데 순수 학문을 공부하게 되면, 그런 학문은 야간학부 개설이 안 돼 있어서 방송 일을 다 접어야 하거든요. 그래서 고민이 많아요.

강풀 어떤 고민이 있을 때마다 '지금 아니면 새로운 일을 못 하니까 지금 하고 있는 걸 포기하고 새로운 걸 해' 이런 생각은 좀 웃긴 것 같아요. 당시의 상황이라는 게 있으니까요. 솔직히 질문하신 분께 뭐라고 드릴 말씀은 없습니다. 만약 지금 하고 있는 일이 충분히 재미있지만 다른 일도 하고 싶은 거라면……… 가끔 사람이 살다보면 어쩔 수 없는 상황이 생기기는 하는 것 같아요. 어쩌면 지금 하고 있는 일을 포기해야 할 수도 있고요.

좋아하는 일을 직업으로 갖더라도 매너리즘에 빠진다는 얘기를 하셨는데, 그 문제는 생각을 좀 바꾸면 되지 않을까 싶습니다. 저는 '이렇게 좋아하는 일을 하는데도 매너리즘에 빠지는데, 자기 일을 별로 좋아하지 않는 사람은 더 힘들지 않을까'라는 생각을 해요. 저도 만화를 그리다가 지쳐서 '내가 왜 이걸 그리고 있지?'라는 생각이 들 때가 있어요. 하지만 그건 누구나 다 겪는 일인 것 같아요. 조금 있으면 다시 좋아질 거예요. 좋아하는 일을 해도 힘든데, 별로 좋아하지 않는 일을 하다가 힘들어지기까지 하면 그땐 정말 죽겠지요.

 제가 재작년까지는 모교에서 학생들을 가르쳤어요. 그런데 다시 공부를 하고 싶더라고요. 그래서 지금은 대학원에서 만화를 배우고 있어요, 만화가가.(청중 웃음) 연재를 하면 너무 벅찬데, 저 같은 경우는 손이 정말 느려서 하루에 스무 시간쯤 작업을 해야 하지요. 그러면서도 대학원은 나갔어요. 만화가로서의 삶과 학생으로서의 삶 중 어느 것도 포기를 못 하니까, 둘 다 무척 하고 싶으니까 그냥 하게 됐어요. 그런데 지금 질문하신 분은 뭘 배우고 싶어도 시간이 아예 안 맞으니까 방법이 없는 거잖아요. 그래서 사실 뭐라고 드릴 말씀이 없습니다. 죄송합니다. 저는 원래 어디를 가든 모르면 그냥 모른다고 얘기해요.(웃음)

사회자 그런데 굉장히 길게 하시네요.(청중 웃음) 이번에는 객석으로 가보겠습니다. 지금 손드신 분!

청중5 저는 제 동생 얘기를 하고 싶은데요, 제 동생이 고3이에요. 그런데 매일 아침 6시에 나가서 새벽 2시에 들어와요. 주말에도 거의 독서실에 가 있어서 대화할 시간도 별로 없고요.

 저는 호기심이 많아서 대학에 오면 하고 싶은 일을 다 할 수 있을 줄 알았는데, 그게 아니더라고요. 그런데 동생 역시 제가 그랬던 것처럼 대학에 대한 희망을 갖고 있는 거예요. 대학만 가면 모든 걸 다 해볼 수 있을 거라면서 굉장히 기대하고 있지요. 오히려 저는 동생 나이 때 뭔가를 못 해본 게 안타까워서 동생에게 이것저것 해보라고 하거든요. 그런데 동생은 도리어 누나가 뭔데 그런 얘기를 하느냐, 나는 지금 공부하느라 바쁘다, 라고 해요. 그러다가 동생이 대학 가서 물거품처럼 실망을 하게 될까봐 걱정이에요. 제가 다쳐보니까 제 동생이 그렇게 아프지 않았으면 하는 바람이 있어요. 동생에게 어떤 말을 해주면 좋을까요?

강풀 누나의 마음은 알겠는데요, 동생도 자기가 살고 싶은 인생이 있지 않을까요? 동생 입장에서는 누나의 조언을 일종의 간섭을 넘어선 참견으로 받아들일 수도 있어요. 이후에 동생이 경험할 수 있도록 내버려두는 것도 괜찮은 것 같아요.

강연 처음에 말했듯이 저도 아직 청춘을 살고 있는지라 모르는 게 많아요. 최대한 열심히 답변을 하겠지만, 저는 현자(賢者)나 많이 아는 사람이 아닙니다.(청중 웃음) 제 방식대로 답변해드릴게요. 그냥 내버려두세요. 자기 인생을 스스로 경험하게 그냥 두세요.

사회자 다음 질문 받겠습니다. 뒤에서 계속 손드신 분 계신데요, 일어서서 말씀해주세요. 만인의 스포트라이트 받으시면서.

청중6 그동안 순정만화를 많이 그려오신 강풀님은 순정에 대해 어떻게 생각하시는지 궁금합니다. 인생에서 순정한 사랑은 한 번밖에 못하는 건지도, 궁금하고요.

사회자 이 자리에서는 한 번밖에 못한다고 할 수밖에 없지 않

나요?(청중 웃음)

강풀 질문하신 분이 말씀하신 순정의 정의가 어떤 건지 잘 모르겠는데요, 진정한 사랑과 비슷한 말이지요? 솔직히 말해서 저는 아직 잘 모르겠어요. 사랑이 뭐냐고 생각하냐, 이런 건 진짜 어려운 질문인데…… 낯간지럽기도 하고요.(청중 웃음)

제가 생각하는 사랑은, 그냥 같이 있으면 좋은 거예요. 전 그게 다인 것 같습니다. 더 멋진 대답을 개발 중이지만, 쉽게 안 찾아지더라고요. 더 짧게 얘기하자면 제가 생각하는 사랑은 '아내'입니다.(청중 웃음) 그냥 그런가보다 하세요.

사회자 아내 이야기가 나왔으니, 여쭤보겠습니다. 여러 분이 문자 메시지로 보내주신 공통된 질문인데요. 트위터를 보면 그야말로 팔불출입니다. 아내가 그렇게 좋습니까?(청중 웃음)

강풀 아내는 학교 후배였는데, 저랑은 일곱 살 차이가 납니다.(청중 웃음) 고맙습니다. 네, 저는 전생에 지구를 구했어요.(청중 웃음) 제가 졸업할 당시에 아내는 새내기였고, 계속 좋은 선후배로 지내다가 2년 연애한 후에 결혼을 했죠. 좀 더 빨리 할걸 그랬어요. 정말 행복해서요.

진부한 걸 두려워하지 마라

사회자 청춘들의 고민 상담이 무르익었는데요. 이번에는 만화가로서 강풀 선생에 대한 이야기를 나눠보겠습니다. 탁월한 이야기꾼이신 강풀 선생에게 큰 영향을 준 이야기꾼은 누구인지 묻는 문자 메시지가 들어왔는데요.

강풀 혹시 중국 소설가 김용을 아시는지요? 그 유명한 『영웅문』 시리즈의 저자인데요. 저는 그분 영향을 가장 많이 받았습니다. 김용의 저작을 모두 소장하고 있고, 최소한 전권을 열 번씩은 읽었어요. 지금도 계속 반복해서 읽고 있고요.

그분 소설을 무협소설이라고들 하던데, 저는 대하소설이라고 생각합니다. 김용 소설만큼 캐릭터가 확실한 작품은 없었던 것 같아요. 제가 처음 이야기꾼이 되고 싶다는 욕망을 품었던 게 고등학교 2학년 때입니다. 혹시 『신조협려』 보신 분 계세요? 『신조협려』에 대해 간단히 얘기해드릴게요. 주인공이 천하제일의 무공 고수예요. 그런데 사랑하는 여자와 헤어지게 됩니다. 여자가 편지만 한 장 남기고 떠나요. "10년 후에 여기서 만납시다." 그래서 남자는 10년을 기다려요. 10년 후 그날이 올 때까지 기다리는데, 여자가 안 나타나는 거예요. 남자가 계속 기다리다가 해 지는 게 보기 싫어서 산꼭대기까지, 그 놀라운 무공으로 뛰어올라가요. 백발이 될 정도로. 그런데 그 장면을 읽으면서 처음으로 카타르시스 같은 것을 느꼈어요. '와, 이거 장난 아니다. 어떻게 글로 이렇게 소름이 끼치게 할까'라는 생각을 했어요. 그 한 페이지도 안 되는 짧은 장면에서 가장 큰 영향을 받았던 것 같습니다.

사회자 이번 질문과도 맥락이 닿아 있는데요, 문자 메시지로 들어온 질문입니다. 강풀 선생의 작품들은 진부하고 통속적인 것 같은데, 왜 그 작품들이 우리를 울고 웃게 할까요?

강풀 제가 만화를 그리는 후배들, 특히 신인 작가들을 만날 때마다 가장 먼저 하는 얘기가 뭐냐면, 진부한 걸 두려워하지 말라는 거예요. 저는 진부한 얘기가 제일 재미있어요. 왜 진부해지냐면, 그게 그만큼 재미있으니까 자꾸 반복돼서 진부해지는 거예요.

제 이야기들도 가만 보면 다 진부해요. 다 뻔한 얘기지요. 하지만 진부한 이야기에도 분명 매력이란 게 있어요. 여러분, 〈포청천〉이라는 드라마 아시지요? 초반 5분만 봐도 모두 결말을 알아요. 범인을 뻔히 알면서도 계속 보게 되지요. 그게 바로 통속적이고 진부한 이야기들의 매력이에요.

저는 앞으로도 계속 진부한 얘기를 하게 될 것 같아요. 예를 들면, 예전에는 시한부 인생에 대한 이야기가 더 이상 안 나올 줄 알았어요. 너무 많이 나왔고, 진부하잖아요. 그런데 어느 날 〈네 멋대로 해라〉라는 드라마가 나왔어요. 아주 재미있었지요. 그러다가 〈장밋빛 인생〉이란 드라마가 또 나왔어요. 역시 정말 재미있었지요.(청중 웃음) 진부한 이야기를 진부하지 않게 만드는 게 작가의 일이란 생각도 들어요. 지금 해주신 말씀은 정말 감사합니다. 앞으로 더 진부해지도록 노력하겠습니다.(청중 웃음)

사회자 문자 메시지로 들어온 다른 질문입니다. 강풀 선생께서는 그림 그리면서 우신 적은 없는지요?(청중 웃음)

강풀 자기가 그리면서 울면 진짜 바보 같지요? 그런데 두 번 운 적이 있어요. 『바보』라는 만화에서 주인공이 자기가 곧 죽을 줄도 모르고 방 청소를 하는 장면을 그린 적이 있습니다. 그런데 그 장면 그리다가 괜히 눈물이 나더라고요. "내가 미쳤나? 내가 얘를 왜 죽여?" 이러면

청춘들의 고민을 들어보면, 모든 고민에 하나의 공통점이 있어요. 해결 방법은 본인이 가장 잘 알아요. 그런데 그걸 해결하는 과정이 어렵고 두려우니까 모르는 척하는 거지요. 이럴 때 제가 해줄 수 있는 말은 하나밖에 없어요. "힘내!"

서요. 또 한 번은 『26년』이란 만화를 끝냈을 때였습니다. 그때는 심리적인 압박도 많았고 별의별 이상한 일도 있고 해서 상당히 힘들었는데, 다 그리고 나니 눈물이 나더라고요. 그 후로는 작업하면서 운 적은 별로 없습니다.

사회자 강풀 선생은 지속적으로 신작을 발표해오셨는데, 그 이야기들의 소재는 어디서 가져오는지도 궁금하네요.

강풀 이야기의 소재를 따로 얻는 방법은 없더라고요. 저는 항상 주변의 일상에서 소재를 얻습니다. 제가 어릴 때부터 공상을 많이 했어요. 이야기를 만드는 것은 평소의 공상을 좀 더 구체화하는 과정인 것 같아요.

이게 성격의 문제와도 결부되는데, 저는 공상을 하면 그 공상이 꼬리에 꼬리를 무는 편이에요. 예를 들면, 제 만화 중에 『타이밍』이란 작품이 있는데요, 시간을 멈추는 아이 이야기예요. 중고등학교 다닐 때 떠드는 소리에 시끄러운 교실에서 딱 조용해지는 순간이 있잖아요. '그때 왜 그랬을까?'라는 생각을 발전시켜서, 시간을 멈추는 사람이 있는데 시간을 멈췄다가 풀었을 때 뭔가 안 맞아서 조용해진다는 설정을 만화에 넣은 거죠. 항상 이런 식이었어요. 어떤 생각이 들면 그걸 혼자서 계속 고민해요. '이런 건 어떻게 이렇게 될까?'라는 공상이 소재가 되고 더 발전해서 스토리가 되는 거지요.

사회자 혹시 지금까지 그린 만화 주인공 중에 실제 인물을 반영한 경우가 있는지요?

강풀 실제 현대사를 그렸던 『26년』 빼고 유일하게 실제 모델이 있었던 작품이 있는데, 그게 『바보』라는 만화예요. 제가 어렸을 때 풍납동에 살았는데, 동네에 고등학생쯤 되는 바보 형이 있었어요. 그때 체육복이 다 흰색이었잖아요. 친구들끼리 동네 공터에서 야구를 하고 있으면, 그 형이 꼭 하얀색 체육복을 입고서 그라운드 한복판을 지나갔어요. 그런데 그 형이 항상 체육복을 깨끗하게 입고 다녔거든요. 부모님이 어떻게든 깨끗하게 해주셨던 것 같은데……. 하여튼 그 바보 형한테 좀 못되게 굴었지요. 욕을 하는 게 센 것인 줄 알던 철모르던 때였으니, 지나가면 막 욕하고 그랬어요. 그런데 나이 들어서 생각해보니 바보 형은 우리와 같이 놀고 싶어서 거기 왔던 것 같더라고요. 그래서 많이 미안했어요. 그 형 생각하면서 『바보』라는 이야기가 시작된 거지요. 『바보』의 주인공 승룡이의 실제 모델이 동네 바보 형이었어요.

사회자 이번에는 청중 질문을 받아보겠습니다. 저 뒤에 계신 분께 기회 드리겠습니다. 지금 손드신 분, 일어나서 말씀해주세요.

청중7 지속적으로 이야깃거리를 발굴해서 만화를 통해 제공해야 하는 직업적인 굴레 같은 게 있을 것 같은데요. 아까 주변의 일상에서 이야기의 소재를 찾으신다는 말씀도 하셨고요. 그런데 수많은 이야깃거리 중에서 만화의 소재를 결정하고 그것을 하나의 작품으로 발전시키는 데 필요한 전략 같은 게 있는지요?

강풀 작업을 하다보니 이야기 만들기에 대한 나름의 공식이 생겼어요. 먼저 말씀드려야 할 것은, 제 공식이 정답은 아니라는 점입니다.

단지 제 경험이에요.

흔히 말하는 재미있는 이야기란, 자꾸 보고 싶고 다음이 계속 궁금해지는 이야기인 것 같아요. 그렇다면 그 이야기를 어떻게 만들 지에 대한 문제가 따라오는데, 이야기 자체가 무엇인지 명확하게 규정할 수 있으면 재미있는 이야기를 만들 수 있는 것 같습니다. 이야기가 뭐지요? 한마디로 이야기란 주인공이 사건을 만나 결말로 가는 것입니다. 결국 이 세 가지가 가장 중요하지요. 주인공, 주인공이 겪는 사건, 그리고 결말, 이게 하나의 이야기를 구성하는 가장 중요한 요소라고 생각해요. 이야기를 만들 때도 이 세 가지를 가장 먼저 고민하지요.

그리고 이야기를 만들기 직전에 그것을 한마디로 요약하는 일을 가장 먼저 합니다. 재미있고 흥행에 성공하는 이야기는 다 한마디로 요약이 돼요. 〈매트릭스〉는 가상현실을 깨닫게 된 주인공 네오, 〈왕의 남자〉는 연산군을 우롱한 광대, 이렇게 요약이 되지요. 그런데 재미없는 이야기는 한마디로 요약하기 어려울 때가 많아요. 이런 경우는 작가가 어떤 이야기를 할지 모르는 겁니다. 제 작품 중에서『당신의 모든 순간』의 경우는, '모두 좀비가 된 세상에 두 남녀만 살아남았다'라고 요약했어요. 그래서 재미있겠다는 판단이 서면 진행을 하는 거지요. 시놉시스보다는 더 짧게 요약이 돼야 해요. 누가 옆에서 "이번에 무슨 만화 할 거야?"라고 물었을 때 한마디로 대답을 못 하면 내가 무슨 이야기를 할지 모른다는 것이거든요. 이런 방식으로 이야기가 재미있을지 재미없을지를 먼저 판단해요.

그다음으로 중요한 것은 캐릭터입니다. 성공한 작품들은 모두 캐릭터가 확실해요. 캐릭터가 어중간하거나 이해가 잘 안 되는 경우에는 이야기가 재미없어지지요. 제가 제일 재미있는 만화로 꼽는 것은『슬램덩크』입니다.『슬램덩크』가 재미있는 건, 농구 경기의 박진감에서 비롯된 측면도 있겠지만 무엇보다도 캐릭터를 정말 잘 살렸어요. 농구 경기를 하다가 북산고등학교가 지고 있으면 사람들은 이쯤에서 강백호가 나오기를 바라요. 농구는 못하는데 체력은 끝내주니까요. 강백호의 캐릭터는 그만큼 확실한 거지요.

캐릭터가 확실하면 이야기가 훨씬 좋아집니다. 제가 『순정만화』작업을 할 때, 캐릭터를 미리 짰어요. 연우는 우유부단하고 소심하다, 수영이는 되바라지고 욕을 잘한다, 이렇게 캐릭터를 짜놓으면 이야기가 막힐 때도 어떤 놀이터에 이 인물들을 풀어놓으면 자기들끼리 스스로 이야기를 풀어나가곤 해요. 또 이야기가 제멋대로 바뀌지도 않지요. 그렇기 때문에 맨 처음에, 모든 출발에 캐릭터를 확실하게 해둬야 합니다.

그다음으로 사건에 대한 고민이 필요한데, 그건 정말 작가의 몫인 것 같고요. 거기서 도출되는 게 바로 결말입니다. 모든 이야기는 출발에서 결말로 가는 거거든요. 그런데 결말이 확실하지 않으면 복선을 깔 수도 없고 반전을 넣을 수도 없어요. 이야기를 만들 때 작가는 이야기 속의 신이 돼야 해요. 모든 결말을 손에 쥐고 있어야 하는 거지요. 작가는 다 알고 있는데 독자나 관객에게는 조금씩 보여준다는 생각으로 이야기를 풀어나가야 하는 거지요.

가끔 아침 드라마를 보다보면 굉장히 자주 나오는 소재가 있어요. 교통사고, 유학, 그리고 기억상실증 같은 것이지요. 이런 소재는 캐릭터와 결말을 확실하게 하지 않아서 나오는 문제예요. 작가가 처음에 결말을 정하지 않고 시작하면 중간에 자꾸 다른 사람이 출현하고, 그럴 때 그분은 교통사고로 돌아가시지요.(청중 웃음)

결국 작가가 한마디로 이야기를 요약할 수 있어야 하고, 이야기를 이끌어갈 주인공의 성격을 확실하게 해야 하고, 결말에 대한 결정이 있어야만 이야기가 출발에서 결말까지 순조롭게 달려갈 수 있다고 생각합니다.

사회자 창작을 하려는데 발동이 안 걸릴 경우, 즉 그림을 그리다가 안 그려질 때는 어떻게 극복하시는지에 대한 질문이 들어왔는데요.

강풀 그런 질문을 많이 받는데, 좀 웃긴 답일지 모르겠지만, 저는 그림이 안 그려져도 어떻게든 그냥 그립니다. 이야기가 막히면 그땐 정말 미쳐버릴 것 같아요. 하지만 그러면서도 어떻게든 그립니다. 딱히 방법이 없어요. 그게 제 직업이고, 어떻게든 마감일까지 그림을 그려야 하니 미친 듯이 쥐어짜면 나오더라고요.

사회자 뭐, 담배를 태운다든지…….

강풀 담배 태우지요. 정 안 되면 나가서 한 바퀴 뛰고 오고, 뭐 그런 짓을 많이 합니다.

사회자 지금 질문한 사람이 중학생이거든요. 담배 피우는 거 말고 다른 건 없나요?

강풀 아, 담배는 몸에 안 좋습니다. 몸에 안 좋으니, 어떡하지……. 샤워를 합니다.(청중 웃음, 박수)

가장 좋은 만화는 재미있는 만화다

사회자 청중 질문을 하나 더 받아보도록 하겠습니다. 저 뒤에 손드신 분, 질문해주세요.

청중8 안녕하세요. 저는 고등학교에서 국어를 가르치고 있는 교사입니다.

사회자 고등학생인 줄 알았습니다.(청중 웃음)

청중8 학생들과 같이 왔고, 강풀 선생님 작품 재미있게 잘 읽고 있습니다. 개인적으로도 만화를 좋아해서 도스토옙스키의 『죄와 벌』을 『데스노트』같은 만화와 연결해 논술 수업도 하는데, 만화책 중에서 폭력적이고 선정적인 작품들은 학생들에게 추천해주기가 곤란할 때가 있거든요. 강풀 선생님께서는 좋은 만화책에 대한 기준 같은 것이 있는지 궁금합니다.

강풀 그런 질문을 하시는 선생님들이나 학부모님들이 있는데, 저는 폭력적인 만화더라도 그냥 보게 내버려두는 편입니다. 폭력적인 만화를 본다고 해서 폭력적이 된다고 생각하지는 않거든요. 선생님께서도 어릴 때를 생각해보세요. 『북두의 권』같은 만화를 보면 엄청 잔인하지요. 그런데 그건 만화일 뿐이라고 생각해요. 그래서 그런 것에 대해 가리지는 않는 편입니다.
 저는 가장 좋은 만화는 재미있는 만화라고 생각합니다. 의미가 있고 감동이 있는 것도 좋지만, 재미가 없어서 읽히지 않는 만화는 좋지 않은 만화라고 생각해요. 의미나 감동을 전달하기 위해서라도 일단 읽혀야 하거든요. 저는 대중들에게 가장 직접적으로 전달되는 만화, 예를 들면 『원피스』같은 작품이 굉장히 좋은 만화라고 봅니다.

문화에는 하류와 상류가 없는 것 같아요. 7~8년 전에 귀여니라는 작가가 나왔을 때 사람들이 엄청 비난했어요. '그게 작가냐'라고들 했는데 전 그때 귀여니를 아주 높이 평가했거든요. 이모티콘으로 소설을 쓰는 게 직접적으로 독자에게 다가가는 것이라고 봤기 때문이지요. 귀여니의 소설이 저급이라고들 했지만, 귀여니가 그렇게 욕을 먹는 건 그만큼 사람들이 많이 봤다는 거예요. 의미 있는 만화를 권하는 것도 좋지만, 저에게 작품을 권해달라고 한다면 저는 "재미있는 만화 봐라", "지금 인기 많은 만화를 보는 것도 좋다"라고 얘기해요.

흔히 말하는 사회참여적인 만화는 독자들이 좀 더 찾아서 봐주면 좋겠지만, 재미없는 만화를 굳이 재미있게 보는 건 정말 힘든 것 같아요. 이건 제가 『26년』을 그릴 때의 자세였어요. 『26년』은 5·18을 알리기 위해 그린 작품이었는데, 깡패가 주인공이고 조폭을 미화한다는 얘기도 듣곤 했지요.

하여튼 저는 일단 만화는 재미있어야 한다고 생각합니다. 그러니까 제자들이 폭력적인 만화를 본다 하더라도 너무 걱정 안 하셨으면 합니다.

청중8 하긴, 저도 그런 만화 많이 보거든요. (청중 웃음)

사회자 예, 알겠습니다. 이번에는 악플에 대한 질문이 들어왔는데요. 정치적인 메시지를 담은 작품을 그리다보면 악플이 꽤 달릴 것 같은데요. 악플을 보다가 "어, 이 의견 말 된다, 일리 있다"라고 생각해보신 적은 없는지요?

강풀 그런 적 꽤 있습니다. 그런데…… 전 은근히 악플 없는 사람이에요.(청중 웃음)

만화가 늦게 올라왔을 때 악플이 많이 달리는데, 그래서 업데이트를 가장 '개판'으로 하는 만화가들이야말로 정말 대가들이지요.(청중 웃음) 근데 이건 어찌 보면 악플이 아니에요. 만화가가 약속을 못 지켜서 그런 거니까요.

제가 원래 노사모 회원이었어요. 회원이긴 했지만 노란 옷 입고 나가서 뛰어다니진 않았고요. 그저 회비 내고 가끔 모임에 나간 정도였고, 노무현 대통령 당선 다음 날 바로 노사모에서 탈퇴했어요. 그런데 그 전에 그런 유의 만화를 몇 번 그렸기 때문에 이후에는 무슨 만화를 그려도 '노빠' 만화가 되더라고요. '노빠 만화가가 그린 만화'라는 리플이야말로 악플인 것 같아요. 제가 그린 의도와 상관없이 제가 이미 '노빠'로 규정된 거니까요. 그 '노빠 만화가' 타이틀이 2~3년 지나서야 사라졌지요. 지금도 노사모였다는 게 부끄럽진 않은데, 너무 '노빠, 노빠' 할 때는 많이 힘들었어요.

제가 인터넷상에서 잔뼈가 굵었다고 보고 악플에 대처하는 자세 같은 걸 저한테 많이 물어봐요. 만화를 그리다보면 악플을 봐야 할 때가 있어요. 이때 중요한 게 악플과 욕플을 구분하는 거지요. 인터넷 밥 3년 먹어보니, 이 둘이 구분되더라고요. 악플은 나름대로 공격하는 거고, 욕플은 정말 밑도 끝도 없이 '×새끼' 이러는 거지요.(청중 웃음) 욕플을 무시하면서 걸러내고 악플들을 차근차근 들여다보면 뭔가 다른 생각의 결이 느껴질 때가 있습니다. 이 사람이 왜 이렇게 말할까 살펴보면 가끔 내 생각이 틀렸구나 싶을 때가 있지요.

사회자 정말 잔뼈가 굵으시네요. 저는 강풀 선생 작품은 연재

끝난 후에 봅니다. 업데이트가 제때 이뤄진 적이 별로 없다는 걸 잘 알고 있기 때문에…….(웃음)

악플과 욕플로 마무리를 할 수는 없으니, 마지막 질문 하나만 더 받아볼까요? 맨 뒤에 계신 분께 기회 드리겠습니다.

청중9 안녕하세요. 저는 신문방송학과에 다니고 있는 학생입니다. 작품에 선생님의 생활이나 경험이 많이 묻어 나올 것 같은데요. 작업을 안 하실 때는 어떤 취미 생활을 즐기시는지, 무슨 영화를 좋아하시는지, 뭘 하면서 시간을 보내시는지 궁금합니다.

강풀 최근에 가장 감동적으로 본 영화는 〈그대를 사랑합니다〉이고요.(청중 웃음) 제가 제일 좋아하는 영화는 〈황혼에서 새벽까지〉입니다. 〈영웅본색〉이나 〈인정사정 볼 것 없다〉 같은 영화도 좋아해요. 제가 대중적인 만화가로 살 수 있는 건, 제가 정말 대중적이기 때문인 것 같습니다. 남들이 좋아할 것만 좋아해요.

사실 어려운 영화에도 도전은 해봤습니다. 감독 이름에 무슨 '스키' 들어가는 거 있잖아요. 근데 이런 거 보다가 토해요.(청중 웃음) 너무 어려워서 말이지요. 그리고 아무리 후진 영화라고 해도 모든 영화는 창작자에게 상당한 영감을 주는 것 같아요. 진짜 못 만든 영화면 '저렇게 하지 말아야지'라는 생각을 불러일으키기도 하고요. 저는 흥행에 성공한 영화들, 재미있는 영화들은 다 좋아합니다.

그리고 평소에 일을 하지 않을 때는 정말 아무 생각 없이 놀아요. 다음 일을 잘하려면 착실하게 노는 것도 하나의 방법이라고 생각하거든요. 저는 결혼 전까지는 형편이 안 돼서 비행기를 못 타봤는데요, 결혼하고 나서는 연재가 끝나면 기를 쓰고 여행을 갑니다. 정말 빚을 내서

라도 가요. 아니면 밀렸던 드라마를 보거나 하루 종일 아내랑 놉니다. 근데 그게 재미있어요. 저는 그냥 별거 안 하는데도 재미있게 잘 놀아요. 그래서 친구들이 놀러오면 별로 재미없어하지요.

사회자 만화가 강풀 선생을 모시고 이야기 잘 들어봤습니다. 저는 강풀 선생이 이야기 만드는 과정이 상당히 인상적이었습니다. 이야기꾼들이 주인공, 사건, 결말을 만드는 것처럼, 우리 청춘들이 캐릭터가 분명한 주인공이 돼서 사건을 회피하지 않고 자기 주도적으로 삶을 이어나가길 바랍니다. 그리고 오늘 소중한 말씀 해주신 강풀 선생께 큰 박수로 감사의 뜻을 표하겠습니다.(청중 박수)

강풀 마지막으로 한 말씀만 드리겠습니다. 사실 청춘이란 주제로 제가 여러분께 해드릴 얘기가 많지 않았습니다. 저도 아직 청춘이니까요. 이번처럼 일종의 고민 상담 같은 강연을 처음 해봤는데요. 그래서 많이 당황하기도 했지만, 그럼에도 상당히 즐거운 시간이었습니다. 오늘 감사했습니다.(청중 박수)

사회자 귀한 말씀 잘 들었습니다. 자, 우리는 그럼 내일 또 뵐까요? 고맙습니다. 안녕히 돌아가세요.

홍세화 ★ 1979년 무역회사 해외지사 근무차 유럽에 갔다가 남민전 사건이 터져 귀국하지 못하고 파리에 정착했다. 관광 안내, 택시 운전 등 여러 직업에 종사하면서 망명 생활을 했고, 2002년 귀국하여 현재 〈르몽드 디플로마티크〉 편집인으로 일하고 있다. 지은 책으로는 『나는 빠리의 택시운전사』 『쎄느강은 좌우를 나누고 한강은 남북을 가른다』 『악역을 맡은 자의 슬픔』 『생각의 좌표』 등이 있다.

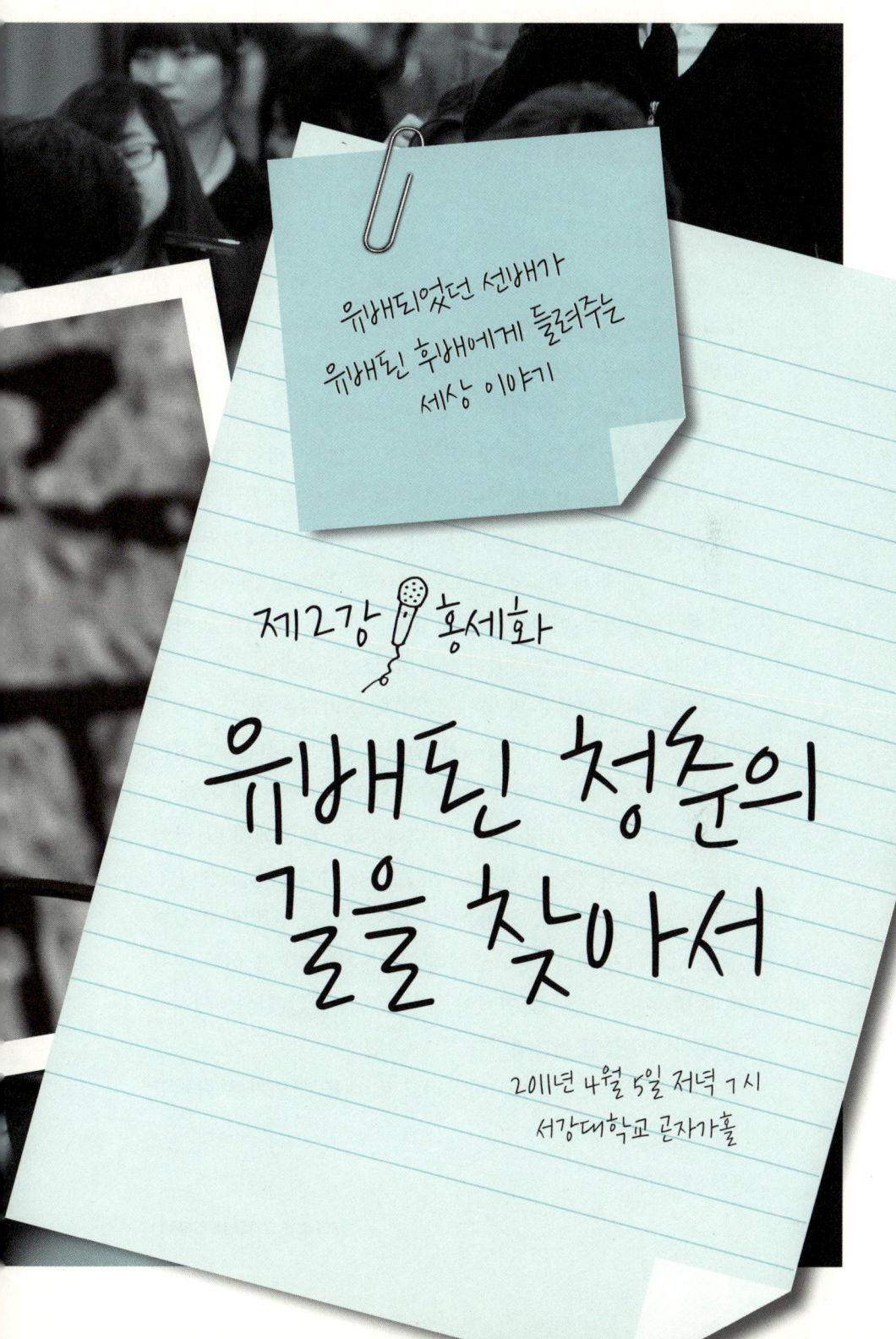

사회자 안녕하십니까? 〈한겨레21〉 창간 17돌 기념, 제8회 인터뷰 특강 '청춘'의 사회를 맡은 시사평론가 김용민입니다. 반갑습니다.(청중 박수)

1975년에 개봉한 〈뻐꾸기 둥지 위로 날아간 새〉라는 영화가 있습니다. 여기서 '뻐꾸기 둥지'란 무엇을 가리키는 걸까요? 바로 정신병원의 속어라고 합니다. 감옥에 있던 주인공이 자유를 누리고 싶어 정신병원으로 옮겨 가지만 그곳에서 자유를 더 억압받고, 이에 분노한 주인공이 정신병원에 입원한 다른 사람들과 함께 일탈을 도모한다는 내용의 영화입니다.

푸코의 『광기의 역사』를 보면, 중세 이전에는 광인들이 대단히 영험한 존재로 대우받았다고 합니다. 하지만 국민국가의 탄생 이후 지배 권력이 작동하면서 이들은 사회에서 배제되기 시작하지요. 배에 태워 외딴곳으로 보내는 일도 있었다고 합니다. 정신병원이란 이들의 비정상성을 입증하면서 이들을 사회에서 격리하기 위해 만들어진 산물이지요.

이렇듯 우리는 자꾸 뭔가 규정하기를 좋아하는 것 같습니다. 어떤 분은 파릇파릇한 청춘들을 일컬어 G20세대라고 말했는데요. 왜 이 시대를 G20과 연관시켜 규정하는지 이해가 안 갑니다. 또 요즘은 P세대라고도 하더라고요. '피곤세대'란 말인가요? 꼴뚜기가 뛰니 망둥이도 뛴다고, 저 역시 좀 뛰었습니다. 예전에 낸 책에서 지금의 청춘들을 M세대라고 부른 적이 있거든요. M세대가 뭐냐, '매뉴얼세대'의 약자로 누군가 삶의 지침이나 방향 같은 표준을 만들어주지 않으면 답답해하는 세대라는 의미에서 붙인 이름입니다.

하지만 저는 반성했습니다. '나도 20대를 무언가로 규정함으로써 프레임의 덫에 빠뜨렸구나' 싶었습니다. 또 이런 언어 때문에 이들이 또 다른 차별과 따돌림의 구렁텅이에 빠진 것은 아닐까 생각해보기도 했습니다.

오늘은 청춘을 유배지에서 해방시켜주실 위대한 영도자 한 분을 모셨는데요. 20대를 사랑의 온기로 바라보고 모두가 해방되는 그런 자리로 이끌어주실 분입니다. 이름만으로도 존경하는 마음이 샘솟게 되지요. 〈르몽드 디플로마티크〉 편집인인 홍세화 선생님을 모셨습니다. 큰 박수로 맞이해주시지요.(청중 박수)

선생님, 총 일곱 분의 강연 중 제목이 가장 살벌합니다. 왜 '유배된 청춘'이란 주제를 정하셨습니까?

홍세화 제가 유배된 적이 있어서 그렇지 않을까요. 저는 서른세 살에 프랑스에서 망명 생활을 시작했으니 그때를 청춘 시절이라고 보기는 어려울 텐데요. 꼭 이방인 생활만 유배라고 할 것이냐, 그건 아닌 것 같습니다. 돌아보면 그 전에도 유배 상태였다는 생각이 듭니다. 다른 사회로 이탈해서 사는 사람뿐만 아니라 내부의 망명자도 있으니까요.

저는 다시 한국에 돌아와서도 유배 상태와 크게 다르지 않았습니다. 이를테면 동창을 만나도 공통의 화제가 없었고, 별로 편하지도 않았어요. 하루는 어느 방송사와 인터뷰를 하는데 "적응하셨습니까? 적응이 잘되시나요?"라고 묻더라고요. 워낙 삐딱해서 그런지 모르겠지만 '왜 적응해야 하지?'라는 생각이 들었습니다. 그래서 '유배된 청춘'은 과거에 유배된 청춘 시절을 보냈던 선배가 후배인 청춘들에게 말 걸기를 시도하는 주제이기도 합니다.

다 같이 낙인찍히면 된다

사회자 2009년 2월경에 제가 '20대에게 희망은 없다'는 망발을 한 적이 있습니다. 이 자리에서 다시 한 번 사과드립니다. 그런데 제 뒤를 잇는 가장 높은 수위의 발언을 하신 분이 바로 홍세화 선생님이십니다. '그대 이름은 무식한 대학생'이라는 말씀을 하셨지요? 지금도 유효합니까?

홍세화 네. 그 말은 우리가 발 딛고 있는 사회가 어떤 곳인지 피상적으로만 알 뿐 자세히 공부하지 않는 문제를 경계한 표현이었습니다. 초등학교, 중학교, 고등학교에 사회 과목이 있습니다. 그 수업에서 가장 중요하게 배워야 할 것 중 하나가 자본주의입니다. 왜? 우리는 자본주의 사회에서 살고 있기 때문입니다. 그런데 가장 중요하게 배워야 할 것에 대해 공부한 게 없습니다. 따라서 세상에 대해 무식한 거지요.

그럴 수밖에 없는 조건에 처해 있는 것도 사실입니다. 이를테면 얼마 전 자본주의연구회라는 공부 모임 대학생들이 국가보안법에 걸려 체포됐지요. 우리는 자본주의 사회에 살고 있는데 자본주의를 공부하면 잡아간다, 이게 바로 청춘이 유배될 수밖에 없는 상황 아닌가요?

사회자 그렇다면 무식한 대학생도 맞는 말이지만 무식한 기성세대도 맞는 말인가요?

홍세화 물론 맞지요. 2003년에 그 표현을 썼던 걸로 기억합니다. 대학생만을 지칭한 게 아니라 '그래도 세상에 대해서 좀 알지 않나'라고 착각하는 이들에게 거기서 벗어나라는 의미에서 썼던 말입니다. 제 젊은 시절을 되돌아보더라도 그야말로 '대략난감'입니다. 아무것도 모르면서 많이 알고 있는 듯한 착각에 빠져 있던 제 자신을 되돌아보며, 그런 착각에서 벗어나기를 바라는 마음으로 도발적인 표현을 썼지요.

사회자 도발적이라고 하셨는데 '희망은 없다'보다는 약한 것 같습니다. 수위가 상당히 낮네요.

홍세화 그래도 희망은 있어야지요.(청중 웃음)

사회자 저도 그렇게 생각합니다. 주워 담기가 참 쉽지 않습니다.(청중 웃음)
 요즘 대학생들의 등록금 투쟁이 본격화되고 있는데, 당사자 운동으로 평가하며 긍정적으로 보는 시각이 있는 반면 취업 때 낙인찍히는 것 아니냐는 우려의 목소리도 나오고 있습니다. 어떻게 보십니까?

홍세화 다 같이 낙인찍히면 되지요. 답은 간단하다고 봅니다. 제가 1인 시위를 자주 하는 편이에요. 재작년에 '반값 등록금 어디로 사라졌나'라는 문구가 적힌 피켓을 들고 청와대 분수 앞에서 1인 시위를 했는데요. 사실 당사자인 대학생들이 나서야 하는데 이제 그런 움직임이 시작됐다는 데에 저는 대단히 고무되어 있고, 앞으로 더 많은 대학생들이 여기 참여해서 저 같은 사람은 1인 시위를 안 해도 됐으면 좋겠습니다.

사회자 모두가 낙인찍히면 된다는 말씀, 가슴에 와 닿습니다. 투쟁이란 게 상당히 외로워요. 메아리가 없어서 그렇기도 하지만, 늘 혼자 나서야 하니까요. 『생각의 좌표』에 이런 글을 남기지 않으셨습니까? "20대에 반(反)나치 투쟁에 참여했다가 붙잡혀 수용소에서 죽을 운명이었으나, 구사일생으로 살아남은 유태인 학자 프리모 레비는 일흔 살을 앞두고 끝내 자살을 선택했다. 그는 죽기 전에 이런 말을 남겼다고 한다. '괴물이 없지는 않다. 그렇지만 진정으로 위험한 존재가 되기에는 그 수가 너무 적다. 그보다 더 위험한 것은 평범한 사람들이다. 의문을 품어보지도 않고 무조건 믿고 행동하는 기계적 인간들 말이다.'" 사실 프랑스의 68혁명을 보면 일자리 문제, 실업, 물가 같은 것들이 원인이 돼서 들불처럼 일어나지 않았습니까? 우리는 촛불 이후로 완전히 물대포에 꺼진 듯한 느낌인데요. 민중의 봉기랄까, 그런 것을 기대하기는 어려울까요?

홍세화 아니지요. 저는 전혀 그렇지 않다고 생각합니다. 현실을 항상 비판적으로 인식하는 것도 중요하지만 또 한편 우리가 견지해야 할 미덕 가운데 하나는 기다리는 것입니다. 좌절이나 포기가 아니라 기다리는 미덕을 발휘하자는 거지요. 물론 무조건 기다려서는 안 되고 할 일 다 하면서 기다려야겠지만요.

 제가 좋아하는 격언 중에 '잡초를 없앨 수는 없지만 뽑을 수는 있다'라는 말이 있는데요. 큰 뜻을 품은 사람들 중에는 일거에 잡초를 없앨 궁리는 하면서 오늘 뽑을 수 있는 잡초를 뽑지 않는 경향이 많습니다. 잡초를 뽑지도 않으면서 한꺼번에 없앨 수 없나 궁리하지만, 잡초는 없어지지 않습니다. 그렇다고 좌절하거나 포기하지 말고 어떤 시기에, 어떤 계기로, 어떤 물꼬와 만나서 이 사회의 기포가 부글부글 끓는 상황을 기다려야 하지 않을까요? 일상에서 성실하게 일을 해나가면서 동시에 그런 계기가 오리라는 것을 항상 긍정적으로 기다리는 자세도 필요하다고 생각합니다.

사회자 〈한겨레21〉 창간 17돌 기념 제8회 인터뷰 특강 '청춘', 〈르몽드 디플로마티크〉 홍세화 편집인의 심지 있는 말씀, 지금부터 함께하시겠습니다.(청중 박수)

홍세화 저에게는 정말 영광스러운 자리예요. 잘 들리시나요? 스피커를 조정을 하는 2~3분 동안 그냥 넘어갈 수 없잖아요. 갑자기 생각난 건데 제가 이참에 샹송 한 곡 부르지요.(청중 환호, 박수) 그런데 잘 안 들리면 어떻게 하지요?(청중 웃음) 불러도 괜찮겠습니까? 시기는 안 맞지만 그냥 부르겠습니다.(샹송 〈고엽〉의 열창 후 청중 환호, 박수)

처음에 이 자리가 영광스럽다는 말씀을 드렸는데요. 한국 사회에서 유배된 사람들끼리 이런 식의 단합대회를 열 수 있다는 데 대해 대단히 고맙고 즐겁게 생각합니다. 이런 자리에서만큼은 주눅 들지 말고 당당하게 저처럼 이렇게 신나게 노래도 부르고 그랬으면 좋겠습니다.

제 판단이 맞다면 이 자리에는 거의 대부분 선배 잘못 만나서 유배 길에 들어선 분들이 많을 것 같습니다. 저도 마찬가지예요. 많은 분들이 〈매트릭스〉를 보셨을 텐데, 모피어스가 네오에게 빨간 약과 파란 약을 주면서 "너, 빨간 약 먹기만 해, 그럼 너 다시는 못 돌아가!" 그러잖아요. 그런데 네오가 빨간 약을 먹지요. 우리야말로 이 모피어스 같은 선배를 만나 빨간 약을 먹어서, 동창을 만나도 별로 할 얘기가 없는 존재가 되어버린 사람들일 겁니다. 한국 사회 내부에 있든 저처럼

쫓겨났었든, 이미 이 사회로부터 유배된 존재라는 점에서는 큰 차이가 없을 거예요. 그런 분들이 비록 소수겠지만, 앞서 말씀드렸듯이 이 자리에서만큼은 긍지를 가지고, 나아가서는 오기 같은 것까지 공유할 수 있었으면 합니다.

  2009년 11월에 정운찬 씨가 총리 할 때 총리공관 앞에서 제가 1인 시위를 했습니다. 정운찬 씨와 저는 초등학교부터 대학까지 동창입니다. 창경초등학교, 경기중고등학교, 그리고 저는 서울대 공대를 다녔고 이 친구는 서울대 경제학과를 다녔는데, 초등학교부터 대학교까지 하나밖에 없는 동기 동창입니다. 정서적으로 무척 가까울 것 같지만 만날 일은 거의 없는데요.(청중 웃음) 총리공관 앞에서 경찰들에게 빙 둘러싸여 용산 참사 문제를 빨리 해결하라고 촉구하는 1인 시위를 하면서 혼자 생각을 했습니다. '나도 한때 잘나갔는데, 왜 나는 이렇게 삐끗했나, 어느 지점에서 삐끗했나' 생각해봤더니 제가 서울대 공대에 들어간 그해에 선배를 잘못 만났던 겁니다.(청중 웃음) 그 선배가 어떤 분이었냐면, 학교 선배는 아니고 인생의 선배예요. 그분은 제가 그때까지 배웠던 한국의 역사가 얼마나 허구적인 것이었는지를 몸으로 증언해줬습니다. 제가 중고등학교 때 잘했던 그 공부의 내용이 과연 무엇이었나 회의하게 됐지요. 그때까지 형성한 의식 세계가 완전히 무너지는 경험을 하고서 새로이 현대사 공부를 하게 됐습니다.

  그 전까지는 저도 주어진 것만 달달 암기하는 식으로 공부를 했습니다. 그렇게 공부를 하다보면 정운찬 씨가 2009년 국회 대정부질문에서 그랬던 것처럼, 생체실험을 했던 일본의 731부대에 대해 묻자 엉뚱하게 독립군부대냐고 반문하게 되는 것이지요. 731부대는 교과서에는 잘 나오지 않거든요. 여하튼 저는 그 선배를 만나면서 결국 내부에서의 망명, 저쪽에서 보면 유배라고 할 상황이 이미 시작됐던 것입니다.

　유배당한 존재들이 영혼의 상처를 받지 않으면서 당당하게 인간의 정서를 반영할 수 있는 환경을 만드는 것, 그것이 저에게는 대단히 중요한 과제입니다. 만약 제가 한국에서 계속 살았더라면, 장기간의 수감 생활을 했을 거고 제 전력으로 보건대 최소 7년…….(청중 웃음) 좁디좁은 감옥에서 그 긴 시간을 보냈을 때 제 영혼이 상처받지 않을 수 있었을까, 생각하면 저는 자신이 없습니다. 저의 남민전 동료와 선배를 봐도 그렇습니다. 물론 그분들은 지금도 꿋꿋하게 살아가고 계시지만 저의 취약한 정서로 미루어볼 때 대단히 어려웠을 거라고 생각합니다.

　또한 이 땅에 계속 남아 있었다면 내부의 자발적 망명자로서 제가 아이들과 함께 인간의 존엄성을 지키는 생존 조건을 누릴 수 있었을까, 더구나 한국처럼 오로지 소유물로 남과 비교당하는 이런 사회에서 과연 자신을 지켜낼 수 있었을까, 생각해보면 이 점에서도 저는 자신이 없습니다.

　어쨌든 저는 프랑스에서 20년을 살며 두 아이가 프랑스에서 교육받는 나름의 혜택을 통해 자신을 지켜낼 수 있었지만, 한국에 계속 있었더라면 저 역시 무너졌을 겁니다. 그래서 오늘의 제 이야기는 제가 한국에 계속 있었다고 상정하고서 무너지지 않으려면 어떻게 해야 할지 청년 시절의 제 자신에게 하는 말이기도 합니다. 그것은 한국 사회를 먼저 산 선배의 한 사람으로서 제가 한국 사회를 앞으로 살아갈 후배인 여러분에게 던지고 싶은 말이기도 하지요

불안에 굴종하지 않으면서 집단적 연대를 고민하자

두 가지를 말씀드리려고 합니다. 하나는 인간의 존엄성에 맞는 '몸 자리'라는 화두입니다. 사람은 누구나 자신의 몸 자리에 관심을 갖습니다. 결국은 나와 내 가족, 내 아이가 앞으로 살아가면서 인간의 존엄성에 맞는 몸 자리를 향유할 수 있느냐, 이게 가장 기본적인 조건입니다. 제 나름대로 생각해보건대, 한 사회가 어떤 사회인지를 규정하는 데 가장 핵심적인 잣대는 사회 구성원들이 인간의 존엄성을 누리는가에 있습니다.

저를 비롯해서 여기 계신 분들은 어쨌든 지금 모두 옷도 갖춰 입고 의자에 앉아 계시잖아요. 지금 이 시점에서 우리의 몸 자리는 인간의 존엄성에 맞는 것이지요. 하지만 우리는 분명히 알고 있습니다. 우리 주변에 인간의 존엄성에 걸맞지 않은, 미흡한 자리에 몸이 놓여 있는 이웃들이 있다는 사실을요. 저는 이런 이웃들을 대략 10~15퍼센트 정도라고 보는데요. 이분들은 존엄하게 태어난 존재인데 존엄성을 누리지 못하는 자리에 몸이 있기 때문에 고통과 불행을 겪고 있습니다. 그렇지만 그들만의 문제가 아닙니다. 바로 이 자리에 있는 우리를 포함한 대다수의 사람들 역시 앞으로 어떤 상황이 닥치면 미흡한 몸 자리에 놓인 이웃들의 처지로 추락할 가능성이 있습니다. 이러한 상황에서 우리를 지배하는 것은 바로 불안일 겁니다. 그리고 이 불안 때문에 결국 존엄한 인간조차도 굴종하게 되는 것입니다.

불안에 휩쓸려 굴종하지 않기 위해 현재의 조건을 바꿔나가려는 싸움, 사회 구성원 모두가 인간의 존엄에 걸맞은 사회·경제적 조건을 누릴 수 있게 하는 싸움, 이런 싸움은 요즘 화두가 되고 있는 보편 복지에 대한 요구와도 유사한 맥락일 겁니다.

요즘 청춘이라는 이 값진 존재들마저 불안 때문에 결국 소유 앞에서 존재를 무너뜨리고 있어요. '부자 되세요', '당신이 사는 곳이 당신이 누구인지를 말해줍니다', '요즘 어떻게 지내느냐는 친구의 말에 그랜저로 답했습니다',(청중 웃음) 이런 식으로 소유에 집착하는 탓에 값진 존재들이 속절없이 무너지는 겁니다. 저 역시 만약 한국에 계속 있었더라면 그랬을 가능성이 높습니다.

제가 그러지 않을 수 있었던 것은, 프랑스 사회가 교육, 의료, 주거, 노후 등 우리를 불안하게 만드는 문제들에 대해 어느 정도 수준의 보장을 해주었기 때문입니다. 흔히들 이것을 사회보장이라고 하지만, 사회를 보듬고 보호한다는 것은 그 안의 인간 존재를 보호한다는 뜻입니다. 자본주의 사회이면서 자본주의를 공부하면 잡혀가는 이 엉뚱한 곳에서 주체적으로 살아가고자 하는 이들이 불안 때문에 무너지지 않게 하는 것, 그러지 않도록 지금의 청춘이든 아니면 저처럼 지나간 청춘이든 함께 연대해 싸워가자는 것, 그것이 소박하지만 대단히 중요한 저의 소망입니다.

제가 『생각의 좌표』라는 책에서 톨스토이가 남긴 문답을 소개한 적이 있습니다. "당신에게 가장 소중한 사람이 누구냐"는 질문에 톨스토이는 "바로 옆의 사람이다"라고 답했습니다. 내 삶이 소중한 만큼이나 내 삶을 공유하는 가족, 친구, 동료, 이웃이 중요하다는 것이지요. 자신과 삶의 공간을 함께하지 않는 사람, 예를 들면 연예인이 소중하지 않다는 것은 아니지만, 나에게 가장 소중한 사람을 물었을 때는 화면에 비치는 사람이 아니라 바로 내 옆의 사람을 언급할 수밖에 없습니다. 화면에 빠져서 나에게 가장 소중한 옆 사람을 놓치고 있지는 않은지 되돌아볼 필요가 있다는 것이지요.

톨스토이에게 던진 또 하나의 질문이 있습니다. "당신에게 가장 소중한 시간은 언제냐?" 이 질문에 대한 톨스토이의 답은 이미 알고 계시지요? "바로 지금이다"입니다. 그런데 지금 우리는 어떻습니까? 아직 오지 않은 미래에 인간의 존엄성 밑으로 추락할 수도 있다는 불안 때문에 오늘을 빼앗기고 있습니다. 그 구체적인 예를 보여주는 것이 우리 청소년들입니다. 너무나 안됐지요. 오늘을 누려야 할 유소년, 청소년 시기를 온통 빼앗기고, 그렇게 해서 대학에 간들 다시 취업이라는 문제에 부딪히고, 취업 못 하면 밑바닥으로 떨어질 수 있다는 생각에 또다시 대학 생활을 저당 잡히고 있습니다. 가장 중요한 시간인 오늘을 모두 잃어버리고 이런 상태에 익숙해지니까 자신에게 가장 소중한 사람인 옆 사람을 보듬을 여유가 없지요. 왜? 내 코가 석자니까요.

굴종하지 않으면서 이런 존재들을 보듬기 위한 집단적인 연대를 고민하자. 제가 만약 프랑스에서 20년을 살지 않았더라면, 그래서 그냥 한국에 남아 있었더라면 무너졌을 가능성이 높은 저에게 제일 먼저 하고 싶은 이야기입니다.

자아실현, 유보하되 포기하지는 말자

이제까지 드린 말씀이 환경적 요건과 결부된 것이라면, 다음으로는 주체적 요건에 대해 이야기를 나누고 싶습니다. 바로 '자기형성의 자유'에 관한 문제인데요. 인간이란 기본적으로 자유를 지향하는 존재인데, 그중 가장 중요한 자유는 무엇일까요? 물론 MB정권 아래에서 집회시위의 자유라든지 사상의 자유, 양심의 자유 등 여러 자유들이 훼손당하고 있는데, 물론 이에 맞서 싸워나가야 하겠지만, 그중 가장 중요한 자유는 바로 '나'라는 존재를 어떻게 만들어갈 것인가의 자유입니다.

　저는 유배된 청춘, 선배 잘못 만나서 어려움을 겪고 있는 모든 분들이 더욱더 이 화두를 끌어안고 살아나가기를 바랍니다. '나'라는 존재를 어떻게 만들어갈 것이냐, 그것은 나이를 막론하고 다른 무엇보다 중요한 질문입니다.

　소크라테스의 말을 그대로 빌려 온다면 자신을 얼마나 훌륭하고 아름답고 올바른 존재로 만들어갈 것인가는 환경적 제약이 있다 하더라도 결국은 내 문제입니다. 내가 끝까지 그것을 견지하느냐, 긴장을 유지하느냐, 여기에 있는 겁니다. 역시 제 자신에게 하는 말이기도 하지요. 한국 사회에서 거의 틀림없이 무너졌을 가능성이 높은 저 자신에게 그래도 지켜야 되지 않겠냐고 강조하고 싶은 것이 바로 자기형성의 자유입니다. '나'라는 존재, 되돌릴 수 없는 이 삶을 누가 감히 평가할 것이냐. 적어도 우리만큼은 내 삶을 최종적으로 평가할 사람은 나 자신이라는 당당함을 공유해야 하지 않겠느냐는 것이지요.

　이때 가장 중요한 것은 내가 지금 가지고 있는 생각이 과연 내 생각인지를 점검하는 일입니다. 내 생각, 가치관, 세계관이 나라는 존재를 규정할 텐데, 그것들의 출처가 어디인지를 물을 줄 알아야 합니다. 지금 모두 자기 생각을 갖고 계시지요. 그런데 그 생각을 내가 가지고 태어났나, 그건 아닙니다. 내가 지금 갖고 있는 생각과 욕망 체계를 내가 창조했나, 그것도 분명 아니라는 겁니다. 그렇다면 내 삶을 규정하는 생각과 욕망 체계는 과연 모두 내가 선택했나, 그것 역시 아닙니다. 내가 주체적으로 형성했는가, 제도 교육을 통해 갖게 됐는가, 아니면 미디어를 통해 흡수한 것인가 등등에 대해 점검할 줄 알아야 합니다. 내 생각의 출처가 나에게서 비롯되었을 때, 아니면 적어도 바깥에서 흡수하고 남이 주입한 생각이 독서와 토론, 견문 등을 통해 균형을 이루었을 때 자기형성의 자유를 이룰 수 있는 길이 열릴 것입니다.

　예를 하나 들어보지요. 16-14-12-10-8, 이러한 숫자의 나열을 보고서 한국의 사회 구성원들은 2씩 줄어드는 순열 혹은 짝수로밖에 읽어내지 못합니다. 반면에 유럽의 경우가 적지 않은 사회 구성원들은 이것을 보고서 자본주의 사회에서 노동자에게 요구되었던 하루당 노동시간의 변화로 읽어냅니다. 이러한 차이는 왜 생기는 것일까요? 똑같은 자본주의 사회에 살면서 적잖은 유럽 사회 구성원들이 노동시간의 문제를 읽어내는 데 반해 왜 한국 사회 구성원들은 이걸 읽어내지 못하는 것일까요?

　주입된 생각에서 벗어나야만 주체적 자아로서 나를 형성하는 길이 열릴 겁니다. 다시 말해서 내가 지금 형성하고 있는 의식 세계가 어떤 면에서 기획되고 규정된 것에 지나지 않는다는 인식이 필요한 것입니다. 그래도 우리는 아까 말씀드린 바와 같이 선배를 잘못 만나 거기서 벗어날 수 있는 길목을 안내받았습니다. 예를 들면 『전태일 평전』 같은 책도 대체로 선배 잘못 만나서 읽게 되잖아요. 저도 마찬가지였습니다. 아무튼 거기서 멈춰서는 안 되고 끊임없이 자기 생각에 대해 점검할 줄 알아야 한다는 겁니다.

　우리는 한국어로 사고하는 한국 사회의 구성원이고, 그렇기에 내 삶의 존재 방식을 통해 삶의 보람을 느끼는 자아실현이란, 나라는 존재를 내가 속한 한국 사회에 작용시켜서 긍정적인 영향을 미치는 것을 말합니다. 저는 여러분의 가슴 깊은 곳에서 자아실현을 하겠다는 당당함이 살아 꿈틀거렸으면 하는 바람이 있습니다. 유배된 청춘에게 생존은 자아실현을 위한 조건에 지나지 않습니다. 어디까지나 목표는 생존이 아닌 자아실현이 되어야 하지요.

　가장 먼저 여러분께 말씀드리고 싶은 것은 기름진 생존을 목표로 하지 말라는 것입니다. 생존은 다만 자아실현을 위한 조건에 지나지 않습니다. 어떤 분야건 어떤 정서와 능력을 갖고 있건 자기 적성과 능력에 따라 내가 하고 싶은 일, 이 사회에 나를 작용시키는 일, 그래서 이 사회에 나의 발자취를 남기는 일, 그 속에서 내가 보람과 의미를 느끼는 일을 해야 합니다.

그런데 이 목표를 실현하고자 하더라도 생존 조건을 무시할 수는 없습니다. 젊은이들이 느끼는 고민의 정체가 바로 이걸 겁니다. '자아를 실현하고 싶어도 먹고살 수가 없잖아', '나는 88만원 세대인데, 비정규직, 알바밖에 할 게 없는데 무슨 놈의 자아실현이냐', 이 얘기 아니겠습니까. 그렇다면 어떻게 할 것인가. 처음부터 생존에 매진해서 자아실현을 놔버려야 할까요? 사회에 나가서 처음부터 자아를 실현하는 동시에 생존이 담보된다면 좋겠지만 그럴 가능성은 거의 없습니다. 자아실현이라는 목표를 유보하기는 해야 할 겁니다.

그럼에도 제가 두 손 모아 간곡하게 당부하고 싶은 것은 유보만 하자, 포기하지는 말자는 것입니다. 존재로, 인격으로 비교당하는 게 아니고 오로지 소유물로 비교당하는 이런 천박하기 이를 데 없는 사회에서 어떻게 생존 조건을 무시할 수 있을까요. 하지만 중요한 것은 자아실현입니다. 절대로 자아실현을 놓치지 말자는 겁니다. 그래서 거듭 말씀드립니다만 유보하되 포기하지 말자는 것입니다. 인간의 능력은 시간과 함께 성숙합니다. 따라서 의지를 갖고 끝없이 긴장을 유지하면, 시간과 함께 자아를 실현하면서 생존이 담보될 수 있는 길이 열리며, 아무리 엄중한 사회라 하더라도 그런 의지를 갖고 있는 사람을 절대로 배제할 수 없다는 말을 강조하고 싶습니다. 유보하되 포기하지 말자. 죽는 순간까지.

여기서 마치겠습니다. 고맙습니다.(청중 박수)

사회자 많은 분들이 자아실현과 먹고사는 일 사이의 갈등을 느끼곤 하셨을 텐데요. 기름진 생존은 목표가 될 수 없다, 처음부터 자아실현을 하는 건 어려우니 이 목표는 유보해야겠지만 포기하지는 말자는 홍세화 선생님의 말씀, 상당히 인상적이었습니다.

그렇다면 홍세화 선생님, 선생님을 이 길로 이끈 선배는 누구입니까?

홍세화 여러 분이 있는데요. 그중 가장 결정적인 분은 갓 스무 살 때 만났습니다. 기구한 운명을 타고나셨던 분인데, 시골에서 살다가 지금은 돌아가셨습니다.

사회자 그럼 우리가 알 만한 분은 누가 계실까요?

홍세화 이후에 리영희 선생님을 만났지요. 직접 만난 것은 아니고 글로 만나게 됐는데, 이를테면 그런 연장선상에서 다양한 저작들을 만났습니다. 프랑스의 실존주의 철학자들을 비롯해서 마르크스도 만났고요.

사회자 문자 메시지로 들어온 질문입니다. 강연을 들으시다가 송두율 선생님을 떠올리셨다는데요. 혹시 과거의 경험에 빗대 송두율 선생님과 자신을 비교하거나 동일시해본 적은 없으신지요? 말하자면 경계인의 심정이었는지를 물어보신 것 같습니다.

홍세화 유럽에 있으면서 가끔 뵀지요. 그런데 파리하고 베를린의 지리적 거리 문제가 있었지요. 이따금 모임에서 만나 인사하는 정도였고, 유사한 처지지만 저로서는 좀 다른 면이 있기도 했지요. 그분이야 학계에 계신 분이고, 전 그냥 이주노동자이고.(청중 웃음)

자본주의 사회에서 주체로 살아가려면?

사회자 고등학교 1학년 학생의 질문입니다. 본인의 사회의식은 어차피 대한민국 사회 교과서가 만드는 게 아닌가 싶은데, 열일곱 살인 자신이 주체를 형성할 수 있는 길은 무엇인지 물었습니다.

홍세화 대단히 중요한 질문입니다. 제 두 아이가 프랑스에서 교육받는 것을 보면서 당연히 제가 받았던 교육과 비교를 하곤 했는데, 그중 하나가 질문하신 문제였습니다. 결국 자본주의에 대한 문제입니다. 물론 프랑스인들이 자본주의에 대해 속속들이 비판적인 안목을 갖고 있는 것은 아니지만, 그래도 그에 대한 기본적인 인식은 할 수 있도록 교육하고 있습니다. 노동운동의 과정이라든가 노동과 자본의 모순 관계라든가 하는 것이 교육에 포함되는데, 돌이켜봤을 때 저는 이에 대해 공부한 것이 하나도 없었지요.

예를 들면 중학교 3학년 사회 시간에 모의 노사협의를 하는데, 학생들 대부분이 이미 자신의 미래를 노동자로 전망하고 있기 때문에 거의 다 노조 대표를 하겠다고 합니다. 반면에 우리는 노동에 대해 부정적으로 인식하게끔 하는 경향이 있다고 봐요. 실제로 전교조 선생님들, 사회 교과 선생님들께서 한국의 고등학교 2학년 학생들을 대상으로 여론조사를 했는데 그 주제 중 하나가 노동이었습니다. 그런데 한국 학생들은 노동에 관해 '안 할수록 좋은 것'이라는 항목에 가장 많이 답을 했다고 합니다. '미래에 노동자가 될 사람'이라는 항목에는 5퍼센트밖에 답하지 않았습니다. 이만큼 우리 학생들이 반(反)노동자적이고 반(反)노동적인 교육 환경에 놓여 있지 않은가 싶은 생각이 들거든요.

지금 질문한 고등학교 1학년 학생에게 답변을 한다면, 자본주의 사회에서 주체로 살아가기 위해 학교 교육에만 자신의 생각을 맡기지 말고 자기 스스로 자기 생각을 형성해야 하며, 이때 중요한 것은 바로 독서와 토론이라고 조언하고 싶습니다.

사회자 다른 분이 비슷한 질문을 하셨습니다. 만약 아이들을 대한민국에서 교육시키셨다면 어떻게 하셨을 것 같습니까?

홍세화 대단히 어려운 질문입니다. 제 가족이 한국에 살았다면 이 문제로 저와 제 처가 가장 대립하고 거의 매일 부부 싸움을 하지 않았을까 하는 생각까지 드는데요. 제 처를 설득할 수 있다면 저는 아이를 대안학교에 보내거나 아니면 학교 자체를 안 보내고 홈스쿨링을 했을 것 같고요. 물론 여유가 없었겠지만 여유가 있다면 같이 국내 여행을 다녔을 것 같습니다. 적어도 사교육은 시키지 말자고 제 처하고 끝까지 싸우지 않았을까 싶습니다. 그 비용이 있으면 아이하고 같이 여행 다니는 데 쓰지 않았을까 생각해봅니다.

사회자 문자 메시지로 들어온 또다른 질문입니다. 앞으로도 우리나라에서는 공교육으로 주체적인 자아를 형성하기 어려울 거라고 보십니까?

홍세화 네. 그렇습니다.

사회자 진보정권이 들어서도 불가능하다는 것입니까?

홍세화 문제는 우리의 근대식 학교가 일본 제국주의 시대에 접목됐다는 점과 그다음에는 대학 서열화에 의해 인문사회과학이 왜곡됐다는 점입니다. 가령 '왜 우리 교육에서는 글쓰기가 사라졌나'라는 게 문제이지요. 중고등학교 교육에서 가장 중요한 것이 글쓰기입니다. 왜냐하면 글쓰기는 각자 자기 생각을 고민하고 정리하고 기록하는, 자기 생각을 갖도록 하는 과정이기 때문입니다. 그런데 우리는 역사, 지리, 사회, 경제 같은 과목을 암기 과목으로 배우고 있지 않습니까? 그런 과목들이 인문사회과학으로 살아 있는 게 아니라는 것이지요.

이를테면 사형제도는 인간과 사회에 관한 물음, 인문사회과학입니다. 사형제도에 대해 학생들이 어떤 생각을 가져야 할까, 이걸 무엇으로 평가할 수 있을까요? 글쓰기입니다. 그런데 우리는 이런 사안에 대해 개개인이 풍요로우면서도 정교한 생각을 갖도록 하는 것이 아니라 사형제도와 연관된 것을 제대로 암기하고 있는지를 묻습니다. 아주 비근한 일로 유럽에서는 중학교 3학년 학생들에게 사형제도에 대한 견해를 쓰게 해서 사고력, 감수성, 논리력을 평가하는데, 우리는 '다음 중 사형제도가 폐지된 나라는 어느 나라입니까?'라는 질문에 익숙하지 않습니까?(청중 웃음) 사고력과 논리력, 감수성과 인식 능력을 갖춰야 하는 인문사회과학이 암기 과목으로 왜곡된 것입니다. 대학 서열화로 학생들을 줄 세워야 하니까 학문이 왜곡, 적용된 거지요. 그래서 진보 교육감 문제보다도 대학 체제의 혁파가 더 중요한 문제라고 보는 겁니다.

사회자 이번에는 선생님께서 편집인으로 계신 〈르몽드 디플로마티크〉에 대한 질문들입니다. 첫 번째 질문, 〈르몽드 디플로마티크〉를 정기 구독하는데 좀 어렵다고 하시네요. 쉽게 소화하는 방법을 알려주세요. 그리고 두 번째 질문, 〈르몽드 디플로마티크〉에 프랑스와 그 식민국의 기사가 너무 많아 좀 아쉽다고 하시네요. 그리고 〈한겨레〉 칼럼의 사진 좀 바꿔주세요, 조영남인 줄 알았습니다.(청중 웃음) 이런 내용이 있었습니다. 선생님, 코멘트 하실 것 있으십니까?

홍세화 사진은 바꾸도록 하겠습니다.(청중 웃음) 그리고 〈르몽드 디플로마티크〉가 어렵다는 분이 계신데, 저도 어렵습니다. 저라고 특별한 건 아니고요. 제가 처음 〈르몽드 디플로마티크〉를 만난 게 1980년대 초인데, 당시의 저로서는 한국에 돌아올 가능성이 없었지만 그래도 계속 긴장하면서 세상을 비판적으로 이해하기 위해 〈르몽드 디플로마티크〉를 읽었습니다. 읽긴 읽어야 하는데 능력은 따라주질 않아서 정말 고생하면서 읽었습니다. 여러분은 비록 내용이 어렵더라도 한국어로 읽으시잖아요. 80년대 초에 못하는 불어로 〈르몽드 디플로마티크〉를 읽느라 낑낑거렸던 제 모습을 상상하시면서 쉽게 읽어주시길 바랍니다.

그리고 아직 정기 구독 안 하시는 분, 제가 구독 신청서 가져왔습니다. 이거 좀 채웠으면 하는데요.(청중 웃음)

사회자 끝날 시점에 홍세화 선생님과 직접 대면할 기회를 가지실 분은 구독 신청서를 작성하시면…….(청중 웃음)

이제 객석으로 마이크를 옮길까 합니다. 야자를 빼먹고 엄마, 아빠 몰래 온 고등학교 2학년 학생에게 먼저 기회를 드리겠습니다. 질문하시지요.

깨어난 시민에게 요구되는 것

청중1 저는 〈한겨레〉 학생 기자로 활동하고 있고, 〈한겨레〉와 같은 매체나 진보에 대해 관심이 많습니다. 나중에 기자가 되는 것이 꿈이기도 합니다. 저는 아빠라는 선배를 통해 이 유배된 청춘의 길로 들어서게 됐는데요.(청중 웃음) 앞으로도 이 길을 가보고 싶지만 어려울 것 같습니다. 홍세화 선생님께서 말씀하신 것처럼 유배된 분들이 생각보다 적잖아요. 이렇게 적은 분들이 어떻게 사회 대다수를 차지하고 있는 사람들을 변화시킬 수 있는지, 어떻게 그런 사회를 만들 수 있는지 궁금합니다.

홍세화 대단히 중요한 질문이지요. 우리가 흔히 '깨어난 시민'이란 표현을 쓰는데 깨어난 시민은 항상 소수입니다. 그래서 이들에게는 적극적 참여와 실천이 요구되지요. 이를테면 볼테르는 세상에서 가장 열성적인 사람을 광신자라고 했습니다. 지금도 아마 명동에 나가면 만날 수 있을 거예요.(청중 웃음) 저희 집에 저를 모르면서도 열심히 초인종을 누르는 사람이 두 부류가 있는데요. 하나는 같이 교회 가자는 분들이고요, 또 하나는 제가 〈한겨레〉에 있는 줄 모르고 돈 줄 테니 어느 신문 보라는 사람들이거든요. 이게 그냥 우연이냐, 아닙니다. 바로 열성이 어디에 있는가의 문제입니다. 그렇다고 교회에 가자는 분들이 다 광신자라는 것은 아닙니다.

아무튼 이 광신자들에 이어서 열성을 부리는 사람이 누구냐, 바로 극단주의자들입니다. 극단적이기 때문에 열성적이지요. 요즘 북한으로 삐라 보내려고 애쓰는 사람들, 굉장히 열성이잖아요? 그다음으로 열성적인 건 사익을 추구하는 집단입니다. 광신과 극단주의와 사익 추구는 그 자체에 열성이 담겨 있습니다. 이 세상에 좀 더 많은 인권과 민주주의와 공공성을 실현하고 사회정의가 이루어지길 바라는 시민들은 더욱 강한 의지와 열성으로 적극적인 참여와 실천을 해야 합니다. 앞으로 학생도 그런 시민이 되리라 믿습니다.

사회자 네, 정말 멋집니다. 다음은 학점 관리 때문에 자기형성의 자유를 누리기가 참 어려운 대학생 한 분께 질문의 기회를 드립니다.

청중2 강연에서 대학 서열화 문제를 언급하셨는데, 이에 대한 구체적인 생각과 해결책을 여쭤보고 싶습니다.

홍세화 제가 귀국 후에 참여한 시민단체 중 하나가 '학벌없는사회'입니다. 그래서 제가 어떤 사람한테 '너는 학벌이 있으니까 이제 없어져도 좋다는 거냐?'라는 비아냥거림을 듣기도 했지요. 이미 언급했습니다만, 사실 서열화된 대학 구조는 너무나도 많은 모순과 문제를 안고 있습니다. 한국 사회 상층에 대한 독과점을 비롯해서 학생들을 고통에 몰아넣는 문제, 심지어 학문의 왜곡까지요.

저는 여러분의 가슴 깊은 곳에서 자아실현을 하겠다는 당당함이 살아 꿈틀거렸으면 하는 바람이 있습니다. 유배된 청춘에게 생존은 자아실현을 위한 조건에 지나지 않습니다. 어디까지나 목표는 생존이 아닌 자아실현이 되어야 하지요.

그럼 이걸 어떻게 해결할 것인가. 결국 두 가지 길이 있습니다. 하나는 시민들의 변혁적인 힘으로 대학 서열화 혁파를 밀어붙이는 것이고, 다른 하나는 의회를 통해 제도를 바꾸는 것이지요. 저의 기다림 중에는 고등학생들이 도저히 못 참겠다면서 거리에 뛰쳐나오는 모습도 포함됩니다. 제도 변화의 실현성 여부에 대해 반신반의하시는 분들도 많은데, 몇 년 전까지만 해도 보편 복지가 이렇게 폭넓게 이야기될 거라고 생각지 못했잖습니까. 그런 만큼 좀 더 적극적인 생각과 가능성을 열어놓는다면 한나라당을 약화시키는 만큼 개혁하는 길도 우리에게 다가올 거라고 생각합니다. 한나라당과 조중동을 약화시키는 것만큼 말이지요. 이렇게 좀 적극적으로 생각했으면 하는 바람입니다. 그리고 아까도 얘기했지만 기다림도 미덕이라고 생각합니다. 포기하거나 좌절하지 말고…….

사회자 네. 이번에는 앞에 계신 여성분께 기회를 드리겠습니다.

청중3 저도 나름 선배를 잘못 만났다고 생각하는 경우인데요. 저는 유배에 대한 선생님의 말씀이 굉장히 와 닿았거든요. 저희 학교 분위기가 그래서 그런지는 잘 모르겠는데, 일단 학생회나 학교가 돌아가는 것에 대해 이야기를 꺼내면 '어, 얘 좀 이상한데'라는 식의 반응이 돌아오니까 좀 움츠러드는 면이 있어요. 예를 들어 제가 시위에 참여한 사진을 보면 친구들이 "너 뭐한 거야?" 이렇게 되니까 고립되고 유배되는 게 두려워서 "별거 아니야, 어쩌다 가게 된 거야"라는 식으로 말하게 되거든요. 고등학교에 다닐 때는 정말 뭐든지 다 열정적으로 할 수 있을 것만 같았는데, 지금은 제 생각도 제대로 발언하지 못

하고 움츠러들곤 합니다. 적극적인 참여를 말씀하셨는데, 저도 그러고 싶지만 어쨌든 사회적으로 고립되잖아요. 두려움이 앞서는데…….

사회자 용기를 불어넣어주셔야 할 것 같습니다.(청중 웃음)

홍세화 우리 같은 사람들은 동창을 만날 때 왜 이렇게 주눅이 들까요. 주눅 들 이유가 없는데 말이지요. 더 당당하게 자기를 표현해야 하는데, 사실 저도 그런 걸 잘 못해요. 지금 말씀하신 것처럼 자꾸 소극적이게 되고 주눅 들고 그렇습니다. 어려워요. 그렇지만 모피어스 말처럼 빨간 약을 먹으면 이미 되돌아갈 수 없거든요. 이미 되돌아갈 수 없다면 좀 더 의지를 갖고 힘을 내야 하지 않을까요. 길이 없는데……. 저도 마찬가지입니다. 힘냅시다!

사회자 파이팅!(청중 웃음) 자, 뒤로 한번 가보겠습니다. 저 뒤에 지금 손드신 분께 질문할 기회를 드리겠습니다. 고등학생이세요?

청중4 저는 열일곱 살이고요, 중학교 3학년 때 울산에서 선생님 강연을 들은 적이 있어요. 방어진고등학교에서 있었던 전교조 관련 강연이었는데, 그때 제가 질문을 하려고 했는데 씹혔거든요.(청중 웃음) 그때 선생님께서는 한 발은 현실에 담그고 한 발은 이상에 담그고 세상에 나아가라는 말씀을 하셨어요. 지금 대한민국 청소년들의 현실이 어떤지도 잘 모르겠고 이상이 어디에 있는지도 잘 모르겠습니다. 그걸 선생님께서 말씀해주셨으면 좋겠어요. 또 어른들이 "세상을 바꾸고 싶으면 일단 지금은 공부를 해야 한다"고 하는데, 여기에 대해서도 말씀해 주셨으면 좋겠어요.

사회자 이른바 '고지론(高地論)'이라고 하지요.(청중 웃음) 높은 곳에 올라가라. 높은 곳에 올라가서 네 뜻을 펼쳐라, 이런 얘긴데…….

홍세화 대단히 어려운 질문이에요. 제가 좋아하는 단어 중에 '긴장(緊張)'이라는 단어가 있습니다. 이건 제 나름의 해석입니다. '긴'은 긴축할 때 긴, 줄어듦이고, '장'은 베풀 장, 늘어남입니다. 그래서 제가 긴장은 '긴과 장이다'라고 반복하는데, 왜냐하면 많은 사람들이 긴장을 쓸 때 그 안에는 '긴'밖에 없는 경우가 많기 때문이지요. 긴장은 '긴'과 '장', 즉 줄어듦과 늘어남 사이의 균형을 말합니다. 사람들이 뭔가 줄어드는 부분만 생각하는 게 아닐까 해서 제가 강조하는 것이고, 그래서 제 나름대로의 해석이 나의 '긴', 지키고자 하는 이상이 있다고 했을 때 이 이상을 끝까지 유지하기 위해서라도 현실에 베풀 줄 알아야 한다는 겁니다. 그래서 균형을 이뤄야 한다는 의미로 그때 학생들에게 얘기한 것 같아요.

  요점은 최소한의 '장'을 결합시켜야 이 '긴'을, 내가 유지하고자 하는 이상과 주체를 시간 속에서 유지할 수 있다는 것입니다. 나의 '긴'만을 강고하게 지키려 할 때는 너무나 많은 다른 사람들이 일찍 부러지기 때문에, 최소한의 '장', 즉 유연성이 결합되어야 나의 강고함을 지켜낼 수 있다는 게 제 생각입니다. 그런데 뭐가 이상이고 뭐가 현실인지 모르겠다는 질문을 받으니 답변하기 정말 어렵네요. 뭔가 설명

할 수는 없으나 학생이 나름대로 이해하는 부분이 있으리라고 생각합니다.

균형을 잡기란 굉장히 어렵고 세상을 변화시키려면 권력을 가지거나 변화를 일으킬 수 있는 자리로 가야 한다는 말은 맞지만, 그럼에도 이 말은 대단히 위험합니다. 한국 사회가 인정하는 자리에 가야 발언할 기회가 있다는 말은 맞아요. 안 그러면 발언할 기회 자체를 주지 않으니까요. 그런데 한국 사회가 인정하는 능력을 갖추는 순간, 현실에 흡입되는 길이 열려버리기 때문에 정말 '강고한 나를 계속 지킬 수 있다'라고 자신하는 상황이 아니라면 그 길을 가라고 얘기하고 싶지 않습니다. 제 대답이 충분하지 않은 것 같은데, 학생은 나중에 저한테 이메일을 보내주시면 제가 따로 연락드릴게요.

사회자 이렇게 애절한 문자 메시지를 보내시면 제가 또 마음이 흔들립니다. 우선 첫 번째 문자 메시지, '질문 못 하면 오늘 잠을 못 잘 것 같습니다. 기둥 쪽 자리도 한번 봐주세요'라고 하셨는데요. 질문할 기회를 드리기 전에 한 분의 문자만 더 소개하겠습니다. 이번에는 야자 감독을 도망치고 나온 선생님의 질문입니다.(청중 웃음) 방금 질문한 학생처럼 뜨겁게 현실과 세상을 고민하는 학생도 있지만 꿈마저도 선생님이 가르쳐주길 바라는 학생도 있습니다. 학교에서 아이들을 대하는 시간이 길어질수록 그런 아이들이 늘어나는 게 보입니다. 선생님이 교사라면 어떻게 하시겠습니까? 우선 질문을 해야 잠 잘 잘 것 같다는 분의 질문을 직접 듣고 함께 답변을 받도록 하겠습니다. 말씀해주시지요.

청중5 안녕하세요. 저도 교사인데요. 홍세화 선생님께서 말씀하는 것을 듣고 가슴이 너무 답답해서 그렇게 간절히 문자를 보냈습니다. 아까 자녀 교육에 대해 말씀하시면서 대안학교나 홈스쿨링을 언급하셨고, 그 외에 공교육에 대해서도 희망이 없다고 굉장히 단호하게 말씀하셨는데요.

저는 공교육 현장에서 일하는 국어 교사로서, 사형제 폐지에 대해 학생들과 토론도 하고 학생들에게 글쓰기도 많이 시키고 따로 시간을 내서 고민하는 시간도 갖습니다. 어찌 보면 인생 선배님, 잘못 만난 인생 선배님이신 홍 선생님께서 단호하게 공교육에 희망이 없다고 말씀하시면 저를 비롯해서 이런 노력을 하고 있는 교사들이 굉장히 절망할 것 같아요. 그래서 이런 자리를 빌려서 여러분들께 공교육에도 희망이 있다고 말씀해주셨으면 좋겠어요.(청중 웃음)

사회자 아이고, 저는 20대에게 희망이 없다고 했다가 2년째 욕을 먹고 있는데 수습하셔야겠습니다.

홍세화 사실 현장에 계신 선생님들을 자주 만나 뵙기도 합니다만, 정말 안타깝지요. 어려운 상황에서 노력하는 선생님들이 적잖이 계시다는 것도 알고 있습니다. 저는 선생님들의 노력을 무시하려는 게 아니라 지금과 같은 공교육에 대해 과연 공교육이란 말을 쓸 수 있을까, 문제제기를 하려는 것입니다. 우리가 공교육이라는 표현을 쓸 때는 거기에 기본적인 가치가 담겨 있어야 하는데, 저는 그게 많이 무너져 있는 상황이 아닌가 싶습니다. 거듭 강조하지만, 정말 어려운 환경에서 노력하시는 선생님들이 계심에도 불구하고 근본적인 변화를 요구한다는 의미에서 말씀드린 겁니다. 제가 공교육에 희망이 아주 없다고 했나요? 그건 아닌 것 같은데요. 그 점은 어느 정도의 '긴장'으로 받아주셨으면 좋겠고요.

그 전에 선생님께서는 꿈마저도 선생님이 만들어주길 바라는 학생들에 대한 질문을 하셨는데요. 제 생각에는 선생님께서 우리 아이들과 만나고 있기 때문에 누구보다도 선생님들께서 꿈을 가진 모습을 보여주는 게 중요하지 않나 싶습니다. 마치 아이에게 부모가 그런 모습을 보여주는 것이 중요하듯 말이지요. 뭐 특별한 게 있을 거라고는 생각하지 않거든요. 선생님께서 일상에 갇혀 있는 게 아니라 그래도 뭔가 달라질 수 있다는 희망을 갖고 적극적이고 낙관적인 자세를 갖는 것이 필요하다고 봅니다.

민중 권력은 민중을 빙자한 권력

사회자 짧게 답변할 수 있는 내용은 아니지만, 좋은 질문들이 들어와서 소개하겠습니다. 『생각의 좌표』를 보면, 세상을 바꾸기 위해 권력을 장악해야 한다고 하셨는데요. 권력을 장악하기 전에 '장악하기 위해서'라는 이유로 사람들이 바뀌고, 또 권력을 장악한 뒤에는 더 바뀐다는 이야기가 나옵니다. 권력을 장악하기 위한 과정에서, 그리고 그것을 얻은 후에 원래의 신념을 잃지 않으려면 어떻게 해야 합니까? 이런 질문이 있습니다.

홍세화 그래서 제가 '고지론'에 그다지 동의하지 않습니다. 이를테면 이따금 민중 권력 같은 표현이 사용되기도 하는데, 저는 여기에 동의

하는 사람이 아닙니다. 왜냐하면 권력 자체가 민중적인 것이 아니기 때문입니다. 지금 권력은 그 자체가 비(非)민중적인 것이지요. 그리고 권력의 일상이 결국 반(反)민중성으로 나아갈 위험을 갖고 있습니다. 일상 자체가 그렇기 때문입니다. 민중이 일상은 아니잖아요.

그래서 저는 권력에 대한 민중의 견제력을 키우는 데 관심이 있습니다. 민중 권력은 그 자체가 모순으로, 그것은 민중을 빙자한 권력일 경우가 대부분입니다. 권력자가 스스로 자신을 절제할 것을 요구하는 게 아니라 민중이 권력을 견제할 수 있는 힘을 갖추는 것이 중요합니다. 저는 민중의 견제와 비판이 있어야만 권력이 유지되게끔 하는 데 관심이 있습니다.

노블레스 오블리주도 마찬가지인데요. 이게 말하자면 사회 상층에 스스로 의무를 지운다는 의미인데, 그들 스스로 노블레스 오블리주를 갖는 게 아니고 실제로는 그 사회의 민중들이 사회 상층에 대해 비판과 견제를 작동할 때 민중을 지배하기 위해 그만큼 노블레스 오블리주를 하는 것입니다. 따라서 각 사회의 노블레스 오블리주 정도는 그 사회 구성원의 권력자에 대한 비판, 견제력, 실천에 달려 있는 것이지요. 우리나라에서 노블레스 오블리주를 볼 수 없고 권력자가 자기절제를 하지 않는 건 그렇게 해도 민중을 지배할 수 있기 때문이라는 것이지요. 제 관심은 민중으로 하여금 권력을 견제하고 비판할 수 있는 힘을 갖게 하는 데 있습니다.

사회자 다시 객석으로 마이크를 드리겠습니다. 무척 좋은 질문들이 쏟아지고 있는데 다 소화를 못 해서 죄송합니다. 개인적인 질문이라면 홍세화 선생님의 이메일을 이용하시면 좋을 것 같습니다.(청중 웃음)

청중6 안녕하세요. 작년에도 여기 왔었는데 작년에는 고3이었고, 지금은 스무 살이 됐습니다. 아까 자신의 생각이 자기 생각인지 아니면 미디어나 주입식 교육을 통해 형성된 것인지 끝없이 점검해야 한다고 하셨는데요. 저는 다른 사람들과는 달리 공교육 외에 엄마로부터의 교육처럼 좀 다른 방면의 영향을 많이 받았습니다. 그런데 이제 와서 생각해보니 저 역시 주입식 교육을 받지 않았다고는 딱 잘라 얘기할 수가 없어요. 제가 받아들인 지식이 올바르다고 판단할 수 없는 상황에서 그것이 옳다고 생각하면서 배웠거든요.

　지나고 나서 보니 잘 배운 것 같긴 해요.(청중 웃음) 그런데 과연 그게 진짜 좋은 건지, 현재 상황에서는 긍정적인 영향을 미친 게 사실이지만, 그것이 정말로 옳은 것인지에 대한 확신은 들지 않아요. 전 대학을 안 갔거든요. 제가 행복하기 위해 선택한 거지만 나중에 생각해보니 제 자신이 직접 형성한 지식에 의해서가 아니라 엄마의 영향이 컸거든요. 이 역시 제 선택이라고 말하기에는 조금 무리가 있는데요. 이게 정말 올바른 건지 질문 드리고 싶어요.

홍세화 학생이 행복한 삶을 지향하는 데 있어서 어머니의 영향을 많이 받았다고 한다면, 지금 어머니께서 행복하신가가 가장 중요한 것 같아요. 어머니처럼 살면 되잖아요. 행복할 테니까. 그리고…….

청중6 부연하자면 그걸 제가 지금 알 수 없기도 하지만, 그걸 알려면 어떻게 해야 좋을지…….

홍세화　이제 갓 스물이고, 그런 확신이 서지 않는 게 오히려 당연합니다. 앞으로 계속 질문을 갖고 살아나가는 것이지요. 앞서 말했듯이 이때 가장 핵심적인 것은 어머니 자신이 스스로 행복하신가라는 물음이지요.

이건 다른 경우입니다만, '공교육이 이런데 대안학교를 보내야 할지, 참 걱정이다'라는 고민을 토로하시는 부모님들을 볼 때 제가 드는 생각은 그 부모님이 현재 자신의 삶에 자신이 없기 때문에 자식을 보면서 흔들리고 있는 게 아닌가 하는 것이거든요. 그 반대의 경우로 질문하신 유배된 청춘의 경우에는 아주 당연한 것이고, 그것이 젊은이의 권리일 수도 있는 거지요. 그런 질문을 끊임없이 던지는 것 자체가…….

사회자　질문 못 하면 집에 못 갈 것 같다는 질문이 들어왔습니다. 집에 못 갈 정도로 궁금하신 게 뭡니까?(청중 웃음)

청중7　강연 정말 잘 들었습니다. 저는 〈한겨레21〉보다 세 살 많은 유배된 청춘이고요, 선배 잘못 만난 대학생입니다. 독서의 후배로서 질문 드리고 싶습니다. 저는 평소에 독서를 좋아해서 아무 책이나 잡다하게 읽고 있는데, 아직까지는 '이 책을 만난 건 내 운명이다'라고 생각할 만한 책이 없습니다. 그래서 선생님께서 평생 읽으신 책 중 그런 생각이 들게 했던 책이 있으면 추천해주셨으면 합니다.

홍세화　좋은 질문입니다. 몇 권 떠오르는 책이 있는데요. 『전태일 평전』은 두말할 필요도 없겠고요. 조세희 선생의 『난장이가 쏘아올린 작은 공』, 칼 마르크스의 『공산당 선언』. 무섭습니까?(청중 웃음) 그리고 『경제학 철학 수고』나 『정치경제학 비판』을 읽으시면 어떨까요? 이게 다 마르크스의 저작입니다. 그다음에 프랑스의 16세기 인물인 에티엔 드 라 보에디(Étienne de La Boétie)의 『자발적 복종Discours de la servitude volontaire』을 꼽고 싶습니다. 이 사람은 몽테뉴의 후배인데, 이 책을 썼을 때의 나이가 열아홉 살, 청춘이었습니다. 저는 보에티의 '자발적 복종'이란 개념만이라도 공유했으면 좋겠어요. 대단히 작은 책자이고, 2004년에 한국에서 번역 출간됐으니 구입도 가능할 겁니다.

청중8 저는 대학에서 이른바 운동권의 존재에 실망을 느낀 사람입니다. 운동권이 갖고 있는 엘리트 의식이라든가 폭력성 같은 게 일반 학생들에게 거부감을 불러일으키는 것 같아요. 사회 진보를 바라는 면에서 그런 점이 좀 안타깝거든요. 학생운동이 활발해지려면 어떻게 해야 할지 선생님 말씀을 듣고 싶습니다.

홍세화 지금 질문은 운동권의 엘리트 의식이나 폭력성에 대한 문제제기인가요? 그래서 많은 학생들이 거기 참여하지 못하고 있다……?

청중8 운동권 동아리에 들어간 친구들이 많은데요. 지속적으로 실망을 많이 한 것 같더라고요. 뭐랄까, 일반 사람들을 계몽하려는 듯한…….

홍세화 오늘의 화두인 유배된 젊은이들, 선배 잘못 만난 젊은이들이 그런 경향이 있습니다. 왜냐하면 다른 학생들을 보면 아직 선배를 못 만났잖아요. 과거의 올챙이 시절 그대로 있는 게 참 답답해 보이지요. 그러니까 그런 계몽적인 모습을 보이는데, 실제로 선배를 만나지 못한 경우에는 그게 참 고깝습니다. 소위 운동에 참여하는 사람들이 그런 점에서 다소 겸손해져야 하는데, 올챙이 적 생각을 못하는 경향이 있어요. 선배를 만나기 전의 자신에 대해 생각하지 못하고, 오만하고, '나는 깨어 있는데, 이 시대에 이런 게 불식돼야 한다는 걸 우리는 알고 있다'는 거지요. 질문하신 분이 적극적으로 운동에 참여해서 그 문화를 바꿔나가시면 좋겠네요.(청중 웃음)

사회자 마지막 질문 하나만 받을게요. 뒤에 남자분.

청중9 지금까지는 사회나 인문적인 질문이 많이 나와서 저는 역사를 보는 시각에 관해 질문 드리겠습니다. 우리 현대사에는 파란만장한 굴곡 속에서 피해자와 가해자가 뒤엉켜 판단이 모호한 경우가 상당히 많습니다. 그리고 그 역사를 겪어온 이들의 복잡다단한 처지가 있겠지만, 그 문제를 우리 아이들에게 해명해야 할 필요도 있고요. 선생님께서는 이런 문제에 대해 어떻게 생각하시는지요?

홍세화 이번 질문은 왜 우리가 오늘날 한국 사회에서 유배된 청춘에 대해서 말하고 있는가에 대한 역사적 배경의 하나라고 봅니다. 제가 강연 초반에 인생의 선배를 만나서 갓 스물에 인생이 바뀌었다고 말씀을 드렸는데, 그분 얘기를 잠깐 하겠습니다.

그분은 돌아가셨습니다. 어떤 분이냐 하면 그냥 농부입니다. 이분이 한국전쟁 때 충청도에 사셨는데, 인민군이 밀려오고 나서 인민 지원군으로 거의 동원되다시피 끌려갔습니다. 결혼해서 아이도 낳았는데, 그러다가 다시 국군에 잡혔지요. 그래서 바로 거제도 포로수용소에 갇힌 후 2년 뒤엔가 이승만 대통령이 반군포로 석방을 하면서 타박타박 고향으로 돌아갔어요.

그런데 고향에 갔더니 부모, 처, 자식, 동생이 모두 죽은 겁니다. 누가 죽였을까요? 동네 사람들이었습니다. 부역을 했다는 이유에서였지요. 그때까지 제가 배운 현대사 지식으로는 그 상황을 이해하기 어려웠습니다. 그게 한국 현대사의 굴곡이겠지요.

우리는 분단에 의해 국가적 주체성이라는 측면에서 그것을 온전히 누릴 수 있는 구성원이 돼 있지 못합니다. 국가는 존재하되 대미 관계나 남북 관계에서 주체성을 누릴 수 있는 형편은 아닌 것이지요. 앞서 말씀드렸다시피 우리가 자본주의 사회에 산다면 자본주의를 공부하는 게 주체화의 요건인데도 불온으로 규정되는 이런 것들이 우리를 청춘 시기부터 유배하게끔 하는 배경이 아닐까 싶어요.

그럼 이때 아이들에게 어떻게 할 것인가. 결국 진실을 가르쳐야겠지요, 역사적 진실을. 그게 무엇보다 중요한 일입니다. 그리고 이에 대한 평가는 아이들에게 맡겨야 할 거고요. 전 그렇게 생각합니다.

사회자 〈한겨레21〉이 창간 17돌을 맞아 마련한 제8회 인터뷰 특강 '청춘' 두 번째 시간, 오늘은 〈르몽드 디플로마티크〉 홍세화 편집인의 '유배된 청춘'이었습니다.

홍세화 선생님의 마무리 멘트 들으면서 인사를 드릴까 합니다. 선생님, 정리해주시지요.

홍세화 학교 선배든 인생 선배든 또는 형이든 누나든 아니면 부모님이든 간에, 그래도 선배 잘못 만나서 세상 보는 눈을 뜨게 된 이런 분들이 주눅 들지 않고 당당한 민중의 표상으로 이 세상을 살아갈 수 있도록 우리가 함께 힘을 합쳤으면 좋겠고요.

내일 지구가 망할지라도 오늘 사과나무를 심겠다는 스피노자의 말에 빗대 말하자면, 미래의 불확실성을 오늘의 불성실에 대한 핑계로 삼지 않았으면 합니다. 그래서 톨스토이의 말처럼 나에게 소중한 사람에게 성실하고, 또 두말할 것도 없이 스스로에게 성실했으면 좋겠습니다. 소유물을 갖고 남과 비교하지 말고, 어제의 나보다 오늘의 내가 더 성숙했는지, 그리고 나의 인간관계가 오늘보다 내일 더 성숙할지, 즉 존재와 관계의 성숙을 목표로 하는 비교만 남겨뒀으면 합니다. 이런 이야기들을 유배된 혹은 유배되었던 청춘끼리 공유했으면 좋겠네요. 정말 고맙습니다.

사회자 감사합니다. 다음 주 월요일에 뵙겠습니다. 안녕히 돌아가십시오.

제3강 김여진

미안하다, 청춘!
행복해라, 청춘!

2011년 4월 11일 저녁 7시
서강대학교 곤자가홀

> 지금 이 순간의 행복을 선택할
> 청춘들을 위하여

김여진 ★ 대학 시절 연기를 시작해 1995년 〈여자는 무엇으로 사는가〉로 연극 무대에 데뷔했다. 연극계에서 탄탄한 연기력을 인정받은 그녀는 1998년 〈처녀들의 저녁식사〉로 청룡영화제 신인상을 수상하며 영화계에서도 주목받았다. 이후 〈박하사탕〉을 통해 명실상부한 한국의 보편적 여성상을 소화하면서 대종상 조연상을 수상했다. 현재는 연기 활동과 함께 다양한 사회적 목소리를 내는 소셜테이너로 활약하고 있다.

사회자 오늘도 이렇게 귀한 발걸음 해주신 여러분께 감사드리면서 〈한겨레21〉 창간 17돌 기념 제8회 인터뷰 특강 '청춘', 그 세 번째 시간의 문을 열겠습니다. 저는 사회를 맡은 김용민입니다.

요즘 슬슬 청춘들이 일어서고 있습니다. 바람직한 일입니다. 원래 청춘이 무서워야 나라가 건강한 법입니다. 왜냐, 청춘은 집착할 것이 없거든요. 한마디로 잃을 것이 없습니다. 하지만 청춘이 힘이 없을 때 나라는 병들고 썩게 돼 있습니다. 불행히도 대한민국 청춘은 그동안 침묵 모드였습니다. 그러나 이제는 달라지고 있습니다.

카이스트 학생들이 총장과의 면담을 거부하고 내일(4월 12일) 독자적인 학생총회를 열기로 했습니다. 이미 고려대, 이화여대에서 학생총회의 호각(號角)을 울렸지요? 이화여대의 경우 시한부이기는 합니다만 채플 거부라는 초강수로 학교 측과 맞서고 있습니다. 반값 등록금이라는 새빨간 거짓말을 일삼으면서 청춘을 기만하고 등록금이 너무 내려가면 교육의 질이 떨어진다며 청춘을 우롱하는 기성세대. 학생 네 명이 죽어나갔는데도 경쟁이 옳다, 미국 명문대에 자살한 학생이 카이스트보다 많다고 하는 언필칭 교육자. 각오하세요. 청춘은 만만하지 않습니다.

물론 덮어놓고 투쟁이 좋다는 주장은 아닙니다. 협력과 연대가 사라진 대학사회를 두고 볼 수만은 없다는 공동체성을 갈구하는 이런 훌륭한 광경이, 무척 보기 좋은 겁니다. 그런 의미에서 카이스트에 붙은 대자보의 일부분은 장엄한 선전포고가 아닌가 싶습니다. "학점 경쟁에서 밀려나면 패배자 소리를 들어야 하고, 힘든 일이 있어도 서로 고민을 나눌 여유조차 없었다. 이 학교에서 우리는 행복하지 않았다." 행복하지 않다······. 네, 그래서 모셨습니다. 오늘 우리에게 여러분의 잃어버린 청춘을 회복시켜줄, 지성과 미모를 겸비한 것으로도 모자라 개념까지 장착한 한국의 잔 다르크, 아니 '진 다르크' 영화배우 김여진 선생을 박수로 모시겠습니다.(청중 박수)

김여진 안녕하세요. 연기하는 김여진입니다. 반갑습니다.

사회자 자, 요즘 청춘에 대해서 참 많은 메시지를 나누고 계신데, 김여진 선생께 이 시대의 청춘은 어떤 존재인지 여쭤보겠습니다.

김여진 저는 1991년에 대학에 들어갔어요. 그런데 아직 철이 없어서 그런지 저희 세대나 그보다 조금 더 나이 드신 분들이 "요즘 애들은 말이야"라고 말씀하시면 발끈해요. 왜 그럴까 생각해보면 제가 아직 청춘들의 심정에 조금 더 가깝기 때문인 것 같아요. 아직 아이가 없어서일 수도 있고, 제가 지나온 청춘의 시간들이 여전히 생생해서 그럴 수도 있는데, 아직은 20~30대들의 고민에 좀 더 가까이 있다는 생각이 들어요.

최근 4~5년 사이에 청춘들을 많이 만났어요. JTS(Join Together Society)라는 구호기관에서 활동하며 대학생들과 한 달씩 두 번 인도에 다녀왔어요. 같이 먹고 자면서 생활했지요. 그때 그들이 깜짝 놀랄 만큼 통찰력이 있고, 상상력이 풍부하고, 다방면으로 아는 게 많다는 걸 느꼈어요. 저희 때보다 훨씬 훌륭해요. 물론 자유롭고 발랄한 면이 있는 반면 그만큼 기개를 못 펴니까 답답하고 우울하고 무기력한 면도 있는 것 같지만요. 둘 중에 어떤 면이 더 부각되고 있는지, 그리고 그들이 어떤 면을 강요받고 있는지 생각해보면 기본적으로는 미안한 감정이 들어요. 그다음은 '그래도 어쩌겠느냐'라는 심정이지요. 지금부터는 여러분이 살아야 할 세상이잖아요. 여러분이 모든 것을 마음껏 행복하게 펼치면서 살아야 할 세상인데 이 모양이라서…… 누가 이렇게 만들었겠어요? 저희가 만들었지요. 네, 사실 이것밖에 못했어요. 그래서 여러분이 이렇게 힘든 것에 대해 진심으로 미안하게 생각해요. 하지만 여러분이 살아야 할 세상이기 때문에 세상을 바꾸는 건 여러분이 해야 합니다. 어쩔 수가 없어요. 누굴 탓해봐야 변하는 게 없으니까요. 열심히 응원하고 함께하면서 같이 가줄 수는 있지만, 여러분이 가지 않는 길은 저희 세대도 어쩔 수 없다는 거죠.

등록금, '다 같이' 딱 반만 내자

사회자 얼마 전에 "모든 학생들이 등록금을 반만 내자" 이렇게 말씀하셨어요. 많은 청춘들이 훌륭하다, 맞다라고 생각하지만, 한편으로는 그렇게 했다가 나만 독박 쓰는 것 아닌가 하는 회의적인 반응도 없지 않았습니다. 서로 못 믿는 게 아닌가 싶기도 한데요, 많은 반응들을 접하면서 어떠셨습니까?

김여진 '못 믿으면 할 수 없지'라고 생각했어요. 한나라당 국회의원들이 만들어놓은, '반값 아파트, 반값 등록금 저희가 책임집니다'라는 플래카드 아래에서 기자회견했던 사진을 가지고 있어요. 그들이 분명히 그렇게 말했거든요. 이명박 대통령도 얘기하셨잖아요. 그들이 그런 얘기를 한 상태에서 뭔가를 요구했는데 들어주지 않으면 투쟁하는 게 맞아요. 그들이 그렇게 하겠다고 얘기했으니까요. 그래서 그들을 뽑은 거잖아요. '지키겠다는 말 아니었어?'라는 생각이 들었던 거지요. 그래서 그런 말을 트위터에 올린 거예요.

투쟁하기엔 귀찮고, 뭘 해달라고 조르면 궁색하잖아요. 그런데 다 같이 반값만 내면 그럴 필요가 없으니까요. 여기서 중요한 것은 '다 같이'지요. 다 같이 딱 반값만 내면 학교도 당황하겠지요. 그런다고 저한테 무슨 일이 생길까요? 설사 무슨 일이 생긴다 해도 '당신들이 그렇게 말했었다'고 할 말은 있어요. 하다못해 귀찮게라도 할 수 있잖아요. 단 며칠이라도 학교, 정부, 행정 하시는 분들 좀 흔들리게 할 수 있다는 거지요. 동참하고 안 하고는 여러분 마음이에요. 제 등록금이 아니에요. 여러분이 결정하고, 여러분이 하는 거지요.

사회자 김제동 씨가 그런 말을 했어요. "50퍼센트 투표율이면 등록금이 반값 된다. 100퍼센트 투표율이면 전액 면제가 된다."

김여진 네, 저도 가능하다고 생각해요. 이건 여러분이 누굴 찍어서 등록금이 50퍼센트가 되고 100퍼센트가 되는 문제는 아닙니다. 투표율이 50퍼센트가 나오면, 어느 당이든 상관없어요. 사실 정치하는 사람들은 다를 게 없어요. 저는 다 거기서 거기라고 생각해요. 그럼에도 정치인들은 긴장한다는 거지요. 그들은 투표율이 많이 나오는 쪽으로, 환심을 사기 위해서 움직여요. 한나라당도 여러분의 환심을 사려고 '반값 아파트, 반값 등록금' 얘기를 한 거예요. 하지만 안 지켰지요.

투표율이 낮다는 이유도 있지만, 좀 더 궁극적인 이유는 우리가 끝까지 감시하지 않기 때문이에요. 투표만 해서 되는 건 아니지만 그래도 투표를 하면 여러분의 의견을 들을 가능성은 훨씬 더 높아지지요. 아무리 가난한 마을에도 경로당은 다 있어요. 노인분들은 투표 다 하시니까요. 어느 당의 국회의원이든 경로당은 무조건 먼저 지어요. 그러니까 누구를 찍느냐보다 투표율 자체를 높이는 게 더 중요하다는 얘기지요.

사회자 김여진 선생께서는 북한 어린이 돕기 운동을 펼치셨고 뒤이어 홍대 청소노동자분들에 대한 격려 활동, 아울러 최근에는 등록금 투쟁을 지지하는 발언도 하셨습니다. "사회운동 많이 해봐야 연예인에게 별 도움 안 된다." 제가 아는 한 연예인이 이런 얘기를 했거든요. 김여진 선생께서는 사회운동에 매우 적극적인데 어떤 특별한 의지를 갖고 계신 건가요?

김여진 한쪽에서는 "연예인이 그렇게 사회적 발언을 하고 운동을 하면 불이익을 당할 거다. 블랙리스트에 올라가면 어쩌냐?"라고 해요. 또 한쪽에서는 "영화 홍보를 위해 홍대 청소노동자들을 이용했다. 인기를 위해 발언하고 있다. 그래서 살림 좀 나아졌나?"라고 하지요. 양쪽 다 맞다면 맞고, 틀렸다면 틀린 얘기예요. 제가 홍대 청소노동자분들을 찾아가서 그분들이 제 영화를 더 보러 오셨을까 싶고, 그렇다고 블랙리스트에 올랐나? 그것도 잘 모르겠어요.

저는 사실 사회적 발언을 해서 이득을 본 것 같아요. 인기가 더 올라가고, 일도 더 많이 들어와서 "너 좋겠다" 하면 "그래, 어쩔래" 이러고 싶은 마음이 더 커요. 그래야 다른 분들도 자기 의견을 얘기하고,

앞으로 이런 일들이 더 많아질 테니까요. 사실 '내가 좀 더 인기가 많았으면 이분들한테 더 큰 힘이 됐을 텐데……'라는 생각을 했어요. 생각보다 제가 힘이 세더라고요. 훨씬 더 반응이 뜨거웠어요. 그거 보면서 '아, 정말 연예인이라는 게 이래서 좋구나'라고 생각했습니다. 연기자뿐만 아니라 모든 사람들이 자기가 생각하는 것들을 겁내지 않고 할 수 있었으면 좋겠어요. 그게 멋있다고 생각하면 좋겠어요. 지레 겁먹을 것 없잖아요.

사회자 강연자와 사회자, 청중이 따로 없습니다. 여러분도 강연 중간중간 문자를 통해서 의견을 보내주시거나 질문을 던지시기 바랍니다. 〈한겨레21〉 창간 17돌 기념 제8회 인터뷰 특강 '청춘', 배우 김여진 선생의 강연으로 여러분을 안내하겠습니다.(청중 박수)

몰랐던 세상을 보고 거리로 뛰쳐나가다

김여진 믿길지 모르지만 여러분이 지금 앓고 있는 청춘, 겪고 있는 청춘을 저도 여러분 또래일 때 앓고, 겪었습니다. 그때를 생각하면 솔직히 20대로 돌아가고 싶지는 않습니다. 전 지금이 좋아요. 말씀하신 대로 지금은 제가 발언을 하면 조금은 제 말이 먹히거든요. 또한 시대가 좋아져서 발언할 수 있는 창구도 굉장히 다양해졌고요. 그래서 무슨 말을 하면 빨리 퍼져요. 이런 영향력을 갖게 된 것에 대해서는 기쁘게 생각합니다. 부담도 되고요. 하지만 부담이라는 건 인생 어느 때나 있습니다. 부담 없는 때가 있습니까? 별로 없어요. 사실 여기 앉아서 여러분께 강연을 한다는 것 자체가 부담이에요. 듣고 판단하는 건 여러분 몫이고 '저건 말도 안 돼'라고 생각하셔도 상관없습니다. 저는 그렇게 살았으니까요. 이제 이야기를 시작하겠습니다.

저는 마산 출생입니다. 고등학교 3학년까지 지방에서 학교를 다녔어요. 고등학교 때는 이과였어요. 어렸을 때부터 부모님이 의사가 되라고 하셨거든요. 저희 부모님께는 아버지의 꿈부터 시작해서 사연이 많아요. 변호사고 뭐고 다 필요 없고 그냥 의사였어요. 저는 이과를 가서 열심히 공부했고, 그때 사춘기가 왔어요. 공부를 하기가 싫었고, 대신 책을 좀 읽었어요. 이과에서 문과로 옮기고, 독문학을 전공하겠다는 결심이 확고했습니다. 그때 아버지가 일주일쯤 단식을 하셨어요. 딸이 의사가 되는 꿈을 포기하셔야 했으니까요. 그게 부모님에 대한 첫 번째 거역이었어요.

저는 부모님 말씀을 정말 잘 들었어요. 모범생으로 살았거든요. 그런데 그때 처음으로 거역을 해본 거예요. 한번 칼을 뽑았으니까 끝까지 가야겠다는 생각에 저도 일주일쯤 단식을 했어요. 물론 학교에 가면 매점에서 밥 먹었어요. 집에서는 안 먹고요. 당시 아버지께서 은행에 다니셨는데 아버지도 은행 가서서 드셨을 거라고 생각해요. 결국은 제가 이겼어요.(청중 웃음) 자식 이기는 부모도 없을뿐더러 무엇보다 제 인생이잖아요. 그렇게 해서 대학에 들어갔어요.

부모님 뜻을 어기고 원하던 것을 선택했으면 열심히 공부해야 하잖아요? 그런데 공부가 너무 재미없는 거예요. 몇 권 안 되지만 그래도 루이제 린저, 헤르만 헤세, 괴테도 읽고 대학에 들어와서 '나는 누구일까, 인간은 무엇인가' 이런 심오한 주제로 공부할 줄 알았지요. 그런데 막상 대학에 갔더니, 『파우스트』 한 페이지가 나오고 괄호가 나와요. '맞는 단어를 넣어라.' 이게 공부였어요. 저희 과가 다 그랬다는 건 아닌데, 제가 보기엔 그건 입시 공부와 크게 다르지 않았어요. 그래서 한 달 만에 흥미를 다 잃어버렸어요. 그러고 있는데 4·19혁명 기념집회 때 91학번이었던 강경대 열사가 대낮에 경찰들에게 맞아 죽었어요. 당시 가장 큰 사건이었어요. 대학 들어가서 한 달 만에 저랑 같은 나이의 학생이 대낮에 민중의 지팡이 경찰한테 맞아 죽었다는 생각에 충격이 너무 컸지요.

그 일을 겪고 또 한 번 변했어요. 집회에 나가게 됐지요. 그 후로 받아들인 건 모두 충격이었어요. 고등학교 때까지 잘 몰랐던 것, 보통 부모님들이 안 보여주고 싶어했던 것들을 알게 된 거예요. 저는 뉴스에서 말하는 것들이 진실인 줄 알았어요. 그리고 정치적으로 보수적이긴 하지만, 저희 아버지가 자식을 대할 때도 굉장히 논리적인 분이셨어요. 어떤 문제에 대해 아버지와 얘기를 하다가 의견이 다를 때면 제가 흥분해서 막 울어요. 그러면 아버지께서 "눈물 닦고 처음부터 다시 천천히 얘기해" 이런 훈련을 시켜주셨어요. 그러시다 발등 찍게 생긴 거예요. 딸내미가 몰랐던 세상을 보고는 거리로 뛰쳐나갔으니까요.

저는 주로 철거 지역에 갔어요. 가장 강성이라 할 만한 곳이지요. 거기에서는 학생형(?) 활동이라고 할까 등록금 투쟁 같은 걸 많이 했어요. 또 공부방 활동을 하다가 용역 깡패들 들어오면 싸우는 일도 했지요. 그렇게 대학 4년을 보내고 나서 지치고 힘들어서 그냥 그만뒀어요. 지금 여러분이나, 당시 다른 친구들처럼 막연히 불안해하거나 '나가서 뭘 해야 할까, 취직해야 할 텐데' 이런 생각도 할 수 없었어요. 저는 전과가 있어요. 폭력 전과요.(청중 웃음) 무슨 공무집행방해도 아니고 국보법도 아니고 집시법도 아니고, 실컷 얻어맞았는데 폭력 전과가 생기더라고요. 그렇게 이미 취업은 물 건너간 문제였지요. 그래도 등록금이 아까우니까 '4년 안에 졸업은 하자' 싶었어요. 졸업을 할 수 있을까 말까 한 성적이었거든요. 기억은 잘 안 나지만 학점이 평균 2.8 정도 됐을 거예요. 우리 때만 해도 뭐 대충 그 정도만 돼도 취직도 하고 그랬어요. 지금은 그때하곤 다르지요. 어쨌든 졸업만 간신히 할 수 있는 학점이었지요. 하지만 아무것도 하기 싫고, 할 생각도 안 하고 한두 달을 보냈어요. 학생운동을 함께 했던 모든 친구들, 동지들에게 제가 배신을 한 거잖아요. 미안하기도 하고 죄책감도 들고, 얼굴을 못 보겠으니까 일단 피해 다녔어요. 4년을 운동만 했기 때문에 그 사람들을 안 만나면 만날 사람이 없었지요. 그냥 외톨이로 있었어요. 누굴 만날 생각도 하지 않았고요. 그렇게 지내다가 처음으로 연극을 본 거예요. 제 인생의 세 번째 변화입니다.

나의 연극 데뷔, 나의 첫 무대

20대 초반에 처음 연극을 봤어요. 대학로라는 데를 처음 나가봤던 거지요. 그런데 정말 멋진 거예요. 완전히 다른 세상이더라고요. 영화나 방송과는 다르게 연기자의 얼굴이나 호흡을 직접 보고 느낀다는 게 정말이지 가슴이 뛰었지요. 그리고 저는 어차피 할 게 없었어요. 그래서 연극을 해야겠다고 생각했어요. 연극이 무엇인지는 저한테 사실 중요하지 않았어요. 대신에 폭 빠져서 했어요. 연극을 보고 자리에 그대로 앉아 있으니까 누군가 오더라고요. "집에 가셔야지요." 그래서 이렇게 말씀드렸어요. "공짜로 포스터 붙여드릴게요." 대신 단원으로 입단을 하겠다 그랬더니 피식 웃으면서 "내일 다시 오시면 얘기하지요" 하더라고요. 왜냐면 그런 얘기 하는 사람들 대부분이 다음 날 안 오니까요. 집에 가면 제정신이 들거든요.(청중 웃음)

그런데 저는 다음 날 다시 갔어요. 진짜 더 잃을 것도 잃을 것도 없었거든요. 처음에는 저를 이상하게 봤지만 그래도 포스터 붙이고 그 공연을 하루에 두 번씩 매일 봤어요. 하루도 안 빼고요. 볼 때마다 정말 재밌는 거예요. 매일 다르고 매일 뭔가 조금씩 더 배울 게 있는 것 같았어요. 그러다가 정말 만화책이나 드라마에 나오는 얘기처럼 주연 배우가 펑크를 내요.(청중 웃음) 그 주연 배우가 누구냐면 유명한 사람 며느리가 된 박상아 씨예요. 왜 펑크를 냈냐면 슈퍼탤런트 대회에 나가서 대상을 받았거든요. 자기도 예상을 못 한 거지요. 근데 진짜 난리가 난 거예요. 인터뷰 하고 드라마 섭외가 들어오니까 공연해야 한다는 걸 잊어버렸어요. 방송을 본 사람들이 바로 다음 날 박상아 씨 보려고 공연장에 구름같이 몰려들었어요. 서서 보겠다는 사람이 있을 정도로 공연장은 초유의 만원 사태인데 배우가 안 나타나는 거예요. 그때 극단 대표님이 저한테 "너 대사 외우지?"라고 물으시더라고요. 제가 매일 오는 걸 봤으니까요. 물론 대사는 외우지요. 그런데 저는 학교 다닐 때 연극반도 해본 적이 없는 사람이었어요. 그래도 일단 무대에 올라갑니다. 대표님이 "내가 봐서 정 안되겠다 싶으면 불을 끄겠다" 하시더군요. 생각해보세요. 대표가 무대에 나와서 "여러분 죄송합니다" 이러면…… 객석에서 야유가 나오면 어떻게 하냐고 했더니 "그건 어쩔 수 없다"고 해서 "알겠다" 하고 올라갔어요. 그게 제 데뷔입니다. 그래도 그 무대에서 끝까지 공연을 했어요. 별로 안 떨렸어요. 왜냐면 저는 못해도 되니까요.

사회자 잃을 게 없으니까.

김여진 네, 잃을 게 없었어요. 누가 못한다고 저를 욕해요? 저는 연습을 한 적도 없고, 거기 있는 배우들과 눈 한 번 마주친 적이 없었거든요. 그분들은 많이 당황해하셨지요. 기라성 같은 배우들이었어요. 대학로에서 제일 잘나가고 제일 잘하신다는 분들이 그 공연을 하고 있었거든요. 그런데 이분들이 너무 긴장하신 거예요. 제가 어떤 실수를 할지 모르잖아요. 연극은 실수하는 사람은 물론이고 그 옆에 있는 사람까지도 당황하게 돼 있거든요. 정말 호흡이 중요하지요. 나의 모든 게 상대 배우에게 달려 있으니까요. 아무리 혼자 잘하려고 해도 그럴 수가 없어요. 그러니까 이 배우분들이 제가 무슨 돌발행동을 할지, 어디쯤에서 대사를 까먹을지 몰라서 정말 바짝 긴장을 하신 거예요.

무대의 불이 꺼지고 처음 무대에 서는 거라 어디로 어떻게 들어가야 하는지도 몰랐어요. 이게 굉장히 복잡한데 아주 조그맣게 형광 테이프를 붙여놨더라고요. 그 형광 테이프를 보고 자기 자리를 찾아 들어가야 해요. 불이 들어오면 배우가 거기 서 있어야 하는데, 그걸 모르니까 다른 배우의 자리로 갈 수도 있지요. 처음에는 배우 중 한 분이 제 손을 잡고 끌어다 세워주시고는 자기 자리로 후다닥 뛰어가셨어요. 선배들이 제 소품도 다 챙겨주셨고요. 제가 그렇게 호강을 하면서 데뷔를 했어요.(청중 웃음) 그게 저의 첫 무대고 아무도 기대를 안 했는데 끝까지 공연했고, 굉장히 잘했다고 박수를 받았어요.

그 공연을 1년 동안 합니다. 1년 동안 7백 회쯤 했어요. 다른 배우들은 다 바뀌었고, 더블도 했지만 저는 단원이어서 그 역할을 7백 번 한 거지요. 그랬더니 도가 틉디다.(청중 웃음) 안 그렇겠어요? 그 연극을 하면서 저는 아무도 안 가르쳐주는 연기를 혼자 터득했어요. 나중에는 여유까지 생겼고요. 무대에 오래 서다보면 관객하고 교감도 해요. 어디서 졸고 있는지도 다 보이고, 어떻게 우는지 어떻게 웃는지도 알게 돼요. 그러다보면 굉장히 지루해져요. 관객들은 웃는데 저는 지루해요. 똑같은 걸 매일 하니까 죽겠는 거지요. 그러면 다른 짓을 하게 돼요. 어떤 대사는 뉘앙스를 조금씩 바꿔가면서 하는 거예요. 관객들이 알든 모르든 상관없어요. 그런 게 결국 연기력에 도움이 됐지요. 한 1년쯤 같은 역할을 하니까 자신감이 생기더라고요. 이제 웬만한 것을 줘도 할 것 같았고요. 여기까지가 제 대학 시절과 연기를 시작한 배경에 대한 얘기입니다.

이때가 제 인생에서 제일 행복한 순간이었어요. 물론 요즘도 굉장히 행복해요. 그때랑 비슷해요. 아무것도 바라는 게 없는 상태인 거지요. 그때 제 연봉이 백만 원이었어요. 지하철도 못 타고 걸어 다녔어요. 대학로에서 신촌까지 걸어 다니고 밥은 그냥 극단에서 해결했어요. 누가 사주면 먹고, 같이 라면 끓여 먹고 그랬지요. 옷을 사본 기억은 아예 없고요. 그럼에도 그 순간들이 정말 행복했던 건 제가 연극을 하고 연기를 하는 데 빠져 있었기 때문이에요. '어떻게 하면 오늘 무대를 나도 재밌고 관객도 재밌게 할 수 있을까?' 이 생각만 하고 있었어요. 그러니까 즐겁더라고요. 남들 눈에는 청승이고 구질구질해 보일지 모르지만 저는 좋았어요. 같은 단원 친구들이 다 영화 오디션을 보러 다니거나 탤런트 시험을 보러 다녀도 저는 한 번도 그러지 않았어요. 연극 자체가 좋았기 때문에 뭐가 돼야겠다는 생각을 안 하고 있었어요. 그런데 영화배우가 됐어요.

영화배우가 되고 유명해졌지만……

하루는 감독님이 공연을 보러 오셨어요. 연극한 지 4년쯤 됐을 때인데 제가 마네킹 역할을 하고 있었어요. 마네킹이 무슨 역할인가요?(청중 웃음) 〈마술가게〉라는 공연이었는데 어떤 가게에 도둑 둘이 들어와서 놀고 까불고 자기 과거 얘기를 하는 연극이에요. 그 중간에 극중극 역할을 할 때만 살짝 들어가서 대사 몇 마디 하고 나왔어요. 그러고는 다시 마네킹이에요. 1시간 45분 중에 1시간 20분을 그냥 서 있는 거지요. 퇴장도 못 해요. 소품이니까요. 그냥 가만히 계속 서 있었어요. 주인공들이 놀고 까불 때 살짝 움직여요. 그러고는 또 15분을 가만히 있어야 해요. 눈 깜박이는 것도 천천히, 숨소리도 거의 안 들킬 만큼. 처음에는 사람들이 신기해서 봐요. '어, 안 움직이네, 이상하네.' 이러고 보다가 딴 데서 움직이니까 시선이 옮겨지잖아요. 그 타이밍을 잘 잡아야 해요. 그때 숨을 쉬는 거지요. 그게 재미있을 것 같아서 그 역을 했어요. 그리고 실제로 재미있었어요. 자기를 보여주는 연기만 하다가 안 보이는 연기, 모든 게 거꾸로 가는 연기를 하니까 재미있었던 거지요.

　이 연기를 보신 분이 임상수 감독님이세요. 〈처녀들의 저녁식사〉를 감독하셨지요. 오셔서 저를 보고 시나리오를 주신 거예요. 심지어 주인공 셋 중 한 역할을 제안하셨어요. "오디션 보러 와라." "네, 가겠습니다." 갔어요. 오디션을 봤어요. 그리고 왔어요. 시나리오가 재밌기는 한데 제가 이걸 할 거라고는 생각도 못 했어요. 저는 제가 연극배우라고 생각했고 당시 공연을 열심히 하고 있었어요. 그런데 일주일 뒤에 다시 전화가 왔어요. "2차 오디션 보러 와라." 그런데 제가 이렇게 말했어요. "제가 공연을 하는 사람이라 그렇게 왔다 갔다 못 합니다. 보셨지 않습니까. 왜 오라 가라 하십니까. 저는 안 가겠습니다." 그날 공연도 해야 하고 낮에는 분장실 청소도 해야 하고, 소품 역할도 해야 하고 그래서 못 간다고 했지요. 그랬는데 프로듀서한테서 다시 전화가 왔어요. 전화를 해서는 냅다 욕을 하는 거예요. "너 지금 이게 무슨 기회인지 알고나 그러는 거냐. 다른 매니저들이나 여배우들은 보따리 싸들고 와서 시켜달라고 비는 역할이야"라고 말이지요. "너, 주인공이야. 이거 하면 인생이 바뀐다고"라고 하시기에 "저 인생 바꾸고 싶은 생각 별로 없는데요"라고 했어요. 저는 진짜로 만족하고 있었으니까요. 하고 있는 역할에 만족해서 끝까지 안 갔어요.

한 달 뒤에 제가 그 역할을 맡게 됐어요. 왜냐면 오디션 본 친구들 중에 그렇게 한 사람은 저밖에 없었던 거예요. 사실 운 좋게 그 캐릭터하고도 맞았고요. 그때 오디션을 보러 온 모든 사람들이 "안녕하세요? 몇 번 누구입니다. 잘 부탁드립니다. 열심히 하겠습니다"라고 했을 거 아니에요. 백이면 백 다 그랬을 거예요. 기억에 남는 사람은 저밖에 없었대요. 주위 사람들은 다 반대했대요. '걔 건방져서 안 된다'고요. 그런데 제가 됐어요. 그때는 강수연 선배 만나니까 떨리데요. 화면에서만 보던 분이니까. 그분하고도 금세 친해졌어요. 왜냐하면 영화에서 친구 역할을 해야 하니까요. 겁낸다고 되는 일은 아니잖아요. 그렇게 해서 영화를 찍고 〈박하사탕〉도 하면서 상도 여러 개 받았어요. 생각해보면 그렇다고 행복했던 것 같지는 않아요. 사람들이 보기에는 그 전이 힘들었을 것 같지요. '고생 끝 행복 시작' 뭐 그런 거잖아요. 그런데 행복하지 않은 거예요. 왜냐, 욕심이 생겼거든요. '아니, 신인상은 내가 받았는데, 조연상도 받았는데, 왜 저 감독은 내가 아니라 다른 사람을 캐스팅 하지?' 이렇게 돼요.

〈박하사탕〉에 같이 출연했던 문소리 씨가 이창동 감독님의 다음 영화 〈오아시스〉에 캐스팅이 됐어요. 좀 화가 났어요. '내가 〈박하사탕〉에서 연기를 더 잘한 것 같은데, 상도 내가 받았는데' 이런 생각이 들더라고요. 그다음부터 이상하게 영화 캐스팅 들어오다가 잘 안 되는 건 다 문소리 씨한테 가는 거예요. 문소리 씨가 그 영화로 베를린영화

제 가서 상을 받았잖아요. 제가 다음 영화로 〈취화선〉을 했어요. 〈취화선〉이 칸영화제에 갔지요. 우리나라 최초로 감독상을 받았어요. 굉장히 큰 영예잖아요. 하지만 행복하지 않은 거예요. 왜냐면 소리는 베를린에 가서 신인상을 받았거든요. 그게 질투가 나서 인터뷰 하다가 눈물이 나올 뻔한 적도 있어요. 사실 조금 울기도 했어요. 인터뷰 하는데 문소리 씨가 상 받은 것에 대해 어떻게 생각하냐고 아주 집요하게 묻는 거예요.(청중 웃음) 같은 배우로서 정말 자랑스럽고, 문소리 씨가 연기 정말 잘했잖아요. 그래도 속으로는 미치겠는 거지요. 연극 할 때에 비해서 수입도 훨씬 많아졌고, 알아보는 사람도 훨씬 더 많아졌는데 행복하지가 않은 거예요. 늘 이런 생각이 들었어요. '나한테 저 역할이 왔으면…… 지금 하는 역할은 너무 시시해.' 늘 최선을 다한다곤 하지만 실력 발휘를 다 못 하고 있다는 느낌. 그것 때문에 괴로웠어요.

그래서 결국 잠깐 도망간 적도 있어요. 혼자 미국 가서 공부한답시고 몇 개월 동안 안 되는 영어로 연기하면서, 학교에 다니기도 했어요. 사실 그 시간들이 나쁘진 않았지만 결국 제 문제로부터 도망을 간 거지요. '난 지금 누구누구한테 질투가 나서 못 살겠어.' 이게 지금 내 문제인데, '난 연기를 좀 더 갈고닦아야겠어' 이러면서 유학을 간 거지요. 공부를 하고 왔지만 문제가 해결되나요? 사실은 더해요. 공부를 하고 왔는데도 여전히 마음에 드는 역할이 안 오니까요. 여러분 말대로 스펙을 쌓을 만큼 쌓았는데도, 제 마음에 드는 영화와 주연 자리가 안 오는 거예요. 그렇게 괴로워했는데도 다른 사람들 눈에는 좋을 때였어요. 〈대장금〉과 〈이산〉에 출현했을 때니까요. 칭찬을 많이 받는데도 만족을 못 했지요.

〈이산〉에 출연하던 중에 거리모금을 나갔어요. 앞서 말씀드렸던

JTS라는 국제 구호단체 활동으로요. 저만 간 게 아니고 〈이산〉 팀이 다 나갔어요. 무대 위에서 "안녕하세요, 시민 여러분?" 이러니까 사람들이 모이고, 좋은 일 한다고 하니까 다들 박수를 쳐주세요. 그다음에는 모금함을 들고 나가요. 그런데 사람들이 저를 못 알아봐요. 사극할 때라 그런지…….(청중 웃음) 단발머리를 하고 청바지에 티 입고 있으니까 아무도 몰라봐요. 저쪽에 보니까 한지민 씨는 주위에 사람이 몰려들어서 거기서 못 빠져나오고 있어요. 모금함은 이미 꽉 찼고요. 다시 한 번 속이 뒤집어져요. 하기 싫은 거예요. 사람들이 못 알아볼 수도 있다는 걸 직접 대면해야 하잖아요. 그걸 겪는 게 굉장히 무서웠어요.

그러다가 순간 이런 생각이 들었지요. '내가 지금 여기 왜 나왔나, 인기 경쟁하려고 나왔나? 내가 누구보다 인기가 없어서 사람들이 몰라보는 것 때문에 괴로운 거랑 지구 어딘가에 사는 한 아이가 천 원이 없어서 굶을 수도 있는 거랑 어느 쪽이 더 큰 고통인가?' 순간 제가 참 별 게 아닌 사람이라는 생각이 들었어요. 그때부터 조금씩 소리를 질렀지요. 연예인이라는 이름표 떼고 '그냥 한다'라는 생각으로 "여러분이 오늘 하루 커피 한 잔을 안 드시면, 한 아이가 일주일 동안 밥을 먹을 수 있습니다. 배고픈 사람은 먹어야 합니다. 아픈 사람은 치료를 받아야 합니다. 아이들은 제때에 배워야 합니다"라고 외치니까 목이 메더라고요. 그렇게 외치기 시작하니까 그게 진심인 것처럼 느껴지는 거예요. 원래 제가 그랬던 사람인 것처럼…….

그런데 신기하게도 돈이 모이기 시작하더라고요. 사람들이 제 말을 듣고, 제 모금함도 대충 찼어요. 기분이 굉장히 좋았어요. 봉사를 해보니까 제 괴로움이 사소한 게 되는 거예요. 그리고 고민은 이미 해결됐더라고요. 사실 괴로워할 것도 아니었다는 생각이 드는 겁니다. 물론 이건 해보지 않으면 제가 아무리 말씀드려도 절대로 모르실 거예요. 자기 문제를 들입다 파고 있어봐야 괴로울 뿐이지요. 다른 사람 문제에 온힘을 쏟고 나니까 원래의 제 문제는 별 게 아닌 게 돼버렸어요. 굉장히 신기하더라고요. 그러고는 그 JTS라는 단체에 대해서 좀 더 관심을 갖고 활동하기 시작했습니다.

이 세상에 굶어 죽는 사람이 없게 해달라

JTS의 이사장이 법륜 스님이라는 분이셨어요. 저는 가톨릭신자인 데다, 그분에 대해서 잘 몰랐어요. 법륜 스님께서 JTS를 만드셨고, 그것도 십여 년에 걸쳐 지역 사람들과 함께 만들었다고 하더라고요. 예를 들어, 인도에 수자타 아카데미를 만들었는데요. 우리가 돈을 모아 가서 누군가가 학교를 뚝딱 지어주는 게 아니라, 아무리 시간이 오래 걸려도 그 지역 주민들과 팀을 나눠 함께 만드는 거예요. 한 명, 한 명 설득해서 "당신 자식 공부시켜라, 학교 만들 거니까 땅 내놔라" 하는 거예요. 그런데 그 사람들이 땅이 어딨어요? "땅 없으면 벽돌 한 장 값이라도 내놔라" 이러는 거지요. 그러고 나서는 그들의 힘으로 짓는 걸 원칙으로 한다고 하더라고요. 그 사람들을 구걸하는 사람으로 만들지 않기 위해서요. 이런 활동을 정말 끈질기게 해오신 분이 법륜 스님이라는 말을 들었어요.

제가 스님을 뵀을 당시 48일째 단식 중이라고 하시더라고요. 지금 북한 사람들 굶고 있으니까 쌀 보내자고 단식을 하신대요. 얘기 들었을 때는 별 감흥이 없었어요. 북한 사람들 못살고 굶는 게 하루 이틀 일인가 싶었지요. 그보다는 사람이 어떻게 48일을 굶나 신기했어요.

일단 JTS라는 단체에 대한 호기심 때문에 다른 연기자 몇 분과 찾아갔지요. 그런데 48일 굶은 사람이 멀쩡한 겁니다. 말씀도 아주 잘하세요. 입술만 부르터 있고요. "왜 그러세요?" 하고 물었더니 아침에 일어나시다가 그냥 앞으로 쓰러지셨대요. 겉으로 보긴 멀쩡하지만 입안이 다 찢어진 거지요. 마취를 하고 치료를 받으면 말씀을 못 하실까봐 그냥 약만 바르고 계신다고 하더라고요. 그리고 계속 사람을 만나 얘기를 하고 계셨어요. 그분이 북한의 실태에 대해서 '아사자(餓死子)'라는 말을 처음 하셨거든요. 하루 1달러 미만으로 살아가는 극빈자들 얘기를 해주시면서 그중에서도 가장 비참한 곳이 북한이라고 하셨지요. 사람들이 굶어 죽는다고요. 48일을 굶어도 저렇게 멀쩡한데 사람이 얼마를 굶어야 죽나, 그런 생각이 들었어요.

그래서 '나도 한번 굶어보자' 싶어서 굶었어요. 4일을 물하고 주스만 마셨어요. 죽을 것 같더라고요. 진짜 당장 죽을 것 같았어요. 태어나서 그렇게 고통스러운 건 처음이었어요. 수술이라고 해봐야 맹장염 수술했고 편도선 수술했어요. 그것도 되게 아파요. 그런데 여태까지 겪은 고통을 다 합친 것보다 고통스러웠어요. 머리부터 발끝까지 안 아픈 데가 한군데도 없었어요. 그냥 배고프다 정도가 아니라 4일쯤 되니까 머리도 깨질 것 같고 팔다리가 다 부서져나가는 것 같고 일어서는 것조차도 힘든 거예요. '정말 하늘이 노란색이네' 이럴 정도였으니까요. 일주일 하겠다고 했었는데 못 견디고 미음을 먹었어요. 따뜻한 미음이 한 숟갈 들어가니까 하늘이 바로 파래집디다. 정말 탄수화물이 놀라워요. 딱 한 숟가락 먹으면 바로 달라져요. 그걸 울면서 먹었지요. 나는 먹는데, 북한의 아이들은 이 상태로 굶어 죽는다는 거지요. 그 고통을 상상을 못 하겠는 거예요. 두 달에서 세 달을 굶어서 죽는 거예요. 죽을 때까지 그냥 굶는 거지요. 도대체 이 지구상에서 그런 벌을 받아야 할 사람이 누가 있을까요. 사형선고를 받은 사람에게도 밥은 줘요. 왜 아이들이 이런 고통을 겪으며 굶어 죽어야 하나, 그걸 무슨 이유로 모르는 척할 수 있는가 싶었어요.

저는 지금의 북한 정권은 혐오합니다. 그건 바로 사람들을 굶겨 죽이고 있기 때문이에요. 그런데 거기로부터 저는, 우리는 자유로운가요? 같은 민족 아니라고 쳐요. 전쟁 중인 다른 민족이라고 치자고요. 그렇더라도 차로 다섯 시간도 안 걸리잖아요. 가장 가까운 곳이에요. '바로 옆에서 사람이 굶어 죽는데, 아무리 미워도 사람이 굶어 죽는데 먹을 것을 안 준다? 게다가 여기선 쌀이 썩어나가는데.' 그때 그런 생각이 들었어요. 생각의 방향이 바뀌었어요. 하느님한테도 기도하고 부처님한테도 기도하기 시작했지요. 이 세상에 굶어 죽는 사람이 없었으면 좋겠다고요. 밥이 없어서든 마음이 아파서든 말이지요.

그러고 나니 제 문제들은 한결 편해졌어요. 웬만한 일에는 질투나 짜증이 나지 않고, 혹여 생기더라도 빨리 사라지는 거예요. 그게 별게 아니라는 걸 알고 있으니까요. 그러고 나니까 자유로워졌어요. 일단 세상에 굶는 사람이 없었으면 좋겠다는 목표가 생겼잖아요. 그다음부터는 캐스팅 들어오면 열심히 연기하고 아닐 때는 주로 JTS 활동을 했어요. 그냥 홍보대사만 한 게 아니고 제가 팀장이었어요. 팀원들 모집하고 기획서 쓰고 전화해서 섭외하는 일을 했어요. 제가 거리모금 실무 총책임을 맡았어요. 정말 할 줄 모르는 일인데 했어요. 사람이 하자고 들면 다 하게 되더라고요.

그리고 인도에 다녀왔지요. 가서 직접 보는 것과 그렇지 않은 것은 다르니까 그 이후에 원칙이 생겼어요. '무조건 직접 가서 본다. 가서 보고 몸으로 겪어본다.' 말이 봉사지, 사실은 민폐예요. 제가 갔던 불가촉천민 마을에는 천 년 동안 천민 신분의 사람들만 살아왔어요. 만

일 누가 그들을 죽인다 해도 큰 죄가 안 되는 사람들이지요. 그곳에는 전기도 없고 물도 없어요. 그런데 우리는 물도 쓰고 발전기 돌려 전기도 썼으니까요. 그런 곳에서 지냈어요.

6개월 된 아기 몸무게가 3킬로그램쯤 나가요. 몇 백 원도 안 하는 항생제가 없어서 아예 다리를 절단해야 하는 상황인데 그런 애들이 웃더라고요. 저 같은 외국인만 보면 "1달라 디지에, 1달라 디지에" 이러는데, 사람들이 어찌할 바를 모르는 거예요. 봉사하러 왔는데 구걸을 하니 줘야 하나 말아야 하나, 주면 거지를 만드는 것 같고, 안 주자니 마음이 아프고, 준다고 해결될 것도 아니고. 저도 계속 고민을 하다가 애들이 "1달라 디지에" 할 때 똑같이 흉내를 냈어요. 제가 "1달라 디지에"라고 하니까 까르르 웃는 거예요. 아이들이 친구처럼 대하니까 같이 노는 거지요. 제가 고민했던 틀에서 그냥 벗어나는 거예요. 하지만 다녀오고 나서는 오히려 생각이 복잡해졌어요. 일단 굶고 있으니 밥은 주지만 저런 상황을 해결하려면 어떻게 해야 할까 싶었던 거지요. 그런 일들을 하며 지내왔어요.

홍대 '날라리 외부세력'이 되다

그래서 저는 홍대 청소노동자 일도 별다르지 않다고 생각했어요. 쌀도 없고 김치도 없고 농성장이 너무 차다는 소식을 트위터에서 보고 무작정 갔어요. 한번은 트위터에서 서울시 환경미화 노동자분이 조그만 피켓을 들고 1인 시위를 하고 계신 사진을 봤어요. 12월이었는데, 12월이 얼마나 화려해요. 엄청나게 화려하고 커다란 트리 밑에서 한 분이 시위를 하는 장면이었어요. '손 씻을 공간이 없다.' 금세 상상이 가시지요? '청소하다가 손 안 씻고 버스를 탔을 때 다른 사람들의 표정이 어떨까. 내가 그 버스에 같이 타고 있었으면 어떤 느낌이었을까.' 저도 마찬가지예요. 밥 먹는데 옆에 청소하시는 분이 와서 같이 밥 먹으면 좋아요? 안 좋지요. 일단 냄새가 날 것 같고, 비위생적일 것 같고. 그래서 그렇게들 안 하시잖아요.

그런 관심을 가지고 홍대에 가봤어요. 그런데 막상 제가 가니까 사람들이 놀라는 거예요. 그리고 많은 분들이 함께해주셨어요. 한 번도 사회적인 참여를 안 해보신 분들이라 '날라리 외부세력'이라는 이름으로 함께하게 됐어요. 집회 나가는 게 싫고, 구호나 운동권 노래도 모르고, 날도 추운데 우리는 그냥 옆에서 술이나 먹자, 이런 분위기였는데, 그래도 뭔가 하고 싶다면 진짜로 필요한 게 뭔지 알아봐서 하자고 했지요. 농성장이 추우니까 전기장판 필요할 거고 그러면 전기는 어떻게 하나, 발전기를 하나 대여하자, 이렇게 됐어요. 그리고 이 문제를 알리기 위해 광고를 하자, 그래서 모금을 하고 〈조선일보〉에 광고를 냈어요.

이 경우는 좀 특이해요. 저는 〈조선일보〉가 광고 안 실어줄 거라고 생각했어요. 일단 비싸요. 〈한겨레〉보다 한 열 배는 비싸지요. 게다가 옆에 있는 사람들이 다 말렸어요. '거기 나쁜 데니까 가지 마라', '해봐야 안 될 거니까 하지 마라' 이랬는데 나쁜 데지만 광고하면 많은 사람들이 보잖아요. 나쁜 데 했기 때문에 오히려 사람들이 더 관심을 가질 수도 있잖아요. 또 해봐서 안 되는 거랑 안 해보고 안 되는 거는 분명히 다르잖아요. 딱 천만 원을 모았어요. 천만 원으로 '되면 되고 안 되면 안 되는 거지' 그랬어요. 안 되면 "〈조선일보〉가 안 해줘요"라고 트위터에 올리려고 했어요.(청중 웃음) 사실 목적은 거기 있었어요.

그런데 이 '날라리 외부세력' 안에 온갖 유명한 사람들이 다 들어온 거예요. 광고 잘 만드시는 분 들어왔고, 그분이 우리나라 최고의 에이전시를 소개해줬고, 그 에이전시가 어디 광고부에 있는 자기 후배를 닦달한 거예요. 그래서 됐어요. 아이디어 내고 실행까지 하는 데 딱 일주일 걸렸어요. 무슨 기획서가 있었던 것도 아니고 누가 결재를 한 것도 아니고, 모든 과정이 트위터로 공유됐지요. "〈조선일보〉에 광고할 테니까 찬성하는 사람 돈 내세요." 그 돈이 모인 거예요. 그 돈을 딴 데 쓰면 안 되지요. 그렇게 하자고 모인 돈이니까. 진보적인 분들은 모두들 말렸어요. 〈조선일보〉에 내지 말라고……. 그런데 냈어요. 왜냐면 〈조선일보〉에 광고 낸다고 모금한 거니까요. 〈조선일보〉에서 안 된다고 하면 그때 "안 된다네요" 하고 딴 데 내면 되잖아요. 그런데 〈조선일보〉에서 해줬어요. 저는 그때 당황했어요. 다행히 총장님이 볼 가능성이 크다고 어머님들이 좋아하시더라고요. 〈조선일보〉밖에 안 보시니까.(청중 웃음) 그리고 총장님 친구들과 친척들 혹은 다른 대학 총장님들이 볼 가능성도 크니까요.(청중 웃음) 주변 사람들 영향이 크거든요. 다른 학교 총장님들이 보시고 '어, 이거……' 이러실 것 아니에요. 또 〈조선일보〉에 광고 낸 게 신기하니까, 다른 신문사에서 다 기사를 써줬어요. 모든 신문사가 다 써줬어요. 뉴스에도 났고요. 그러고 나니까 다른 데서 또 섭외가 오고…….

사실 〈브런치〉라는 토크쇼에서 섭외가 들어왔어요. 이재오 장관이 나오신대요. 저보고 나와서 할 얘기가 있지 않겠냐 하기에 저는 처음에 그분에 대해 별 관심이 없기 때문에 "안 나가렵니다" 했더니 홍대 얘기 해보면 어떻겠냐고 하더라고요. 그건 괜찮을 것 같다는 생각이 들어서 나갔어요. 그 프로그램의 첫 회였어요. 제가 처음 게스트로 나간 거지요. 그래서 그 프로그램에서 홍대 청소노동자에 대한 얘기를 했어요. 이재오 장관은 그 얘기를 어떻게 받아칠지 준비를 하고 오셨어요. 대본에는 '김여진, 홍대 이야기 10분' 이게 다였어요. 저한테 그냥 10분을 주신 거지요. 얘기를 하니까 처음에는 당연히 "수고가 많다"고 칭찬을 했지만, "용역업과 이번 관계가 굉장히 복잡하고 법적으로 문제가 많고, 조속히 해결되기를 바라지만 내 소관은 아니다"라고 말씀하시더라고요. 그래서 제가 "누구 소관이냐, 고용부 장관 소관이냐, 그분하고 친하시냐"고 물었고 아신다고 하기에, 그러면 "얘기 좀 해달라" 이런 게 방송에 나간 거예요. 이렇게 되면, 이분이 고용부 장관한테 가서 아무 말씀 안 하셔도, 그 밑의 사람들이 움직이게 돼요. 아무튼 그것 때문이었다기보다 어떤 식으로든 영향을 미친다는 거예요. 그리고 홍대가 되니까 다른 데는 조금 더 쉽게 해결됐어요. 이대는 하루 갔는데 그다음 날 타결됐어요. 연대, 고대도 마찬가지로 큰 문제 없이 해결돼가는 걸 봤지요. 많은 곳에서 강연하라고 불러주시고……. 아무튼 홍대로 떴지요.(청중 웃음)

원하는 걸 '지금' 하면서 살아라

여러분은 제가 어느 정도 기반이 있어서 사회적 발언을 한다고 생각하세요? 다시 제 10대 때부터 보지요. 제 첫 번째 투쟁 대상은 부모님이었어요. 단식해서 원하는 바를 이루었지요. 앞에 계신 분들…… 자녀들 걱정될지도 모르겠어요. 하지만 예로부터 훌륭한 위인들은 그 누구도 부모님 말씀을 듣지 않았습니다.(청중 웃음) 부모님들은 자식을 사랑하기 때문에 '안락하게 살아라, 되도록 남들 사는 것처럼 살아라, 자유롭고 창의적인 건 좋지만 대학은 가라' 이런 마음이지요. 그런데 이렇게 부모님 말씀을 듣다가는 살던 대로 살게 돼요, 부모님이 살던 대로……. 아니면 부모님이 못 이룬 꿈을 이루며 살아야 하는데 그것도 크게 다르지 않아요. 왜냐면 부모님의 생각이니까요. 단호히 말씀드립니다. 내가 원하는 대로 살기 위해서는 부모님 말씀을 어겨야 한다고요. 내가 원하는 것과 부모님이 원하는 것은 다르다는 것. 물론 일반적으로는 부모님 생각을 못 이겨요. 왜냐면 나도 안락하게 살고 싶기 때문이지요. 그러나 안락과 행복은 다른 것 같아요. 실제로 우리나라에서는 웬만하면 굶어 죽지 않아요. 밥은 다 먹어요.

여러분이 저희 때보다 훨씬 힘든 건 압니다. 아까 라디오 뉴스에서 들었는데 지금 우리나라 평균 임금을 받는 정규직 노동자가 전셋집을 얻으려면 한 푼도 안 쓰고 5년을 저축해야 한답니다. 정규직을 갖는 것도 하늘의 별 따기인데, 한 푼도 안 써서 얻을 수 있는 게 전셋집이랍니다. 우리보다 조금 위 세대 분들은 보통 그 정도면 집을 샀지요. 저희 때도 전세는 얻었어요. 여러분은 이제 전세도 못 얻어요. 정규직 되기도 힘들지만 정규직 됐다고 어떻게 한 푼도 안 씁니까? 밥도 먹고 공과금도 내야 하잖아요. 불가능하다는 얘기예요. 여러분이 지금 가려고 하는, 여러분의 부모님들이 원하는 안정된 직장은 없습니다. 백 퍼센트 중에 8퍼센트만 흔히 말하는 안정되고 번듯한 직장을 얻을 수 있다고 하니까요. 그렇다면 과연 그 8퍼센트는 행복할까요? 그 8센트는 회사에 들어가서도 정말 열심히 경쟁해서 승진을 해야 해요. 집도 사야 하고, 결혼도 해야 하고, 차도 사야 하고, 그다음엔 자식들 공부시켜야지요. 게다가 사립학교 보내고 특목고 보내고 그러면 돈 못 모아요. 평생 이렇게 살다 죽어요. '이것만 되면 행복할 거야, 이것만 가지면 행복할 거야.' 하지만 끝이 없어요. 어디가 끝인가요? 손자 손녀 결혼하는 것까지 보면?(청중 웃음)

이런 삶과 '한 10년 가난하리라' 마음먹고 자기가 하고 싶은 걸 하면서 사는 것 중 어느 쪽이 더 행복할까요? 무엇보다 남들이 한 번도 안 해본 것을 하는 게 더 빨라요. 그쪽은 경쟁자가 별로 없을 테니까요. 그리고 지금 세계를 보세요. '물질'이 부족해서 사람들이 굶나요? 아니지요. 오히려 남아돌아요. 개발이 안 돼서, 건물이 적어서 사람들이 살 데가 없는 건가요? 그게 아니라 사람들의 욕망이 끝이 없고, 가지려고 하는 것에 인생을 탕진하고 있기 때문이에요. 그런데 그렇게 가서는 답이 안 나와요. 계속 이렇게 가면 어떻게 될까요? 저는 이런 식으로 계속 가는 것보단 하루빨리 지구에서 인류가 멸종하는 게 낫다고 생각해요. 지구를 위해서요. 지금 인류는 전 지구 생물과 환경에 가장 해로운 존재예요. 어떤 생물도 이렇게 하지는 않아요.

여러분은 이렇게 말하지요. "알지만 그래도 나는 먹고살아야 하고, 불안해." 여러분의 불안, 행복이 이 나라와 인류, 지구의 행복과 따로 움직일까요? 저는 여러분이 자신의 고민을 위해 계속 경쟁만 하는 한 이 모든 것에서 자유로울 수 없을뿐더러 행복하지도 않을 거라고 생각합니다. 부모님들께도 말씀드리고 싶어요. 여러분의 자녀가 그렇게 살아서 행복할까요? 저는 젊은 친구들에게는 이렇게 얘기합니다. "가난을 두려워하지 마라. 너희는 이미 가난을 앓고 있다. 자신이 원하는 대로 사는 가장 빠른 방법은 원하는 걸 '지금' 하면서 사는 거다"라고 말이지요.

또 하나는 이 사회가 마음에 안 들면 사회를 바꾸기 위한 노력을 하라는 겁니다. 남이 바꿔줄 때까지 기다리지 말고요. 바꿔가는 과정에 힘을 합쳐주면, 그래서 구조적인 문제가 조금이라도 나아지면 그게 더 빠른 길이니까요. 그러는 게 8퍼센트 안에 들고, 1퍼센트 안에 들고, 0.1퍼센트 안에 들기 위해 아등바등하는 것보다 가능성도 훨씬 큽니다. 제 강연은 이것으로 마치겠습니다.(청중 박수)

이 사회가 마음에 안 들면 사회를 바꾸기 위한 노력을 하라는 겁니다. 남이 바꿔줄 때까지 기다리지 말고요. 바꿔가는 과정에 힘을 합쳐주면, 그래서 구조적인 문제가 조금이라도 나아지면 그게 더 빠른 길이니까요. 그러는 게 아등바등하는 것보다 가능성도 훨씬 큽니다.

사회자 한국을 대표하는 개념 배우이면서 거기에 걸맞지 않게 폭력 전과가 있으신, 그러나 누구보다도 따뜻한 김여진 선생을 모시고 〈한겨레21〉 인터뷰 특강을 진행하고 있습니다. '이 세상에 굶는 사람이 없게 해달라.' 저도 종교를 갖고 있습니다만 한 번도 그런 생각을 해본 적이 없습니다. 참 부끄럽습니다. 강연 들으면서 문익환 목사님이 하신 말씀이 생각났습니다. "역사를 산다는 것은 벽을 문으로 알고 부딪히는 것이다." 네, 요즘 많이 쓰는 말, '넘사벽'을 부인하는 것입니다. 강연 내내 감동의 시간이었습니다.

문자 메시지로 들어온 간단한 질문 먼저 드리겠습니다. 첫눈에 반했던 그 연극의 제목은 무엇인가요?

김여진 〈여자는 무엇으로 사는가〉입니다.

사회자 그다음 질문입니다. 김여진 선생 같은 진솔한 배우에게 꼭 묻고 싶었습니다. 장자연 씨 사건은 어떻게 생각하시나요? 예전에 이와 관련한 언급을 하신 적이 있지요?

김여진 네, 굉장히 슬프고 놀라운 일입니다. 정말 먼 소문으로만 들었습니다. 하지만 지금도 이런 일들이 일어나고 있어요. 어디선가 젊고 아름다운 친구들이 배우가 되기 위해 원치 않은 성 접대를 하고 있을 수 있습니다. 문제의 근본은 말 그대로 '성 접대 문화'예요. 룸살롱이라는 데가 버젓이 있고 거기서 성을 팔고, 그런 접대 문화가 공공연하다는 거지요. 아무렇지도 않게 그런 얘기들을 하세요. 심지어 국회의원들, 공직에 계신 분들이 그런 곳에 가는 걸 숨기지도 않으세요. 말이 안 되지요. 그런 문화가 있는 한 비슷한 일들이 계속 생길 겁니다. 또 가장 아리땁고 생기발랄해야 할 여자들이 아주 쉽게 그런 유혹에 빠지고, 성 접대를 하게 돼요. 요즘 뭐 별의별 게 다 생겼지요. 키스방 같은 데도 있고요. 이건 법 규제도 안 받는데요. 거기서 일하는 이유가 등록금을 벌기 위해서라더군요. 90퍼센트가 여대생이래요.

이건 정말 뿌리 깊은 문화이기 때문에 제가 '없어져야 합니다'라고 주장해봐야 안 없어져요. 그럼에도 가장 먼저 공직자라는 이름이 붙은 사람들부터 철저히 지탄받아야 한다고 생각해요. 기자분들은 말할 것도 없고요. 언론에 계신 분들, 검·경찰, 일단 그런 곳에 가는 '공'자 붙으신 분들은 법적으로라도 무조건 제재를 받아야 한다고 생각합니다. 도덕이다 뭐다를 떠나서 정말 말도 안 되는 짓임을 알려줘야 해요. 사회문화적으로 매장당할 만큼 취급해야 한다고 생각해요. 여자들 역시 무슨 일이 있어도 돈에 좌우되면 안 돼요. 자신의 가치를 소중히 여겨야 합니다.

사회자 자, 이제 여러분께 마이크를 드리겠습니다. 김여진 선생과 일대일 대화를 해보고 싶으신 분, 손 들어주시지요.

청중1 올해 직장 3년차의 사회인입니다. 강연 매우 잘 들었고요. 청춘은 곧 연애잖아요. 저한테 선이나 소개팅이 많이 들어오고 실제로 하기도 하는데 저와는 잘 안 맞는 부분도 많아서 고민을 하고 있어요. 도대체 어떤 사람과 결혼해야 하는지…….(청중 웃음) 주변에서는 '무조건 돈 많은 사람 만나라' 또는 '돈은 별 거 아니다. 너랑 대화가 통하면 된다' 이렇게 얘기하시네요. 청춘의 연애에 대해서는 어떻게 생각하시는지요?

김여진 이건 따로 강좌를 잡아야 해요. 왕년에 제가 연애도 좀 했어요.(청중 웃음)

사회자 왕년에 저도…….(청중 웃음)

김여진 지금 사귀는 사람이 있는 건 아니지요? 그런데 선보고 소개팅을 해봤는데, 별로 재미없어요? 왜 재미가 없을까? 마음에 드는 사람을 못 만나서요?

청중1 사람과 사람이 만나는 게 아니라…….

김여진 조건과 조건이 만나는 것 같지요? 사람은 언제나 선택을 하잖아요. 이건 제 스승 법륜 스님께서도 자주 말씀하시는 건데요. 선택을 잘 못하겠는 건 욕심 때문이에요. 그러니까 조건도 되고, 얼굴도 잘생기고, 몸도 좋고, 말도 잘 통했으면 하는 거지요.(청중 웃음) 그거잖아요? 근데 그런 사람이 없어. '저 사람이다' 했는데 저 사람은 날 안 좋아해.(청중 웃음) 왜냐면 나도 다 갖추지 못했거든요. 뭐든 하나는 하자가 있잖아요.

내가 완벽하지 않듯이 세상에 완벽한 사람은 없습니다. '이거냐 저거냐'를 선택할 때 선택을 잘 못하는 건 거꾸로 뭘 선택해도 별 상관이 없다는 뜻이에요. 확실하게 이게 좋으면 이걸 하면 되고, 둘 다 싫으면 둘 다 안 하면 돼요. 그런데 '이것도 좀 그렇고, 저것도 좀 그래' 할 땐 자신이 뭘 감당하고 책임질 수 있는가를 보면 돼요. 자, 돈 많고 조건은 좋은데 도저히 저 사람과는 얘기를 해도 재미가 없고, 같이 있어봐야 하품만 나오고, 같이 잠자리에 드는 건 더 싫은데 내가 그 삶을 견딜 수 있을까? 다른 사람은 재미도 있고 짜릿한데 돈이 없어. 내가 돈 없이 불편하게 살 수 있을까? 그 둘 중에 뭐가 나을까? 내가 더 견딜 수 없는 게 뭔지를 생각하고 선택해요. 그리고 거기에 따르는 책임을 흔쾌히 지면 됩니다. 세상에 좋기만 한 일은 절대 없거든요.

수영을 하려면 일단 물에 뛰어들어야

사회자 이번에는 남성분들 질문을 받아보겠습니다.

청중2 오늘 강연을 하시면서 행복이라는 단어를 많이 말씀하셨는데요. 중간에 사회적 구조에 대해서도 얘기하셨고요. 사실 많은 청춘들이 사회적 구조에 얽매여 있는데 얼마 있으면 마흔을 바라보는 저 같은 기성세대는 청춘들에게 무엇을 해줄 수 있는지, 어떻게 해줄 수 있는지, 그리고 지금 스펙 쌓기에 허덕이는 청춘들에게 어떤 말씀을 해주시고 싶은지 궁금합니다.

김여진 여러분 뒤에는 지금 시간이라는 사자가 쫓아오고 있어요. 나이는 들어가고 사회에서 요구하는 바는 커져가지요. 또 한쪽에서는 호랑이가 쫓아오고 있어요. 뭐라고 할까요? 두려움이겠지요. 여러분 스스로 겪어내야 할, 인생이 뭔지 몰라서 겪는 두려움일 수도 있어요. 무서워 보이겠지만 저 절벽 아래 물이 있으니까 수영을 해서 건너가라고, 빠져나가라고 말해요. 그런데 수영을 할 줄 몰라요. 그럼 수영을 배워야겠다고 생각하겠지요. 보통 어떻게 하나요? 수영 학교를 가지요. 여러분이 다니는 대학 같은 거예요. 그런데 수영을 어떻게 해야 하는지는 잘 가르쳐주지 않아요. '수영의 역사'는 가르쳐주지요.(청중 웃음) 이론에는 빠삭해요. 솔직히 이론에 대해 모르시는 게 있나요? 아니지요. 그럼 이제 뭘 해야 할까요? 물에 뛰어들면 되는 거예요. 그런데 '나는 아직 수영할 줄 몰라. 물에 빠져 죽을 수도 있어'라고 생각해요. 제가 여러분께 "여러분 안전해요"라고는 말 못 해요. 죽을 수도 있어요. 우리 때보다 물도 더 깊어요. 하지만 수영을 하려면 일단 물에 들어가야 해요. 그래서 저 같은 선배들이 시범을 보여주지요. "수영은 이렇게 하니까 좋더라, 지구력도 좀 붙고 튼튼해지더라." 그런데 "선배는 수영 잘하잖아요, 그러니까 물이 안 무섭지" 이러고 있어요.

여러분이 뭘 원하든 한 발 나가서 해보지 않으면 몰라요. 수영이라는 게 일단 해보면 생각만큼 그렇게 어렵지 않아요. 왜냐하면 사람 몸은 물에 뜨게 돼 있거든요. 그걸 모르고 혹은 안 믿고 허우적거려요. 그래놓고 이렇게 말해요. "거봐, 누가 나보고 물이 안전하다 그랬어." 몸에 힘을 빼고, 선배들이 뭐라고 말했는지를 잘 기억한 다음 두려워도 물에 들어가 정신을 똑바로 차려야 해요. 배운 걸 해보는 거지요. 처음에는 가라앉고 물도 먹어요. 그렇다고 수영을 못 배우나요? 사람마다 차이는 있지만 하다보면 언젠가는 돼요. 원래 물에 대한 공포가 있다는 사람까지는 어떻게 해줄 수가 없어요. 물에 안 들어가겠다는 사람한테 어떻게 수영을 가르쳐주겠어요? 그러면서 계속 이유만 늘어요. 왜 물에 못 들어가는지에 대한 이유지요. 나는 이래서 안 되고, 저래서 안 되고…….

나이가 좀 드신 분들은 여태까지 자기가 살아왔던 방식으로 젊은 친구들을 재단하지 않았으면 좋겠어요. 자신도 못 하고 있는 걸 가르치려고 하지 않았으면 좋겠어요. 다만 어떻게 사는 게 멋지게 사는 건지 시범을 보여주기만 해도 될 것 같습니다. 굳이 가르치려 하지 마시고, 보여주면 된다고 생각해요.

사회자 '오늘 이 질문 안 던지면 집에 못 갈 것 같다' 하시는 분 계십니까? 그런 분께 기회를 드리겠습니다.

청중3 오늘 김여진 씨의 좋은 말씀 감사히 잘 들었습니다. 일본 지진에 대해서 여쭤보고 싶은데요. 일본에서 지진이 났을 때 우리나라에서 돈을 모아 일본을 도우려고 했잖아요. 실제로 돕고 있고요. 그랬는데 우리는 독도 문제로 뒤통수를 맞았지요. 이 과정들에 대해 어떻게 생각하시는지 여쭤보고 싶어요. 일본 GDP가 1인당 4만 달러에 육박하는 것으로 알고 있는데, 소득이 그 절반에도 못 미치는 우리나라 국민들이 성의를 다해 이재민을 돕는 건 인류애라 말하고, 북한 땅의 굶어 죽는 아이들에게 쌀을 보내는 건 퍼주기라고 매도하는 현실에 대해서는 어떻게 생각하시는지도 궁금합니다.

김여진 네. 한 분 더 질문을 받고 함께 답변 드릴게요.

청중4 처음 배우로 자아실현을 하시면서, 더 큰 역할을 맡고 싶다는 이상과 현실 간의 괴리로 굉장히 괴로웠다고 하셨잖아요. 지금 행복하게 살고 계신데, 사실 저를 포함해서 많은 사람들이 의식적으로는 알고 있지만, 이게 행복으로 가지 못하고, 불안과 고통을 안고 살아가는 경우가 많다고 생각하거든요. 아까 말씀하신 과정은 이해는 되지만, 와 닿지 않은 부분이 많았습니다.

김여진 먼저 질문하신 분께 우선 답변할게요. 처음 일본에서 지진이 났을 때 저는 굉장히 마음이 아팠고 기도를 드린다고 말했어요. 갑자기 모든 게 무너지고 누군가를 잃은 슬픔에 공감하는 것, 거기에 대해 마음 아파하고 기도하는 게 원래 인간의 도리이고 자연스러운 감정이라고 생각합니다. 자꾸 다른 문제를 섞어서 생각하면 꼬여요. 지금 일본 지진 피해를 당한 그분들은 일본 정부와 우리나라의 관계에 대해 잘 모르세요. 사실 독도 문제도 잘 모르세요. 아는 사람들도 있지만 모르는 사람들이 대부분이에요. 그 사람들이 어떤 생각을 하든, 독도 문제에 대해 어떤 입장을 취하든 어쨌거나 모든 걸 잃었잖아요.

하지만 모금에 대해서는 잘 모르겠어요. 일본이 돈이 없어서 해결이 안 됐나요? 아니거든요. 일본 정부는 자연재해에 대한 예산을 충분히 갖고 있는 나라지요. 80년대인가 90년대 초인가, 북한이 우릴 돕는다고 쌀을 보내줬어요. 그런데 아무리 수해를 당했다 해도 우리가 북한의 도움을 받을 정도는 아니었지요. 북한이 왜 그랬을까요? 바로 생색을 내려던 거예요. 구호활동을 하고 있지만 저는 지금 우리나라 민간단체에서 하는 활동들에 대해 굉장히 냉정하고 비판적인 시각을 갖고 있어요.

사실 지금 필요한 게 돈이냐는 거지요. 대한적십자사도 그렇고 방송국도 그렇고 정부도 그렇고 연예인도 그렇고 왜 모금을 하는지 솔직히 잘 모르겠어요. 그 돈이 어디로 어떻게 흘러갈지 잘 모르겠어요. 저는 많은 부분은 생색내기라고 생각해요. 북한이 우리에게 쌀을 보내줬던 것처럼 말이지요. 그들에게 연민을 갖고 공감하는 것과 모금하는 것은 따로 생각해야 하고 이것과 독도 문제도 따로 생각해야 해요. 교과서 문제도 마찬가지예요. 이건 일본 사람들이 겪은 지진 피해와 상관이 없어요. 우리나라에서 도와줬는데 뒤통수를 맞았다고 생각하는 건 우리 입장이지요. 사실 저쪽은 도와달라고 한 적도 없어요. 교과서나 독도 문제는 아주 오랫동안 계획하고 준비된 일이라는 거예요. 어떻게 대응하는 게 가장 현명할지, 무엇을 해야 할지는 장기적으로 생각해야 할 문제지요.

또 한 가지, 아까 드린 제 말의 요지는 다른 문제에 관심을 가지면 내 문제는 사소해진다는 거예요. 내가 사는 세상을 위해 뭔가를 해보시면 알아요. 봉사 활동이든, 사회운동이든 간에요. 먹고사는 일과는 상관없지만 내가 사는 지구와 나라에 도움이 될 만한 일이 있을 거라고 생각해요. 아주 작은 일부터 해보면 알아요. 안 해보고 말만 들으면 안 와 닿아요. 그걸 안 해본 사람한테 제가 가 닿을 수는 없어요. 뭐든 끝까지 해보라는 거예요. 한 10년 계획을 잡고요. 물론 시간을 좀 내야 해요. 뭔가를 경험하고 거기서 행복을 얻으려면 말이지요. 시간을 들이지 않고 고민만 하면 답이 없어요. 관심만으로는 안 되지요.

평생이 걸려도 자기 인생을 걸고, 공적인 문제 한 가지는 풀어봤으면 좋겠어요. 모든 사람이 한 가지씩 해결한다, 그럼 5천만 가지가 해결될 거 아니에요? 한 십 년 물고 늘어지잖아요? 해결돼요. 정말이라니까요. 끝까지 안 가봐서 중간에 흐지부지되고 없어지는 거예요. 그러면 문제는 계속 산적하지요. '아휴, 이걸 언제 다 풀어' 이렇게 말이지요. 한 명이 하나씩 풀면 돼요. 그게 빠른 길입니다. 먹고사는 문제를 해결하는 것과 함께 그 속의 구조적인 문제를 해결하려는 자기 노력도 같이 가야 하는 거지요. 한번 해봤는데도 고민이 해결되지 않으면 그때 그 시점에서 다시 고민해봐야 해요. 분명히 수준이 달라요. 뭔가를 해보고 나서 다시 고민하는 건 아무것도 하지 않고 고민만 하는 것과는 질적으로 다릅니다.

사회자 물에 뛰어들어라. 이 말씀이네요. 〈한겨레21〉 창간 17돌 기념 제8회 인터뷰 특강 '청춘', 그 세 번째 이야기를 들어봤습니다. 김여진 선생의 마지막 멘트 간단하게 듣고 마무리하겠습니다.

김여진 하고 싶은 얘기 실컷 해서 좋았습니다. 스스로 행복하게 살 것인가, 다른 사람들이 생각하는 행복의 조건을 좇아서 살 것인가, 다른 사람에게 근사해 보이려고 아등바등 경쟁하면서 살 것인가, 아니면 바로 지금 당장 여기서 행복할 것인가. 이것은 여러분의 선택입니다. 저는 그야말로 무조건 행복하기로 선택했습니다. 여러분도 그러시길 바랍니다. 고맙습니다.(청중 박수)

사회자 네, 감사합니다. 여러분 안녕히 돌아가십시오.

제4강 김어준

청춘은 따로 없다, 내 스타일이 있을 뿐!

2011년 4월 12일 저녁 7시
서강대학교 곤자가홀

지금의 나를 만든
첫 경험들,
그 알짜배기 이야기

김어준 ★ 1998년 딴지체라는 신조어가 생길 정도로 엄청난 인기를 누린 〈딴지일보〉를 세웠고, 현재 종신 총수로 일하고 있다. 〈한겨레21〉 '쾌도난담' 코너를 통해 시사비평의 새로운 경지를 개척했으며, 이 흐름을 이어받아 현재는 〈나는 꼼수다〉라는 딴지 라디오 방송을 통해 많은 이들에게 세태 풍자의 웃음을 선사하고 있다. 지은 책으로는 『건투를 빈다』, 『거꾸로 희망이다』(공저) 등이 있다.

사회자 〈한겨레21〉 창간 17돌 기념 제8회 인터뷰 특강 '청춘', 오늘이 네 번째 시간입니다.

누구나 처음 가는 길은 상당히 두렵지요? 그 처음으로 인해 자신이 특정한 이미지로 규정되는 것을 우려하는 청춘들이 제법 많습니다. 그래서 모셨습니다. 첫 경험을 두려워하지 않고 즐겨 하는 분입니다. 〈딴지일보〉 총수 김어준 선생입니다.(청중 박수)

강연자, 사회자, 청중의 구분이 없는 이야기의 장을 마련했습니다. 〈한겨레21〉 인터뷰 특강. 자, 그럼 김어준 총수의 말씀을 들어보겠습니다.

청춘은 따로 없다

김어준 먼저 청춘에 대한 정의부터 얘기해보지요. 사람들이 청춘을 굉장히 찬양하지요. 꿈을 품고, 목표를 세워 매진하고, 열정을 갖고 도전하라. 제가 볼 때는 다 웃기는 소리입니다. 지금까지 얘기했던 청춘은 사기라고 말하고 싶습니다. 청춘을 찬양하는 사람들을 두 부류로 나눌 수 있습니다. 하나는 자기가 지금 성공했다고 생각해서 자신의 젊은 시절에 대해 '나는 그때 열정을 갖고 살았다, 그렇게 고생해서 지금 성공했다'라고 말하는 사람들이지요. 예를 들어 각하. 젊었을 때 안 해본 게 없지요. 이때 청춘 예찬이란 자기 자랑용이에요. 이런 부류는 스스로가 정말 대견해서 자신의 성공을 프로모션하느라 그 시절을 낭만적으로 미화하고 신화화하지요. 그렇게 자기 청춘을 신화화하는 거지요. 그러면서 자기는 고생해서 여기까지 왔으니까 '너희도 목표를 세우고 한계를 극복해라'라고 하는데, 한계를 왜 극복해요? 그건 가학이고 폭력이에요. 사람은 누구나 자기 몸에 맞는 에너지를 타고 나지요. 그것만 다하고 죽으면 됩니다. 한계는 극복하면 안 돼요.(청중 웃음) 예를 들어 자기 뇌의 한계를 야바위로 극복하면 이명박이 되는 겁니다. 사회적으로 치명적입니다.

두 번째 부류는 정신적으로 늙은 사람들입니다. 그런 사람들이 핑계를 대는 거지요. '나는 청춘이 아니라서 못하는 거다'라고 안전하게 거리를 확보한 다음 어린 사람들에게 해내라고 협박하는 거지요. 그렇게 말하는 사람들은 자기가 젊었을 때도 못했어요. 그래서 저는 에드워드 사이드의 말을 빌려 이런 것들을 '청춘 오리엔탈리즘'이라고 부릅니다. 실재하는 동양과 상관없이 서양이 자기들에게 유리하고 안전하도록 재구성해서 만들어낸 허구의 동양, 그게 오리엔탈리즘이잖아요? 그것처럼 서구 제국주의가 자기 우월성을 신화화하고, 동양의 지배를 정당화하는 알리바이를 만들어낸 거지요. 마찬가지예요. 자신이 젊었을 때는 그랬다는 말로 자기 청춘을 신화화하고, 지금 못하는 것에 대한 알리바이로 쓰이는 게 현재 말해지는 '청춘'입니다. 그래서 제가 사기라고 하는 거지요. 실제로 청춘에 해당하는, 생물학적 나이로 20, 30대들은 뭘 하려고 해도 자원이 없고 경험도 없고 스스로 뭘 잘하는지 모르고 인생을 어떻게 살고 싶은지도 잘 모르는데, 어떻게 한 가지 목표를 세워서 매진하고 열정을 다하고 한계를 극복해서 일하라고 하죠?(청중 웃음)

세계 각지에서 자기 분야에서 일가를 이룬 40대에 대해 연구를 했어요. 이들의 공통점은 뭘까? 아무리 찾아봐도 공통점이 없었어요. 나중에 발견된 것이 뭐냐, 그들이 20대에 했던 일들의 대부분이 40대에 하고 있는 일들과 거의 상관이 없더라는 겁니다. 대부분의 사람들이

10대, 20대 혹은 30대에 그때그때 해보고 싶은 걸 닥치는 대로 했어요. 왜냐하면 실제로 해보기 전에는 자기가 그걸 좋아하는지 잘하는지 모르기 때문이지요. 자기는 하고 싶다고 생각했는데 실제로 해보면 생각과 다른 게 많거든요. 그런데 그럴 때마다 그냥 관뒀어요. 그리고 또 다시 자기 관심을 끄는 일을 찾아갔어요. 그렇게 이것저것 열심히 부딪쳐보니까 어느 순간 '어, 내가 이걸 잘하네, 생각보다 재미있네' 하는 일을 우연히 발견한 겁니다. 그렇게 자기 마음에 드는 일을 발견하고, 재미있고 좋아서 그 일을 몇 년간 해보니 사람들이 알아주기 시작하는 겁니다. 절대다수는 아니에요. 많은 사람들의 공통점이 그렇더라는 겁니다. 그럴 수밖에 없지요. 10대, 20대 혹은 30대 초반까지도 대학을 졸업하고 직장을 다니면서도 내가 이걸 왜 하고 있는지, 내가 정말 좋아하는 게 뭔지 몰라요. 해본 게 별로 없으니까요. 근데 앞서 말한 이 사람들은 관두는 걸 두려워하지 않았던 거예요. 새로 시작하는 것도 두려워하지 않았고. 닥치는 대로 살았던 거지요.

한 사회에서 소위 성공한 사람들이 자신의 성공은 노력과 능력 때문이라고 주장하는 경우가 많습니다. 그렇게 스스로들 믿고 자서전도 쓰고 전기도 쓰는 거지요. 저는 웃기는 소리라고 봅니다. 예를 들어 정주영 회장, 요즘 태어났으면 비정규직이에요.(청중 웃음) 소 팔면 뭐 합니까, 월세도 안 되는데. 그러니까 그분 인생의 9할은 운이라고 봐요. 시대와 장소, 그리고 당시의 정치 상황이 하필이면 맞아떨어진 거지요. 그렇다면 나머지 1할은 뭐냐? 그게 능력이냐? 이렇게 묻는다면, 저는 그게 운이 올 때 버티는 능력이라고 생각합니다.

제가 생각하는 청춘에 관한 진실은 이렇습니다. '청춘은 따로 없다.' 평생 청춘의 정신으로 사는 사람이 있고, 그러지 못하는 사람이 있는 거지요. 청춘을 10대, 20대, 30대, 이렇게 나누는 건 말도 안 되는 소리지요. 그렇다면 인생의 9할이 운이라고 했는데, 버티는 동안 뭘 하냐? 닥치는 대로 살아야 하는데, 어떻게 닥치는 대로 살아야 하느냐? 지금부터 그 얘기를 해보겠습니다.

자기 욕망을 모른 채 숙제만 하는 인생

제가 〈한겨레〉 ESC 지면을 비롯해 여러 매체에서 오랫동안 상담을 했는데, 사람들의 상담 내용이 70~80퍼센트는 똑같아요. 특히 20, 30대의 고민은 거의 똑같습니다. 대부분은 결국 자기가 지금 잘 살고 있는지 모르겠다는 얘기예요. 그리고 저한테 앞으로 어떻게 살았으면 좋겠느냐, 어떤 일을 하고 살았으면 좋겠느냐고 물어요. 그걸 제가 어떻게 알아요. 그들이 앞으로 어떻게 살아야 좋은지는 저도 몰라요. 사실 관심도 없고요. 그런데 사람들이 그걸 왜 묻는지는 알아요.

    라캉이라는 사람이 이런 말을 했습니다. 인간은 타자의 욕망을 욕망한다고. 아이가 태어나면 보통 가장 먼저 엄마를 만나지요. 만약에 아이가 웃거나 걸었는데 엄마가 좋아하고 기뻐하면 아이는 당연히 그걸 보고 그 행동을 반복합니다. 엄마의 욕망을 아이도 욕망하는 거지요. 이건 성장하면서도 누구나 겪는 일입니다. 선생님에게, 친구에게, 친척들에게 칭찬받고 싶어하고 그들의 기대를 저버리지 않으려 하고, 그 기대를 좇아서 그들의 욕망을 충족시키려 하지요.

    그런데 어느 시점에는, 10대가 될 수도 있고 20대가 될 수도 있는데, 대부분은 10대 후반쯤에는 일어나야 정상이라고 생각하는데, 그 나이쯤 되면 다른 사람의 욕망과 나의 욕망을 구분할 수 있어야 해요. 그런데 우리나라에서는 이게 구분이 안 된 채 성인이 되는 경우가 많습니다. 내가 어떤 일을 하고 있는데, 그 일을 내가 하고 싶어서 하는 건지 아니면 부모나 선생님, 친구와 친지가 그 정도는 할 거라고 기대하니까 하는 건지 구분이 안 가는 일이 생깁니다. 이런 상태로 스무 살이 되고 서른이 되고 마흔이 되는 거예요. 그러다 어느 날 문득 깨닫는 거지요. '내가 지금 이걸 왜 하고 있지?' 아주 근본적인 질문에 부딪히는 거지요. 그 전에는 전혀 모르는 거예요. 자기 욕망을 자기도 모르는 거예요. 자기 욕망을 이해할 수 없는데 언제 행복해지는지 어떻게 압니까. 자기가 언제 행복한지 모르는데 어떻게 살아야 할지 어떻게 압니까. 다 연결돼 있어요. 그래서 지금 현재 자기가 잘 살고 있는지 아닌지를 모르는 거예요. 기준은 간단한데, 자기가 행복하면 잘 살고 있는 거예요. 그런데 그렇게 생각해본 적이 없는 거지요.

예를 들어 20, 30대 여성들이 보내는 메일 중 절반 이상은 이런 겁니다. '애인이 있었다. 그런데 새로운 남자가 나타났다. 원래 애인하고 말도 잘 통해. 다 좋아. 근데 미래가 잘 안 보여. 새로운 남자는 조건이 괜찮아. 소개를 받았건 새로 직장에서 만났건. 말 섞기가 좀 어색하고, 좀 안 맞는 부분이 있긴 한데, 조건이 좋아.' 그래서 물어봅니다. '결혼은 사랑인가요, 조건인가요?' 엄청나게 많은 사람들이 물어봐요. 하루에 서너 통씩 꼭꼭 받습니다. 바뀌는 거라곤 남자의 지갑이나 집안 정도지요.(청중 웃음)

결혼이 사랑이냐 조건이냐, 굉장히 근본적인 질문 같은데 사실은 바보 같은 질문입니다. 이 질문에 드라마들이 여러 가지로 답을 하지요. '역시 사랑이어야 해.' 혹은 '무슨 소리야, 결혼은 현실이야.' 근데 이게 왜 바보 같은 질문이냐, 어떤 사람은 사랑이 좀 부족해도 외제 차 타고 큰 집 살고 그러면 남편이 집에 잘 안 들어와도 돼요.(청중 웃음) 그런 사람들 많아요. 오히려 '남편이 안 들어왔으면 좋겠어, 귀

찮아'라고 하는 사람들 분명히 있어요. 어떤 사람은 재벌과 결혼했는데 '나를 안 예뻐해, 무시해, 돈 많으면 무슨 소용이냐' 그러면서 이혼해요. 그러니까 사실은 사랑이냐 조건이냐가 아니라 자기가 어떤 사람이냐에 달린 거예요. 결혼할 때 어디까지 비용으로 지불하고, 어디까지 견딜 수 있고 없는지는 자기한테 달린 거지요. 그러니까 '자기가 어떤 사람이냐', '결혼은 사랑이냐 조건이냐' 등을 나한테 물어보는 건 자신이 언제 행복할지 저더러 대신 말해달라는 거예요. 바보 같은 질문이지요. 내가 그걸 어떻게 알아. 알 리가 없지요. 그런데 한 번도 자기한테 그런 질문을 해본 적이 없는 거예요. 부모, 친구, 주변의 모든 시선을 떨쳐내고 자기 욕망이 뭔지, 자기가 언제 행복한지, 그런 질문을 해본 적이 없어요. 그래서 항상 낙오하면 안 되니까, 남들은 어떻게 사는지 궁금하니까, 자기한테 물어야 할 걸 끊임없이 남한테 묻는 거예요. 그게 모두 자기 욕망을 모르는 데서 비롯되는 겁니다.

우리는 우리의 욕망을 어떻게든 움직여서 뭔가를 구매하거나 뭔가를 하게 만들려는 조작들에 싸여 있습니다. 근데 정작 자기는 자기의 욕망을 몰라. 그래서 그냥 그 대열에서 나눠지지만, 대부분 '일단 이걸 해야 해' 하며 숙제하는 인생을 살지요. 그래야 내가 그 대열에 열을 맞추지요. 그렇다면 자기 욕망을 이해하고, 자기가 언제 행복한지 이해하고, 그래서 어떻게 살 것인지 스스로 이해하려면 뭐가 필요한가? 이제 그 얘기를 해보겠습니다.

자기가 누군지 정면으로 응시하라

임상 사례로 저의 사례를 하나 말해보겠습니다. 제가 중3 때였습니다. 저의 첫 경험 중 하나인데, 연합고사를 보고 일찍 집에 들어갔어요. 저희 집에서는 제가 연합고사를 치르는지 몰랐습니다. 우리 집안에서는 이렇습니다. 부모님은 맛있는 게 있으면 본인들이 다 드셨습니다. 도시락도 안 싸주셨지요. 가끔 어머님이 도시락을 싸주실 때는 본의 아니게 일찍 일어났을 때.(청중 웃음) 제가 결혼을 한 번 했어요. 일찍 갔다가 돌아왔는데, 결혼한다고 했을 때 저희 어머니 첫마디가 "언제?"였어요. 보통은 "누구랑?"인데.(청중 웃음) 제가 이혼하고 3년 동안 저희 어머니는 제가 이혼한지 몰랐어요. 어떻게 알게 됐냐, 어느 날 저희 어머니가 이런 얘길 하셨어요. "걔는 왜 안 오냐?"(청중 웃음) 심지어는 제가 배낭여행을 많이 다녔는데, 배낭여행 간 사이에 집이 이사를 간 적도 있어요. 자기들끼리…….(청중 웃음) 옆집에 물어보고 집을 찾아갔어요. 그런 양반들이었기 때문에 제가 연합고사를 치르는 걸 모르는 건 매우 자연스러운 일이었어요.

하여튼 집에 들어왔는데 밥상이 차려져 있었어요. 밥상에 앉아서 밥을 먹으려는 순간 젓가락이 없는 거예요. 평상시에는 당연히 씻어서 먹었을 텐데, 그날 정신적으로 피곤했어요. 순간적으로 짜증이 났어요. 근데 밥솥을 열어보니까 아무도 밥을 푸지 않았어요. 마치 하얀 눈밭을 아무도 걷지 않은 것 같은. 이럴 때 우리는 파괴 본능이 일어나지요.(청중 웃음) 그래서 나도 모르게 밥솥에다 손을 푹 꽂았어요. 그런 짓은 그 이전에도 해본 적이 없고 그 이후에도 해본 적이 없어요. 그렇게 움켜쥐었는데 굉장히 따뜻한 느낌이었고 뭔가 행복했어요.(청중 웃음) 그렇게 밥을 쥐고 먹었어요. 반찬도 집어먹고 하다가 어느 순간 김치찌개를 먹어야 하는데……. '아, 숟가락은 필요할까?' 생각을 하다가 손을 보니까 이 손이 움푹 들어가 있어, 김치찌개에.(청중 웃음) 조심스럽게 떠먹으려고 하는데 손금을 타고 김치찌개가 흘렀습니다. 보통 때 같았으면 짜증을 내면서 옷을 벗어 세탁기에 집어넣었겠지요. 근데 그날은 뭔가 제 속에서 폭발이 일어났습니다. 기왕 이렇게 된 거 양손으로 마구 먹기 시작했습니다. 점점 흥분을 하는 거지요.(청중 웃음) 냉장고를 열었어. 그 안에 있는 음식들을 마구 꺼내 먹기 시작했습니다. 그러다가 문득 삼겹살을 생으로 먹으면 어떨까 싶었습니다. 냉동실 문을 열었습니다. 삼겹살을 손으로 집었는데, 굉장히 차가웠습니다. 그 순간 정신이 돌아왔어요.(청중 웃음) '이건 아니지 않은가.' 그러고서 뒤를 돌아보니 부엌이 완전히 난장판이 돼 있는 거예요. 갑자기 의문이 들었어요. '도대체 내가 왜 이랬을까.' 그래서 거기 주저앉아 가만히 생각을 해봤더니 문득 이런 생각이 들었어요. '아, 나는 동물이구나.'

생각해보니까 내가 동물이란 걸 학교에서 배웠어요. 보통, 사람은 동물이라고 하잖아요. 하지만 그 전에 다른 동물과 어떻게 다르다는 얘기를 먼저 하지요. 그래서 저는 제가 동물이라고 생각해본 적이 한 번도 없었어요. 그런데 소위 인간 종이, 대형 유인원의 하나인 인간 종이 숟가락으로 먹기 시작한 게 얼마나 됐을까. 청동기 어쩌고저쩌고 해봐야 얼마 안됐어요. 나한테 유전자를 물려준 그 종자들은 굉장히 오랜 시간 동안 손으로 먹었단 말이에요. 손으로 먹는 쾌감, 본능, 다 내 안에 살아 있었단 말이에요. 아마 밀림에서 태어났다면 그렇게 먹었겠지요. 부모들이 태어나자마자 이렇게 사회화를 시켜준 거지요. 하지만 그 이전에 본질적으로 나는 동물이라는 것. 그게 저한테 왜 중요했냐면, 그게 심리학에서 말하는 최초의 자기 대면이기 때문입니다.

'너는 김어준이야.' 이건 아버지가 정하셨지 제가 정한 게 아니잖아요. '너는 학생이야.' 그건 제가 아니라 학교가 결정한 신분이지요. 아들이야, 딸이야, 이것도 부모에 의해 생물학적으로 결정된 관계지요.

과장, 대리, 모두 회사가 만든 지위지요. 그건 다 누군가가 정해준 거예요. 제가 외부의 도움 없이 나를 처음으로 정의한 경험입니다. '나는 동물이구나.' 그 경험은 저한테 아주 중요했어요. 제 안에 있는 여러 가지 본능들을 긍정하기 시작했습니다. '내가 타고난 것인데 본능 그 자체로 죄일 리가 없잖아.' 이런 생각을 처음으로 한 거예요. 그렇게 자기 대면 없이 대부분은 남들이 정해주는 '나'를 자신으로 이해하고 삽니다. 그렇잖아요? 학생이고, 10대고, 딸이고, 아들이고, 과장이고, 대리고, 백수고…… 다 남들이, 사회가, 부모가, 주변이 정해준 거예요.

제 경우는 '나는 동물이다', 이게 자기 대면이었지만, 자기가 누군지 정면으로 응시하는 경험 없이는 자기 욕망이 어떻게 생겨먹었는지 이해하기 쉽지 않아요. 첫 출발이 중요해요. 자기 욕망을 이해하는 첫 출발점. 저의 경우는 제가 가진 성적, 사회적, 경제적, 인문학적, 존재론적 욕망들을 전부 긍정하는 첫 출발점이었어요.

동물 얘기가 나왔으니까 조금 더 하지요. 이보디보라는 게 있어요. 진화발생생물학, 진화학과 발생학이 통섭해서 만들어진 분야지요. 초파리의 눈을 만드는 유전자를 아이리스 유전자라고 해요. 그 유전자가 없으면 눈이 안 만들어진다는 거지요. 이 분야의 학자들이 이 유전자를 쥐의 배아에 이식했어요. 그러면 쥐의 눈이 곤충처럼 겹눈이 될까, 아니면 그냥 쥐 눈이 될까? 해봤더니 쥐 눈이 나왔어요. 그럼 거꾸로 쥐의 눈이 만들어지는 유전자를 곤충 눈에 이식하면, 쥐 눈이 만들어질까, 곤충 눈이 만들어질까? 신기하게도 곤충 눈이 만들어졌어요. 그런 실험을 할 수는 없었지만, 심지어는 인간 눈을 만드는 유전자를 쥐에, 곤충에 넣어도 정상적인 눈이 나온다는 거예요. 그러면서 뭘 발견했냐, 그 유전자들이 눈 자체를 만드는 게 아니고 사실은 신체의 특정 부위가 눈이 되도록 그 세포의 운명을 결정하는 어떤 스위치 역할을 한다는 것이었어요. 그래서 그 유전자 이름을 '툴키트(toolkit) 유전자'라고 불렀습니다. 툴키트 유전자라는 게 뭐냐, 도구, 툴, 예를 들어 망치로 테이블도 만들 수 있고 의자를 만들 수도 있다는 거죠. 그렇게 이 유전자는 하나인데 어떤 스위치가 켜지고 꺼지느냐에 따라 이런 용도도 되고 저런 용도도 되는 겁니다. 그런 관점에서 보자면 사실은 지네의 다리나 참치의 지느러미나 인간의 팔이나 똑같은 툴키트 유전자가 작동됩니다.

인간 유전자 중에 언어 유전자도 발견됐습니다. 'FOXP2'라는 유전자인데, 이것도 툴키트예요. 영장류, 설치류, 조류 한 종류가 이 유전자를 가진 것으로 발견됐는데, 인간과 설치류, 쥐의 'FOXP2'의 유전자 아미노산이 얼마나 다르냐면, 개수가 700여 개인데 그중에서 딱 네 개만 다르다는 거예요. 인간과 쥐의 언어 유전자의 일치율이 99.4 퍼센트예요. 우리 각하를 보면 그게 사실이란 걸 알 수 있지요.(청중 웃음) 이 분야의 최근 연구 결과를 보면 생존하는 모든 생물의 유전자는 이미 캄브리아기부터 존재했다고 합니다. 그러니까 새로운 동물이 나타나고 진화하면 새로운 유전자가 뿅 하고 나타나는 게 아니라 아주 오래된 존재들이 단지 스위치를 켜고 끄는 방식, 이 조합이 바뀌는 겁니다. 그러니까 아주 오래된 유전자가 새로운 제도를 펴는 거지요. 그게 진화예요. 그 관점에서 보자면 사실 모든 동물이 형제라는 거지요. 그런 의미에서 인간은 동물이 맞습니다.

지금까지는 주제와 상관없이 잘난 척을 좀 했습니다. 원래 지식인은 잘난 척할 찬스를 찾는 거지요. 놓치면 수치지요. 자기 대면이 필요하다는 게 첫 번째입니다. 그게 다른 사람에게는 어떤 식으로 나타날지는 잘 모르겠습니다. 저의 사례는 그랬습니다. 주변이 나를 정의해준 것을 다 떨치고 그냥 또 다른 동물처럼 자기를 바라보는 겁니다.

그리고 내가 원하는 게 뭔지, 내가 뭘 할 때 기쁜지 그 생각을 처음으로 해보는 겁니다.

반드시, 열심히, 연애를 하라

두 번째로 필요한 것은 연애입니다. 자기가 누군지 아는데, 자기 욕망이 뭔지 이해하는데 왜 연애가 필요하냐. 연애를 하기 전에는 사람들이 대부분 자기가 꽤 괜찮은 사람인 줄 압니다. 그런데 정말 내 뜻대로 하고 싶은데 절대 내 뜻대로 안 되는 상대가 나타났어요. 그때 비로소 자기가 얼마나 비겁하고 이기적이고 계산적이고 거짓말을 잘하는지 알게 되지요. 그러니까 자기의 최고점, 연애가 격앙시키는 감정은 대단하지요. 자기의 최고점도 알고 자기의 최저점도 알게 되니까 자기의 윤곽이 드러나지요. 연애를 많이 할수록 자기가 어떤 사람인지 이해하기 시작합니다. 자기가 어디까지 내려가고 어디까지 올라갈 수 있는지, 혹은 자기가 언제 폭발하는지 그 한계 등을 쭉 이어보면 그게 자기지요. 그렇게 극명하게 자기가 누군지 드러내는 경우는 많지 않습니다. 대부분 속이고 넘어갈 수 있거든요. 연애를 하며 단둘만의 비밀을 가질 때 비로소 자기 정체가 자신한테 폭로되지요. 그래서 연애를 많이 할수록 현명해져요. 자기가 누군지, 자기가 어떤 사람인지, 자기가 뭘 좋아하는지 스스로 이해하게 됩니다. 사실 인류 문명은 남자들이 여자들한테 잘 보이려고 발버둥 치다가 우연히 발견된 부산물입니다. 건물을 짓고 그림도 그리고 시도 쓰고 난리를 쳤지요, 제발 나 좀 봐달라고. 그렇게 인류의 역사는 연애의 역사입니다. 우리는 사실 연애를 꼭 해야 합니다. 매우 열심히. 연애보다 어려운 게 없거든요. 연애만큼 자기를 잘 드러내는 것도 없고요. 자기 욕망을 이해하는 데 연애가 굉장히 훌륭한 도구입니다.

여자들이 연애할 때 주의할 게 아주 많아요. 마마보이를 피해라. 호환마마보다 더 무서운 거예요. 제가 보기에는 페스트처럼 일부 법정전염병으로 지정해야 합니다. 여자들은 이렇게 생각해요. '경쟁자들을 물리치고 마침내 한 남자를 사랑하게 됐다, 결혼하게 됐다.' 그렇게 생각하는데 알고 보니 집에 대마왕이 사는 거지요.(청중 웃음) 그리고 많이들 오해하는 게 외모, 능력, 학벌 등과 조금이라도 연관이 있을 줄 아는데 전혀 무관합니다. 오히려 마마보이들의 평균적인 교육 수준은 매우 높아요. 생활수준도 매우 높습니다. 사실은 교육 수준도 높고 생활수준도 돼야 아들을 그렇게 키울 여유가 생겨요. 그러니까 '내 남자친구는 다 괜찮은데 엄마하고 관계가 좀 이상한 것 같다' 이렇게 착각을 하는데 큰일 납니다. 단순히 '모자간에 사이가 좋은가? 효잔가?' 이렇게 착각을 하지요. 이런 마마보이들은 데이트할 때 엄마한테 물어봅니다. "엄마, 뭐 먹을까?" 또는 영화 볼 때, "엄마, 뭐 볼까?" 계속 물어봐요. 그 실체가 정확하게 드러나는 건 결혼할 때입니다. 결혼하면 두 여자가 한 공간에서 한 남자를 가지고 싸웁니다. 엄마가 무조건 이깁니다. 홈그라운드니까.(청중 웃음)

마마보이가 탄생한 이유는 여러 가지가 있어요. 사랑받지 못한 아내가 자식을 통해 보상받으려 할 때 자식을 그렇게 키우지요. 혹은 엄마 스스로 귀부인인 경우도 있어요. 시대의 영향도 좀 있습니다. 사실은 부모들이 고학력이 되고 경쟁도 심화되니까 자식을 세상에 내놓기까지 시간이 너무 오래 걸리지요. 세계적인 현상인데, 우린 마마보이라고 하지만 미국은 '헬리콥터 맘'이라고 하지요. 결혼하고 나서도 헬리콥터처럼 자식 주위를 계속 맴돈다고. 이탈리아는 엄마가 밥상을 계속 차려준다고 '맘모네'라고 그럽니다. 호주도 있어요, 캥거루족. 엄마 배에서 안 나온다고. 캐나다에서는 '부메랑 키즈'라고 합니다. 부메랑처럼 부모한테 다시 돌아온다고. 영국에서는 'MF 펀드족'이라고 합니다. 마더 파더 펀드족.(청중 웃음)

사실 일정 정도는 흔히 말하는 신자유주의 덕분에 패자부활도 안 되고, 승자가 독식하는 사회가 만들어내는 부분도 있지요. 그래서 점점 사람들이 초식동물처럼 사는 거지요. 초식동물이라는 게 사자하고 싸워서 이기려고 모여 있는 게 아니지요. 걔들이 모여 있는 이유는 맨 뒤에 처진 한 명만 잡아먹히면 자기는 안전하기 때문에, 다들 꼴찌만 안 하면 되기 때문이지요. 그래서 모여 사는 겁니다. 그것처럼 사람들이 꼴찌를 하지 않으려고, 낙오하지 않으려고, 뒤처지지 않으려고, 남들만큼은 가려고 사교육을 시키는 거예요. 자기 자식들이 천재라서 시키는 게 아니고, '뒤에 처지지 말고 대충 줄 맞춰 가라' 그렇게 사는 거지요. 그 과정에서 마마보이들이 탄생합니다.

마마보이와 쌍벽을 이루는 게 공주병이지요. 공주들의 엄마는 두 가지 유형이 있습니다. 엄마가 과거에 공주였거나, 엄마가 과거에 하녀였거나. 자신이 공주였던 여자는 딸에게 자기를 보여줍니다. 딸이 자기 분신이지요. 하녀였던 여자는 공주가 아니었던 게 한이 돼서 딸을 공주로 만들어 보상받고 스스로 하녀가 되지요. 왜냐면 공주에게는 하녀가 필요하니까. 그래서 마마보이는 엄마의 연인이고, 공주는 엄마의 분신이에요.

여자의 입장에서 주의해야 할 건 마마보이인데, 마마보이를 구분하는 간단한 방법이 있습니다. 연애할 때 남녀 간에 갈등이 일어났어요. 그 갈등을 엄마가 알고 있으면 남자가 마마보이입니다.(청중 웃음) 원래 남자들은 자기 연인의 약점을 감추려고 합니다. 당연하지요. 엄마가 뭐라 그러면 화를 냅니다. "걔는 그렇지 않아." 그러나 마마보이는 정반대입니다. 엄마가 다 알고 있고 엄마가 대신 화를 냅니다. "너 우리 철수한테 그랬다면서!" 자기들이 싸운 사연을 남자의 엄마가 알고 있으면 즉시 버리세요. 격리해야 해요. 이건 국제사회가 대처해야 합니다.

반면에 남자가 연애할 때는 주의할 점이 없어요.(청중 웃음) 남자가 연애에서 할 일은 오직 하나밖에 없습니다. 들이대라. 왜 꼭 남자만 들이대야 하느냐. 98년에 미국의 한 슈퍼마켓 체인에서 이런 정책을 세웠어요. 손님을 맞이할 때 손님의 이름을 부르면서 그 사람과 눈을 맞추고 친근하게 웃으면서 대해라. 아무 문제가 없었어요. 그런데 얼마 못 가 폐기됐어요. 왜 폐기됐느냐, 여자 손님들은 아무 문제가 없었는데, 남자 손님들이 여자 종업원들이 자기한테 마음이 있는 줄 알고 자꾸 쫓아다닌 거야, 일 끝나고 나서도.

왜 그런 일이 벌어지는지 설명하는 이론이 있습니다. 진화심리학이라는 학문에서는 이렇게 설명합니다. 과거로 돌아가봅시다. 사바나, 원시시대로, 옷도 안 입고 살 때로. 어떤 여자가 해맑게 웃고 서 있어요. 남자가 지나가다 봤어요. 남자가 저지를 수 있는 오류는 둘 중 하나입니다. 첫 번째 오류, 여자는 날씨가 좋아서 웃고 있는데 자기한테 관심 있는 줄 알고 가요. 그런 경우 남자가 치러야 할 대가는 뺨따귀지요. 두 번째 오류, 여자가 정말 관심이 있어서 유혹하느라 웃었는데 남자는 날씨가 좋아서 웃는 줄 알고 지나가요. 이 경우 이 남자가 치러야 할 비용은 뭐냐, 번식의 기회를 놓친 거예요. 어느 쪽 비용이 더 커요? 번식 기회를 놓친 게 더 크지요. 우리는 이렇게 '싸대기'를 감수하면서까지 들이댔던 수컷들의 자손이에요. 나머지는 자손을 못 남겼어. 뺨따귀를 열 번 맞더라도 한 번 성공한 애들이 결국 씨를 남겨서 우리가 존재하는 거예요.

여자의 경우를 생각해봅시다. 만약에 남자가 웃었어요. 여자가 저지를 오류도 두 가지예요. 관심 없는데, 날씨가 좋아서 웃었는데 남자가 자기를 유혹하는 줄 알고 좋아서 남자한테 가요. 남자의 경우 뺨따귀를 맞는 거지만, 수컷들은 거절을 하지 않습니다. 그러면 이 암컷들이 지불해야 할 비용이 뭐냐, 원치 않는 임신이지요. 그리고 수컷들이 도망을 가는 거예요. 요즘에는 이게 연애의 실패지만 그때는 생존의 문제였습니다. 내가 임신을 했어요. 잘 움직일 수도 없고, 동물로부터 쉽게 도망갈 수도 없는데 나를 부양하지도 않고 수컷이 도망을 갔어요. 그러면 죽어요. 죽을 확률이 굉장히 높아요. 그래서 우리 모두는 끊임없이 수컷들의 수작을 의심하고 사랑을 확인하고 검증하려 하는 암컷들의 후예들입니다. 이게 생물학적으로 정확성이 있는 거예요. 여자들의 치러야 할 비용이 훨씬 컸기 때문에, 들이대는 건 남자들의 몫인 거예요.

시대가 좀 달라졌지만 이 과정에서 남녀가 연애할 때 가장 두려워하는 공포들이 생각났지요. 남자가 연애할 때 가장 두려워하는 건 거절이에요. 그걸 여자들이 잘 모르는 거예요. 그 시절로 돌아가 생각해보지요. 자기가 좋아서 여자한테 갔는데, 사바나 시절, 여자가 '노' 했어요. 그러면 남자는 내 학벌이 안 좋아서 '노' 했구나, 이렇게 생각할 거야? 아니잖아. 이 남자들은 어떻게 이해하냐면, 생물학적으로 내가 남자로서 존재 가치가 없구나, 자격이 없구나, 이렇게 받아들이게 돼있습니다. 이건 굉장한 좌절이에요. 그 공포가 지금의 우리 남자들, 수컷들에게도 남아 있어요. 거절 공포. 여자들은 남자의 존재 가치가 없어서가 아니라, 생물학적 가치가 없어서가 아니라, 자기랑 안 맞을 수도 있고 여러 가지 이유로 거절하는 건데, 남자는 본능적으로 그렇게 받아들여지지 않아요. 그 거절이 두려워요. 룸살롱에 가는 이유는 여자를 사는 게 아니라 승낙을 사기 때문인 겁니다.(청중 웃음)

여자의 입장에서는 그 시절로 돌아가서 버림받을지도 모른다는 유기 공포가 연애를 지배합니다, 무의식중에. 남자들은 거절당할지 모른다는 생각에 허풍을 치지요. 거절당하지 않기 위해 자기를 부풀리는 겁니다. 남자가 주의할 건 없어. 그러니까 들이대세요. 어쨌든 정리하면, 남자는 여자의 관심을 과대 추정하고, 여자는 남자의 관심을 과소 추정하게 돼 있어요.

공통 당부 하나 더 하지요. 제가 리히텐슈타인에 갔을 때 일어난 일입니다. 스위스와 오스트리아 사이에 있는, 코딱지만 한 곳이에요. 거기를 가려고 새벽에 기차 타고 가다가 내렸어요. 원래는 기차를 타고 가다 내려서 버스를 타고 도심으로 들어간다, 버스가 없으면 역사에서 기다린다는 생각이었는데, 기차에서 새벽 4시 30분쯤에 내렸는데 역사가 없네. 알프스 산자락이었기 때문에 생각보다 너무 추운 겁니다. 플랫폼에서 벌벌 떨다가 침낭을 꺼내서 아스팔트에 깔고 거기 들어가서 오들오들 떨고 있었어요.

눈이 어둠에 익숙해지고 보니 플랫폼 벤치에 한 사람이 앉아 있더라고요. 여자야. 평소라면 벌떡 일어났지. 침낭을 줬겠지요. 그런데 나도 너무 추워, 침낭은 너무 작아, 모르는 여자야. 침낭을 줄 수도 없고 그렇다고 들어오라고 할 수도 없고, 갈등이 시작됐지요. 너무 추우니까, 나도. 줄까 생각해봤는데 주고 나서 버스 올 때까지 기다리면 너무 추워 죽을 것 같아. 그런데 그 여자도 나하고 눈이 마주쳤는데 똑같은 고민을 하는 거지요. 그냥 있으면 얼어 죽을 것 같고, 그렇다고 들어가자니…… 똑같은 고민을 마주 보고 하다가 어느 순간 너무 추워서 도저히 안 되겠다, 저 여자 얼어 죽겠다 싶어서 제가 지퍼를 내리고 손짓을 했습니다. 손짓을 했더니 그녀도 망설였지요. 너무 춥거든. 결국 들어왔어요. 들어왔는데 이게 좁다보니까 자세가 안 나오는 거예요. 마주 보기에는 너무 좁고, 등을 돌려도 좁고, 결국은 흔히 말하는 섹스 자세밖에 안 되는 거지요. 그래서 저는 이제 '나는 치한이 아니다'를 입증하기 위해서 어떻게든 떨어지려고 했지만, 그게 되나요? 좁은 데서? 잠이 안 오는 거지. 그래서 도저히 안 되겠다 싶었어요. 그때까지 말 한마디 안 나왔어요. 제가 손을 빼서 간신히 어깨를 탁탁 쳤습니다. 그녀도 물론 잠들지 못하고 있었지요. 고개를 돌렸는데 너무 좁으니까 얼굴이 부딪쳤어요. 그 순간 갑자기 긴장이 풀리며 웃게 됐어요. 웃고 나니까, 여기서 이 대목이 중요합니다. '누가 먼저랄 것도 없이' 불타올랐습니다. 그 좁은 데서 해내고 말았지요. 이런 걸 인도주의적 성관계라고 하지요. 긴급 구호에 해당하는.(청중 웃음)

섹스가 뭐냐, 대부분 사랑의 확인이라고 생각하지요. 물론 그런 기능도 있습니다. 하지만 섹스는 생각보다 굉장히 다양한 기능이 있어요. 대형 유인원 중에 보노보가 있습니다. 침팬지, 고릴라, 오랑우탄, 보노보까지 인간과 90퍼센트 같다고 하는. 대형 유인원 중에 유일하게 전쟁을 하지 않는 유인원입니다. 모르는 두 집단이 만나면 보통은 영역, 먹이 때문에 싸우는데 얘들은 대장이 나옵니다. 암컷이지요. 모계사회입니다. 그리고 섹스를 합니다. 보노보 짱!(청중 웃음) 성관계에는 평화의 기능이 있습니다. 보통 연애를 하면 서로를 알아야 한다며 대화를 많이 하라고 합니다. 소통을 하라고. 하지만 말이지요, 우리가 실제 주고받는 정보의 양을 연구해보면, 말이 아니라 비언어적 커뮤니케이션이 7할 정도를 차지해요. 말투, 목소리, 몸짓으로 훨씬 더 많은 정보를 주고받습니다. 그리고 사람이 말로는 거짓말을 해도 성관계로는 거짓말을 못 합니다. 다들 아시겠지만. 그 사람이 얼마나 이기적인지, 뇌가 있는지 없는지, 얼마나 자기중심적인지 고스란히 드러나지요. 그래서 틈만 나면 쉬지 않고 신속하게 계속 널리 이롭게 성관계를 해야 한다. 공통 당부입니다.

하고 싶은 일을 '그냥' 하라

이제 세 번째로 넘어갑시다. 자기 경계, 윤곽, 욕망을 이해하기 시작했다고 칩시다. 그다음엔 뭘 하느냐? 그다음에 필요한 건 그냥 하는 겁니다. 이 예화는 제가 2년 전 강연 때도 얘기했는데, 제가 아라파트를 만나러 간 적이 있어요. 물론 아라파트가 저한테 오라고 한 적은 없습니다. 하지만 오지 말라고 한 적도 없거든요. 산 넘고 물 건너가서 그 집 앞까지 갔는데 제가 아라파트에게 할 말이 없어요. 사람들이 물어봅니다. 어떻게 그걸 모르고 갈 수가 있냐고. 저는 그래요. 할 말이 있어서 아라파트를 만나러 간 건 아닙니다. 아라파트가 궁금해서 간 겁니다. 그럼 안 되나요? 예를 들어 사하라에 가보고 싶어서 간 적이 있습니다. 갔더니 모래가 너무 많아. 계속 모래야.(청중 웃음) 그래서 하루 만에 돌아왔어. 그럼 안 됩니까? 예를 들어 대륙의 최남단에 갔어요. 좆도 아냐. 1시간 만에 돌아왔어요. 최북단도 마찬가지고.

   보통 어떤 일을 할 때 사람들이 가장 먼저 하는 건 그 일이 얼마나 어려운지 그걸 주변 사람들에게 널리 알리는 거지요. 보통은 설득을 해요. "이게 얼마나 어려운지 아느냐." 왜냐면 자기가 못했을 때 자기가 못난 사람이면 안 되니까. 그런 변명을 열심히 준비합니다. 그리고 몇 개월 후에 사람들이 어떻게 됐느냐고 물어보면 화를 내지요. "너는 그게 얼마나 어려운지 몰라서 그래." 그러다 스스로 설득돼요. '이건 정말 어려운 일이야.' 그러고 안 합니다.

또는 굉장히 복잡한 계획을 세워요. 600년 정도 살려나봐.(청중 웃음) 엄청나게 거창한 계획들을 장기적으로 세우지요. 저는 무신론자이긴 한데, 신이 존재한다면 가장 박장대소할 일이 인간들이 계획을 세우는 거라고 생각해요. '지들이 어떻게 알아?' 엄청나게 많은 시간을, 그 일이 왜 어려운지 설득하고 그리고 그 일을 하는 데 복잡한 계획을 세우는 데 씁니다. 그런데 말이지요, 어떤 일을 하는 가장 좋은 방법은 그냥 하는 거예요. 거기에 거창하고 대단한 의미는 없어도 돼요. 하고 싶으면 하면 되는 겁니다. 안 되면 할 수 없지요, 뭐.(청중 웃음) 그런데 보통은 그렇게 시간만 보내고, 핑계만 만들고, 이유를 만들고, 스스로 설득되고, 그러고 나서 그 일을 꾸미려 합니다.

그냥 하세요. 이유를 달지 말고, 의미를 부여하지 말고, 뭐 대단한 일이 있다고 세상에. 그냥 하면 돼요. 어디를 가고 싶으면 그냥 가요. 안 되는 이유가 엄청나게 많은데, 어떤 사람을 만나고 싶으면 그냥 만나요. 그 사람이 꼭 만나준다는 보장은 없습니다.(청중 웃음) 저는 사람들이 흔히 어떤 일을 할 때 그 일이 얼마나 어려운지 부풀리고, 계획을 세우고, 그걸 꾸미려고 하는 게 그 일을 안 하려는 핑계를 대는 것처럼 느껴집니다. 자기 욕망을 이해하고, 자기가 어떻게 생겨먹었는지 알고, 자기가 언제 행복해 하는지 이해했으면 그냥 하세요.

행복은 적금을 들 수가 없다

네 번째로 말씀드리고 싶은 건, 이겁니다. 제가 배낭여행을 갔다가 양복을 발견했는데 너무 멋진 겁니다. 거지 생활을 하고 있다가 양복이 있기에 들어가 봤더니 너무 멋진데? 거울에 비친 내가 너무 멋진데? 쟤를 두고 갈 수가 없는데? 그런데 양복 값이 130만 원이야. 수중에는 135만 원 정도. 남은 일정은 두 달.(청중 웃음) 이 양복을 사면 내가 아사하는 거지요. 그냥 나가야 마땅한데 거울 속의 내가 너무 멋진 거예요. 걔를 두고 떠날 수가 없어요. 그래서 앉아서 고민을 시작했어요. 만약 내가 지금 24살에 안 사고 34살에 돌아와서 이 양복을 사면, 내가 24살에 이 양복으로 느꼈을 행복을 만회할 수 있나? 아니지요. 그 양복을 24살에 입어서 느꼈을 그 행복은 영원히 사라지는 거지요. 그건 완전히 모르는 척 지나가는 거예요. 34살에는 34살의 행복이 있는 거지요. 그게 나예요. 두 번째, 내가 만약 남은 60일간 하루 2만원씩 합리적으로 소비하면 오늘은 먹을 게 있고, 오늘은 잘 곳이 있고, 최소 경비가 있어서 굶어 죽지는 않는다. 쉴 곳은 있다. 그래서 느꼈을 자잘한 행복들이 있겠지요. 그걸 다 합쳐. 60일 치를. 그럼 그게 내가 이 양복을 사서 느낄 벅찬 감정보다 더 클까? 아니다. 세 번째, '지금'은 왔는데, 60일은 아직 안 왔잖아. 그래서 벌떡 일어나서 양복을 샀습니다. 그걸 입고 공원에서 노숙을 했습니다.(청중 웃음) 그 전날 밤까지 굉장히 행복했습니다. 그다음 날 아침, 큰일 났다, 60일 남았는데 5만 원밖에 없는 거야. 그래서 생각을 하다가 갑자기 '삐끼'를 해야겠다는 생각이 들었어요.

여행자들이 많은 동네에는 항상 '삐끼'들이 있어요. 우리 숙소로 와라, 어쩌고저쩌고 하는. 근데 그 '삐끼'들이 로마에 제일 많습니다. 로마에 가서 '삐끼'를 해야겠구나, 그래서 로마에 갔어요. 로마로 가서 역 근처에 있는 숙소에 들어갔지요. 하룻밤 자고 전 재산 5만 원을 내고 나오기 직전 매니저에게 이렇게 말했어요. "내가 가방을 내려놓고 역으로 가서 3명의 손님을 새로 데려오면 3명의 손님방에 나도 재워

줘라." 배낭여행 하다보면 한국 사람들이 같이 자기도 하거든요. 3명 정도는 꼬일 수 있을 것 같았어요. 호텔 입장에서 보면 손해가 아니잖아요. 추가로 3명이 온다는데, 어차피 '삐끼'도 쓰고 있는데. 그런데 4명을 데리고 오면 두당 얼마씩 커미션을 줘라, 러닝개런티처럼. 마다할 이유가 없잖아요. 좋다고 해서 역으로 갔어요. 두 시간 뒤에, 저도 3명까지는 자신 있었는데, 30명을 데리고 갔어요. 왜냐? 저는 보스를 입었거든요.(청중 웃음) 2주 후에 호텔 주인과 저의 관계가 역전됐습니다. 제발 일 좀 더 해줄 수 없냐고.

그러다보니 '내가 왜 남 좋은 일만 시키고 있나. 내가 장사를 시작해야겠다'는 생각이 들었어요. 그 당시 동구권이 개방된 지 얼마 안 됐는데 숙소가 부족했어요. 그래서 이런 민박도 있었습니다. 주인이 집에 살면서 집을 통째로 빌려주는 거지요. 그런 형태의 숙박이 유행했어요. 그 생각이 나서 프라하에 갔는데, 제 수중에 2주 동안 일한 50만 원이 있었지요. 거기서 집을 하나 구해서 주인한테 일주일 치에 해당하는 50만 원을 줬어. 일주일 동안 통째로 빌리겠다. 한 달이면 200만 원이지요. 일주일 후에 150만 원을 더 주면 이걸 한 달 동안 빌려줘라. 주인이 마다할 이유가 없잖아요. 그리고 역으로 갔어요. 로마에서는 동양인을 주로 상대했는데, 여기서는 동양인만으로는 안되겠다 싶어 기차역에서 내리는 서양 애들 중에 예쁘장하게 생긴 남자애 하나를 찍어서 "내가 너를 앞으로 한 달 동안 먹여주고 재워주겠다. 매일 파티하고 용돈도 주겠다"고 했어요. 마다할 이유가 없잖아요. 그리고 난 보스를 입었잖아요.(청중 웃음) 그래서 종업원 한 명 두고 일을 시작했어요. 제가 한 달 후에 프라하를 떠날 때, 매일 파티하고 잘 먹고 잘 쓰고, 그러고도 제 수중에 1,500만 원이 있었어요.(청중 환호) 이 모든 건 보스를 입었기 때문입니다.

이 얘기를 해드리는 이유는 이겁니다. 보통, 사람들은 나중에 행복해질 거라고 얘기해요. 지금이 아니고 나중에요. 행복은 적금을 들 수가 없는 겁니다. 이걸 예치했다가 나중에 인출할 수가 없어요. 그때 행복은 그때 고유한 겁니다. 24살에 행복하지 않으면 34살에는 24살의 행복이 무엇이었는지 알 수 없어요. 지나갔으니까. 그래서 우리는 항상 주의해야 합니다. 내일 할 수 있는 일을 오늘 하고 있지는 않은가.(청중 웃음) 내일 할 수 있는 일은 내일 하세요. 오늘 당장 할 수 있는 일을 오늘 집중해서 하세요. 내일은 어떨지 몰라요. 과거는 절대 수정할 수 없고, 미래는 통제할 수 없지요. 현재를 상대하는 나의 태도만 결정할 수 있는 거지요. 그러니까 당장 해라, 뭐든지, 이 얘기입니다.

스타일 있게 살아라

하나 더 말씀드리지요. 이 모든 걸 '스타일 있게' 해야 한다, 이게 중요합니다. 스타일. 폼이 안 나면 무슨 소용이야.(청중 웃음) 저는 〈모나리자〉가 신비롭지 않아요. 여러분은 신비롭나요? 저는 '모나리자의 목살이 두껍다' 여기까지 얘기할 수 있습니다. 아줌마가 상당히 목살이 두꺼워요, 자세히 보시면. 그리고 눈썹도 밀었어요.(청중 웃음) 안 신비로워요, 저는. 왜 그럴까? 내가 문제가 있나? 아니면 이게 진짜 신비롭지 않은 걸까? 10대 시절 고민 중 하나였습니다. 그러다가 제가 배낭여행을 스페인 마드리드, 프라도 미술관을 특정해서 갔어요. 왜냐면 거기에 〈게르니카〉가 있다니까. '〈게르니카〉를 보고도 충격적인 미적 리액션이 안 일어나면 나에게 하자가 있는 거다' 이렇게 생각한 거지요. 가서 〈게르니카〉를 봤어요. 〈게르니카〉가 굉장히 큽니다. 제가 〈게

르니카〉를 보고 느낀 전부예요.(청중 웃음) 굉장히 크구나. 그림책에선 조그만했는데. 실제로 보신 분이 있을지 모르지만 굉장히 커요. 그래서 결론을 내렸지요. '나는 하자가 있다.' 그 다음부터 미술관에 안 갑니다. 대신 뭘 했냐, 남는 시간 동안 가게의 쇼윈도 들여다보는 걸 좋아했어요. 저는 그게 훨씬 더 재밌었어요.

그러면서 어떤 경험을 하게 되냐, 로마에 가면 스페인 계단이라고 있습니다. 오드리 헵번이 아이스크림을 먹었다는. 그 계단 맞은편에 명품 거리가 있어요. 90년대 중반에는 명품이란 개념이 전혀 없었습니다. 거기를 걷다가 여자 핸드백 가게를 발견했습니다. 제가 핸드백에 관심을 갖게 될 줄은 정말 몰랐어요. 어떤 핸드백을 지나가다가 발견했는데 갑자기 눈에 꽂힌 겁니다. 나도 모르게 가게에 들어갔어요. 그때 우리나라 돈으로 30만 원쯤, 굉장히 큰돈이었는데 정말 예쁜 거예요. 그 이후로는 사본 적이 없어요. 그걸 샀어요.(청중 웃음) 지금 생각해봐도 웃긴데…… 갖고 싶은 겁니다. 문양 때문이었어요. 그 문양이 그때는 뭐라고 표현해야 할지 몰랐고, 나중에는 '지적이다', '이지적이다'라고 표현했는데 브랜드가 펜디였어요. 지금은 문양이 바뀌었지요. 그걸 사서 여자친구에게 줬어요. 그렇게 쇼윈도를 들여다보고 상품에다 '이건 뭐다'라고 이름 붙이기를 좋아했어요. 그게 취미가 됐어요. 나중에 어떤 여자 구두를 발견했는데, 구두 뒤축이 다른 구두 뒤축과 달랐어요. 이 구두는 좀 달라. 이 뒤축은 긴장감이 있어. 페레가모였어요. 이 양복은 허리가 야들야들해. 아르마니였어요.

제가 돈이 없으니까 단체 배낭여행객을 데리고 가서 유럽이든 어디든 관광을 시키고 그때 받은 돈으로 여행하는 일을 자주 했습니다. 학생 단체 배낭여행 가이드를 했었지요. 피렌체에서 가이드를 하다가 학생들을 우피치라는 유명한 곳에 집어넣고 저는 언제나처럼 밖에 있었어요. 피렌체 광장에 다비드상이 있어요. 다비드상을 아주 여러 번 봤지요. 그런데 그날은 다비드상을 보다가 문득 처음으로 내가 저걸 어디서 본 것 같은 거야, 저 느낌을. 한 손은 돌팔매를 쥐고 한 손은 늘어뜨리고 있습니다. 그런데 이 돌팔매를 쥔 손을 보니까 어디서 본 것 같은 거야, 저 느낌. 저것은 페레가모 구두 뒤축. 내가 그때 '저건 긴장감이야'라고 이름 붙였던 그 느낌. 처음으로 느낀 거지요. 굉장히 신기했습니다. 벌떡 일어나서 보니까 손이 야들야들해. 내가 아르마니 양복을 볼 때 '다른 양복과 다르네'라고 생각했던 그 느낌인 거지요. 조각상이 세련되고 그렇지 않고는 한 끝 차이잖아요. 근데 그걸 알아본 사람들이 있었던 거지요. 그 사람들이 어디 모여서 국제회의를 한 다음에 '다비드상은 명작이야' 이런 게 아니고, 그걸 알아본 사람들이 그게 명작인 줄 알아본 거예요, 그런 눈을 가진 사람들이. 나는 그게 없었던 거지요. 펜디, 아르마니, 이런 걸 보다가 그게 조금 궁금했습니다. '난 왜 이런 걸 몰랐을까.'

그러다 내가 왜 몰랐는지 이해하게 된 이야기가 있어요. '늑대소년' 있지요. 걔들은 사람들한테 발견되고 나서 아무리 오랜 세월 사람들과 함께 지내도 사람의 말을 세 마디 이상 배울 수 없습니다. 언어학자들이 임상 사례를 아주 가까이서 살펴볼 기회가 있었어요. 1970년대 캘리포니아에서 지니라는 이름의 13살짜리 여자애가 발견됐는데 엄마는 장님이고, 아버지는 정신병자였어요. 이 아버지가 지니가 발견되고 자살해서 왜 그랬는지 이유는 모르는데, 아이를 어떻게 키웠냐면, 빛도 없고 소리도 없고 인간과의 접촉이 차단된 곳에서 태어날 때부터 말 한마디 건네지 않고 13살까지 기른 거예요. 아무런 소리도 들은 적 없고, 인간의 말도 들어본 적 없는 아이가 발견된 거지요. 아버지는 자살했고 엄마도 죽어서 언어학자들이 이 아이를 데려다 키우게 됐어요. 13살까지 한 번도 인간과 접촉이 없었던 아이에게 인간의 언어를 가르치는 기회는 사실상 전무하거든요. 20살 때까지의 기록이 남아 있는데, 20살이 될 때까지 세 마디 이상을 배울 수 없었어요.

촘스키가 '언어를 배우는 데는 결정적 시기가 있다'고 했어요. 오리는 태어나서 제일 먼저 움직이는 물체를 엄마로 인지하잖아요. 그건 배운 게 아니에요. 각인돼 있는 거지요. 그것처럼 인간의 언어도 각인이 돼 있답니다. 그러다 어떤 결정적 시기에 그 언어가 풀려나와요. 그 시기를 놓치면 지능과 무관하게 언어를 배울 수 없대요. 저도 아마 얼마간 타고난 미적 감수성이 있었겠지요. 그리고 그게 어느 순간 세련되게 조탁될 기회가 있었을 텐데 그걸 놓친 거지요. 우리나라에서 미술은 암기 과목이었단 말이지요. 그런데 훗날 여행을 하다가 세 마디 정도 배운 거예요. 그 정도로도 무척 즐거웠어요. 그리고 한편으로는 억울했어요. '내가 몰라서 놓치고 가는 즐거움이 있을 것이다.' 그리고 그날 이후로 '스타일 있게 살아야겠다, 넥타이를 하나 매더라도 내 삶을 사는 데 있어 스타일 있게 디자인해야겠다, 폼이 나야겠다, 그렇게 사는 게 중요하다'라고 생각하게 됐지요.

정리를 한번 해보자고요. '어쨌든 스타일 있게 살아라.' 사람들이, 가족들이, 주변인이 자기한테 거는 기대가 있습니다. 모두 그 기대에 부응하느라 부산하게 삽니다. 그 기대를 일단 접어두세요. 그리고 자기가 어떤 사람인지, 자기 대면을 해봐요. 거울을 보고도 가능해요, 벌거벗고. 훈련이 필요하지요, 한 번도 해본 적이 없으니까. 자기가 어떻게 생긴 인간인지, 자기가 정말 하고 싶은 게 뭔지 알고, 자기 욕망의 주인이 돼야 합니다. 그리고 최대한 당장 스타일 있게 사는 거, 그게 청춘이에요. 그렇게 살면 내가 나의 직업이 됩니다. 사람들이 스스로를 학생이라고, 회사원이라고, 공무원이라고, 백수라고 하고 자기 직업들을 얘기하지요. 꿈도 직업으로 말하고. 아니에요. 자기가 자기 직업인 겁니다. 우리가 왜 태어났느냐? 자기로 살려고 태어난 거예요. 공무원이 되려고 태어났나요? 학생이 되려고? 회사원이 되려고 태어난 게 아니지요. 그런 직업을 가지려고 태어난 게 아니에요. 평생 내가 나를 직업으로 사는 것, 그게 청춘인 거지요. '청춘은 나이와 무관하다.' 20대여 야망을 가져라? 다 사기예요. 40살이든 50살이든 내가 나를 직업으로 삼고 내 욕망의 주인이 돼서 당장 스타일 있게 살면 그게 청춘이라고 어설프게 결론을 내립니다. 강연을 마칩니다. 이명박 대통령 욕을 너무 조금했네요.(청중 웃음)

사회자 문자 메시지가 왔는데요, 〈게르니카〉는 레이나소피아 미술관에 있다고 하셨습니다.

김어준 91년에는 거기 없었어요. 그분 지식인이네요. 아는 척할 기회를 놓치지 않는 것, 지식인의 책무지요.(청중 웃음)

사회자 이런 질문도 있네요. 일부일처제에 반대하시지요? 우리나라는 언제쯤 그런 세상이 올까요?

김어준 일부다처제가 사실은 여성들을 위한 제도예요. 예를 들어 일부다처제의 대표적인 동물이 사자인데, 보통 다큐멘터리에서는 수컷이 사냥도 안 하고 만날 늘어져서 암컷들이 잡아오는 먹이를 제일 먼저 먹는 것처럼 보여요. 그런데 이 시스템의 진실은 그 수컷 사자가 아주 젊은 수컷에게 도전을 받아 쫓겨난 이후를 봐야 알 수 있습니다. 힘, 정력, 모든 게 최정점에 있을 때 길어야 2, 3년 동안 누리는 부귀

영화를 보면 안 됩니다. 수컷이 쫓겨나면 어떻게 될까요? 대부분 조만간 죽어요. 왜냐하면 수컷들의 덩치는 자기 덩치에 맞는 짐승을 잡아먹기엔 쓸모없이 크거든요. 빨리 달릴 수도 없어요. 그러니까 자기 덩치에 맞는 짐승을 잡아먹을 수가 없습니다. 굶어 죽어요. 다큐멘터리를 보면, 그동안 못 먹어서 바짝 마른 수컷이 진흙에 빠진 물소를 먹어보려고 목을 무는데 목이 안 부러져요. 그만 물소 목을 물고 힘이 다 빠져서 죽어요. 그 사이 암컷들은 팔팔한 수컷을 맞이하지요.

이 시스템의 진정한 논의는 거기에 있어요. 암컷의 입장에서는, 사냥만 조금 해주고 먹여주면 계속 신선한 수컷들이, 가장 팔팔하고 좋은 유전자들이 계속 나와요. 일부다처제가 굉장히 좋은 겁니다. 그런 관점에서도 볼 수 있을 겁니다. 그런 세상이 빨리 오길 바랍니다. 이게 남자들한테 좋은 시스템이라고 생각한다면 오산이에요. 그런 수컷들은 소수입니다. 다수는 부러운 눈으로 처량하고 불쌍하게 그들을 쳐다보고만 있겠지요.

사회자 또 다른 문자 메시지 질문입니다. 자신의 생각 및 계획, 사랑과 이별을 '싸이월드'에 올리는 사람들의 심리는 무엇인가요? 그 사람들의 알리고 싶은 욕망을 존중해줘야 합니까? 독설을 부탁합니다.(청중 웃음)

김어준 여자분이 보낸 건가요? 과거의 남자친구가 그랬다는 거예요? 연애를 했는데 자기 연애가 이러저러했다고 올렸다면 남자일 확률이 높다고 생각하는데, 물론 미친놈이에요. 일단 욕하고.(청중 웃음) 남자들이 흔히 자기 첫사랑에 대해 얘기하지요. 첫사랑은 대부분 엄청난 미인에다 준 재벌의 딸이라고들 얘기하지요. 다 거짓말이에요. 남자한테 과거의 여자는 일종의 트로피지요. 자랑하는 겁니다. '내가 이 정도 남자야.' 그러니까 새로운 연애를 할 때 과거의 여자에 대해 엄청난 미인이고 서로 사랑했지만 어쩔 수 없이 헤어지고…… 다 거짓말입니다. 미인이라고 하면 사진을 제출하라고 하세요. 그리고 세 명 이상의 증인을 대라고 하세요. 만약에 여자가 그랬다면 역시 미친 건 미친 거지요.

사회자 이번에는 청중 질문을 받겠습니다.

청중1 이 시대를 살아가는 우리 민중들이 현실정치에 대해 많은 관심을 가졌으면 하는 바람이 있습니다. 혹시 김어준 총수께서도 우리 젊은이들이나 민중들이 현실정치에 대해서 많은 관심을 가졌으면 하는 바람을 갖고 계신지, 그렇다면 왜 그래야 하는지 얘기해주셨으면 합니다.

김어준 사실 세상만사 정치가 아닌 게 없지요. 정치적이지 않다고 말하는 것도 정치적인 거예요. 당연히 정치에 관심을 가져야 하는데, 정치에 자기 이해와 자기 이익 모두가 관련돼 있기 때문이지요. 자기 생활과 자기 미래도요. 그건 당연한 거라고 생각합니다. 정치에 관심이 없다고 말하는 게 부끄러운 일은 아니라고 생각하는데 멍청한 일이라고는 생각합니다. 그게 쿨한 태도라고 생각하는 분들도 있는데 저는 아주 멍청하다고 생각해요. 자기가 왜 이런 조건과 상황에 처해 있는지, 자기한테 왜 이런 사회적인 스트레스가 있는지 전혀 이해하지 못하는 거예요. 정치를 모르면 계속 숙제하는 인생이 되는 거지요.

자기가 어떤 사람인지, 자기 대면을 해봐요. 자기가 어떻게 생긴 인간인지, 자기가 정말 하고 싶은 게 뭔지 알고, 자기 욕망의 주인이 돼야 합니다. 그리고 최대한 당장 스타일 있게 사는 거, 그게 청춘이에요.

청중2 다시 결혼하실 생각도 있으신가요?

김어준 다시 할 생각은 없습니다. 사람을 계속 바꾸면서 살겠다, 그런 의미가 아니라 어떤 사람과 평생 같이 살 수도 있겠지만, 그걸 결혼이라는 형식으로 할 생각은 없어요. 한 번 해봤는데 나하고 딱 맞지 않더라고요. 물론 결혼의 장점도 있다고 생각합니다. 결혼만이 줄 수 있는 것도 있었어요. 결혼을 하게 되면 사회경제적 운명공동체가 되지요. 그러니까 내가 흥하면 이 사람도 흥하고, 이 사람이 흥하면 나도 흥해요. 이 사람이 망하면 나도 망해요. 부모, 자식 간에는 꼭 그렇진 않아요. 사회경제적으로 대단히 밀착돼 있는 공동체라서 사랑과 무관하게 거기서 생기는 동질적 연대의식을 갖게 되지요. 운명공동체라서 가능한 건데, 그런 것은 연애나 동거를 오래 해도 생기지 않더라고요. 그런 물적 토대, 물적 공동체가 만들어주는 안정감이 있어요. 보장자산. 그런 면이 분명히 있긴 한데 그걸 비용으로 지불하는 만큼 또 다른 대가도 큰지라, 결혼은 사실 생각이 없고 누군가와 같이 살 생각은 있지요.

선택을 못 하는 이유

청중3 저는 대학생인데요. 강연 내용 중에 순간순간 당장 하고 싶은 걸 하라고 하셨잖아요. 순간순간 산다는 게 사실 융통성 있게 행동하는 건데, 사실 그게 어느 정도인지 잘 모르겠거든요. 대학생이니까 여러 가지 하고 싶은 게 많은데, 그 정도를 어떻게 조율해야 하는지 묻고 싶습니다.

김어준 제일 하고 싶은 걸 먼저 하세요. 해야만 하는 일이 있고, 하고 싶은 일이 있잖아요. 해야 하는 일은 해야 한다. 하고 싶은 일만 하고 살 수는 없다. 왜 그렇지요? 가능하면 하고 싶은 일만 찾아서 하고 살면 안 되나요? 하기 싫은데 꼭 해야만 하는 일이 정말로 많은지 생각해보면, 그렇게까지 꼭 해야 하는 일이 많은지 저는 잘 모르겠어요. 대신 꼭 하고 싶진 않은데 도움이 되는 일은 있지요. 선택은 거기에 달린 것 같습니다. 다 가질 수는 없어요. 시험공부도 하고 미팅도 나갈 수는 없잖아요. 둘 다 똑같은 시간에 벌어지면 뭘 하나 선택해야 하잖아요. 그런데 시험을 못 친 것과 내가 꼭 만나야 하는 여자를 못 만나는 것과 둘 중에 어느 쪽을 자기가 견디기 쉬운지 따져봐야겠지요. 저는 미팅 나갑니다.(청중 웃음)

저는 이렇게 계산합니다. 내가 어떤 걸 더 아쉬워할까, 어떤 걸 더 큰 비용으로 여길까, 내가 어떤 대가를 더 견디기 쉬워할까. 그리고 나머지는 비용인 거지요. 모든 선택은 그런 거지요. 선택하지 않으면 비용이에요. 둘 다 가지려고 하니까 선택을 못 하는 거예요. 세상에 그런 게 어디 있어요. 사과를 먹으면 사과가 없어지는 거지요. 그렇게 생각하면 선택이 그렇게 어렵지 않습니다. 대가를 치르는 게 싫어서 어려운 거지. '대가를 지불해야겠다. 세상에 공짜는 없으니까.' 이렇게 마음먹으면 그렇게 어렵지 않습니다. 그 대가를 지불하는 건 대부분 쉽지 않지요. 지불하겠다고 한다면 하는 거지요. 그러니까 '당장 그냥 하라'는 말이 쉽다는 얘기는 아닙니다. 만약에 직장을 다니다가 어디를 가고 싶어서 그냥 갔어요. 회사에서 잘릴 수도 있고, 복직을 못 할 수도 있고, 직장을 찾는 데 오래 걸릴 수도 있겠지요. 이건 비용인 거지요. 그런데 그걸 지불하고도 내가 가야겠다면 가는 거예요. 그런데 그런 걸 나한테 자꾸 물어보거든요. 어떻게 안 잘리고 갔다 오나.(청중 웃음) 그런 건 없어요. 그러니까 자기가 원하는 게 뭔지, 자기한테 어떤 게 더 큰 행복을 주는지, 자기가 그 행복을 선택하기 위해 어디까지 지불할 용의가 있는지가 분명하면 고민은 되지만 선택은 할 수 있어요. 어디까지 어떻게 선택해야 하느냐는 나한테 물어보면 안 돼요. 자기한테 달린 거지요. 자기가 기꺼이 어디까지 견딜 수 있는지.

청중4 중간에 부모님 얘기 잠깐 하셨잖아요, 부모님께서 무관심하셨다고. 근데 그게 본인에게 좋게 영향을 미쳤는지 안 좋게 영향을 미쳤는지 궁금합니다. 자주 연락하시는지도요.

김어준 저를 보십시오. 좋게 영향을 미쳤는지…… 제가 이렇게 됐어요.(청중 웃음)

저는 부모님을 아주 좋아해요. 저는 효자는 아닙니다. 효도에 대한 개념은 없어요. 효도라는 건 기본적으로 죄의식에서 출발하거든요. 그래서 다들 명절에 길이 막혀도 내려가지요. 기왕이면 길이 막혀야지요.(청중 웃음) 그래야 평소 부모님을 못 찾아뵌 것에 대해 죗값을 치르고 스스로 용서를 받고…… 일종의 죄인이지요, 모두가. 그렇게 내려가서는 대화의 절반은 '오늘도 얼마나 막히는 줄 알아요?' 나머지 절반은 '언제 가면 안 막힐까?'예요. 어쨌든 그런 죄의식은 없어요. 대신 그 양반들은 좋아요. 그래서 명절날 안 갑니다. 평소에 궁금하면 마치 친구처럼 가끔 "뭐 해?" 하고 전화하거나 연민도 있고 그런 거지요. 그 양반들을 한 사람의 남자와 여자로 애틋하게 생각하지요. 효심은 없어요. 그래서 서로 좋아서 가끔 통화하고 그럽니다.

사회자 마지막 질문 하나만 더 받겠습니다.

청중5 김어준 씨가 상담해주는 칼럼에 제가 사연을 쓴 적이 있고, 거기에 답을 해주신 적이 있어요. 진심으로 건투를 빈다고 하신 적이 있거든요. 그런 분을 가까이서 뵈니까 정말 설렙니다.(청중 웃음) 제가 결혼을 앞두고 있는 나이인데, 결혼을 하기 전에 저는 동거를 해보고 싶거든요. 그러나 사회적으로 직업적으로 아직 제가 할 수 없는 부분이라서요. 동거 말고 결혼이라는 선택에 확신을 갖기 위한 과정으로는 뭐가 있을까요?

김어준 일전에 이런 질문을 받았을 때 제가 권한 게 뭐냐면 보름 이상 배낭여행을 가보라는 것이었어요. 배낭여행이 결혼하고 굉장히 비슷합니다. 남자와 여자가 같이 배낭여행을 가서 전혀 모르는 상황에 부딪히게 되잖아요. 그럼 남자는 보통 먼저 패닉 상태에 빠집니다. 왜냐면 그런 어려운 문제를 해결할 수 없기 때문이지요. 예를 들어 길을 잃었다든가, 기차 시간을 잘못 알았다든가, 기타 여러 상황이 있을 수 있지요. 그러면 남자들이 최초로 하는 일이 뭐냐, 책임을 여자한테 돌리는 겁니다. '네가 낮에 백화점에 가자는 바람에 내가 알아볼 시간이 없어서 그랬다.' 문제를 해결하는 것과 전혀 무관하지요. 남자들이 제일 먼저 하는 일이 그런 거예요. 내 책임이 아니고 내가 한 잘못이 아니라고 자기변호를 먼저 시작하지요. 반면 여자는 황당하지요. 자기가 실제 그랬든 그러지 않았든 문제를 해결하는 데 무슨 상관이 있냐는 거지요. 여자들은 굉장히 직관적이거든요. 책임 소재를 따져서 그 책임이 내 책임이 아니란 것을 밝힌다고 문제가 해결되나? 아니잖아요. 이런 일들이 계속 벌어져요. 사소하게. 그리고 그 과정에서 이 남자의 근본적인 문제 해결 능력이 드러나지요.

예를 들어 기차를 놓쳤으면 아무 기차나 타고 다른 곳에 갈 수도 있지요. 꼭 원래의 목적지가 아니라도요. 혹은 노숙을 할 수도 있지요. 둘이 합의가 되면 밤새 나이트클럽에 갈 수도 있지요. 어쨌든 방법은 여러 가지예요. 정답이 없는 거지요. 정답이 없는 상황에 부딪혔어. 그러면 사람이 각자 타고난 문제 해결 능력이 그때서야 드러나요. 보통 한국에서는 잘 안 드러나요. 왜냐면 엄마가 도와주고, 돈이 해결해주고, 전화로 해결하고, 다 해결해주거든요. 근데 누구도 도와줄 수 없어요. 그럼 이제 자기가 가진 능력이 발휘되는 거지요. 그 문제 해결 능력이 발휘되는 과정을 보고 그 사람의 진면목, 진짜 그 사람을 발견하게 되는 경우가 많지요.

결혼하기 전에는 서로 잘 몰라요, 아무리 오래 사귀어도. '뽀록'이 나기 시작해요. 변한 게 아니에요. 변했다 그러는데 자기가 다른 걸 본 거지요. 자기가 자기한테 속았던 겁니다. 배낭여행을 해보면 아주 짧은 기간 내에 집중적으로 유사한 영혼들의 바닥도 드러나고 문제 해결 능력도 드러나요. 그래서 배낭여행을 보름 이상 한 달 정도 가면 열에 일고여덟은 헤어져요. 돈을 같이 들고 갔으니까 완전히 헤어지지는 못하고 숙소는 같이 들어갔다가 나중에 각자 돌고. 정말 그런 경우 많아요. 그런데 신기하게도 한국에 돌아오면 또 대충 봉합돼 있고. 결혼하고 비슷해요. 여러분 만날 헤어진다 그러는데 잘 안 헤어지잖아요. 그런데 그중 한두 커플은 굉장히 잘 맞아요. 문제 해결 능력을 발휘했는데 그 문제 해결 방식이 서로 맞아야 하거든요. 남자가 노숙을 하자 그랬는데 여자는 자기가 노숙한다는 건 상상도 할 수 없어, 그럼 안 되는 거거든요. 노숙을 하자 그랬는데 '그것도 재미있겠다' 혹은 나이트 가자고 했는데 '좋았어, 그거 더 좋아' 그러면 둘이 맞는 거지요.

배낭여행보다 좋은 방법은 잘 몰라요. 국내여행도 되는지 안 되는지 국내여행을 해본 적이 없어서 잘 모르겠고요. 근데 말이 잘 안 통하고, 도움 받을 상황이 안 되고, 예산이 제한되어 있고, 그곳의 시스템을 잘 모르고, 뭐 이런 조건들이 맞아떨어진다면 어디든 상관없는데, 기간이 2주 이상은 돼야 합니다. 1~2주 정도는 버틸 수 있어요. 아닌 척하면서. 그걸 넘어가면 버티기 힘들어요. 하여 그 방법 외에는 제가 아는 건 없습니다.

사회자 김어준 총수의 강연, 질의응답. 시간이 좀 부족하지요?

김어준 메일을 주세요. 메일로 주시면 제가 짧게 답을 드리겠습니다.(청중 웃음)

사회자 김어준 총수의 마지막 말씀 듣고 마무리하겠습니다.

김어준 무슨 마지막…….(청중 웃음)

사회자 네, 알겠습니다. 안녕히 돌아가십시오.

정재승 ★ 카이스트에서 물리학을 전공했으나 이론신경과학 분야에서 박사학위를 받은, '뇌를 연구하는 물리학자'이다. 인문학과 사회과학, 예술 등 다양한 지식에 과학적 통찰력을 결합하여 글을 선보이는 작가로도 활약하고 있다. 지은 책으로는 『정재승의 과학 콘서트』, 『크로스: 정재승+진중권』(공저) 『쿨하게 사과하라』(공저) 등이 있다.

경쟁하되 협력하기 위한,
고뇌 어린 머릿속 생각 토닙험

제5강 정재승

불안하고 불온하고 불쌍하다, 청춘들의 뇌

2011년 4월 13일 저녁 7시
서강대학교 곤자가홀

사회자 안녕하십니까? 〈한겨레21〉 창간 17돌 기념 제8회 인터뷰 특강 '청춘', 사회를 맡은 김용민입니다. 반갑습니다.

제 동생이 케이블TV PD입니다. 얼굴이 꽤 알려진 사람이에요. 〈슈퍼스타 K〉 1, 2, 3편 총연출을 맡고 있는 김용범이라고 하지요. 이 친구가 과거에 만든 프로그램이 〈서인영의 카이스트〉인데 그 프로그램 이후로 카이스트가 이렇게 세간의 이목을 집중시킨 때가 있었나 하는 생각을 해봅니다. 물론 올해 초부터 조짐이 좋지 않았습니다만, 이번 카이스트 사태는 전혀 염두에 두지 않고 정재승 교수님을 모셨습니다. 전혀 의도한 바는 아니었습니다. 어려운 발걸음 하셨는데 사설을 줄이고 바로 모시겠습니다. 카이스트 바이오및뇌공학과 정재승 교수님, 박수로 맞이하겠습니다.(청중 박수)

요즘 카이스트 이야기가 많이 회자되고 있는데, 학교 분위기는 어떻습니까?

정재승 제가 90학번으로 99년까지 학교를 다녔는데 96년, 97년 무렵에도 비슷한 일이 있었습니다. 그때는 제가 학생이었고요. 아주 가까운 친구를 포함해 저희 학교에서 똑같이 서너 명의 학생이 자살을 했고 학교가 굉장히 어수선했습니다. 그때도 교수님 한 분이 돌아가셨고요. 지금도 그때처럼, 학교 분위기는 굉장히 침통하고, 학생들은 슬픔에 빠져 있고 또 불안해 하며, 우리가 이 문제를 잘 해결할 수 있을지 모두 걱정하고 있습니다. 결국 모든 일은 잘 되겠지요. 알 이즈 웰!

사회자 요즘 카이스트 관련해서 많은 문제들이 나오고 있지만 논점을 보면 크게 두 가지인 것 같습니다. 징벌적 등록금제와 영어 수업인데, 어쨌든 이게 모두 서남표 총장께서 취임한 이후에 시행됐던 개혁 방안이라고 봐도 되겠지요?

정재승 네.

사회자 월요일(4월 11일) 보도를 보니 교수님께서 획기적인 대응책을 마련하겠다, 이렇게 말씀하셨네요. 어떤 것들을 구상하고 계십니까?

정재승 제가 트위터를 하는 이유가 인터뷰를 하면 기자분들이 하도 자기가 원하는 대로 기사를 쓰기 때문입니다. 트위터는 개인 미디어니까 왜곡 없이 일반인들과 커뮤니케이션을 할 수 있을 거라는 생각에 시작했는데, 제 트위터 글을 기자분들이 인용하는 방식이나 상황들이 다 달라서 이런 오해들이 생기곤 합니다. 정확하게 제가 드렸던 말씀은 카이스트에 비상대책위원회라는 게 만들어졌다는 겁니다. 단순히 더는 자살 사건이 벌어지지 않도록 하는 수준이 아니라 21세기에 가장 필요한 인재들을 양성할 수 있는 교육 프로그램을 만드는 것을 목적으로 하는 비상대책위원회가 만들어졌어요. 그리고 제가 거기 참여할 수 있는 기회가 생겼고요. 그래서 저희 위원회가 그 목적을 잘 달성할 수 있도록 기여하고 최선을 다하겠다, 이런 말씀이었습니다. 무슨 복안이 있는 건 아니고요. 이랬으면 좋겠다 하는 아이디어는 있는데 제 아이디어는 대개 받아들여지지 않기 때문에…….(청중 웃음)

사회자 그래도 뭔지 말씀을 좀 해주신다면…….

정재승 좀 불온한 아이디어라서……. (청중 웃음) 저는 기본적으로 이제 대학이라면 정량평가는 지양하고 정성평가로 가야 한다는 생각이 들어요.

사회자 어떤 차이가 있습니까?

정재승 일단 점수로 능력을 환산받기 시작하면 창의력이 떨어집니다. 아주 유명한 연구 결과 중 하나인데, 기업에서 직원들에게 창의적인 아이디어를 하나씩 낼 때마다 백만 원을 준다고 하면 처음에는 직원들이 열심히 아이디어를 내는 듯하다가 그다음에는 아이디어의 수준도 떨어지고 나오는 아이디어의 수도 줄어들거든요. 그런 것처럼 돈으로 문제를 해결하거나 점수화를 통해 순위를 매기는 방식으로는 창의적인 교육을 할 순 없습니다. 21세기에 우리가 교육해야 하는 사람들은 창의적인 인재들입니다. 이들은 자기 과 말고 다른 학과에서 수업을 듣기도 해야 하는데, 다른 학과 학생들과의 경쟁에서 밀릴까봐, 혹은 등록금을 내야 할까봐 그 수업을 못 듣는 일이 없도록 하는 것…… 그게 목표이자 바람이에요. 그런 의미에서 본질적으로 정성평가로 가야 한다고 생각하고 있습니다.

사회자 교수님께서도 당연히 상대평가를 하셨을 텐데요. '이 학생한테 이 학점을 주면 징벌적 등록금을 낼 텐데……' 하고 고심하신 적이 있을 것 같아요.

정재승 사실 제가 첫 번째 학생 자살 사건이 생겼을 때 바로 트위터에 글을 썼던 이유가 그 전에도 계속 징후들이 있었기 때문입니다. 예를 들면 이런 거죠. 누구나 결석을 할 수도 있잖아요? 그런데 요즘 카이스트에서는 결석을 하면 갑자기 학생들이 그 전날 저한테 장문의 이메일을 보냅니다. 자기가 왜 결석을 할 수 밖에 없는지 자세히 설명하고요. 그다음 시간에 진단서 같은 것을 떼어 옵니다. 의사가 외부에서 증명한 진단서를 갖고 와요. 그러고 나서 학기말에 꼭 물어봅니다. "제 출석 점수가 몇 점입니까?" 제가 지금까지 교수를 하면서 저한테 "제 점수가 왜 이렇습니까?"라고 항의했던 학생이 지난 몇 년간 두 명뿐이었는데, 최근 3년 동안엔 열여섯 명에게 연락이 왔습니다.

사회자 최근 3년이라 하면 상대평가가 시작된 이후입니까?

정재승 네, 맞습니다. 그 전에는 주로 A°를 받은 학생들이 항의를 했어요. 내가 왜 A⁺가 아니냐고. 제가 보기에는 A°나 A⁺나 다 잘하는 건데 그 학생들한테는 그게 굉장히 민감한 거죠. 우수한 학생들일수록, 또 점수로 보상받으려는 학생들일수록 더 심하죠. 그런데 최근 제게 이메일을 보낸 학생들 대부분은 C를 받은 학생들이에요. C를 받으면 등록금을 내야 하기 때문에 B를 주시면 좋겠다, 뭐 이런 내용이죠. 내가 이렇게 잘했는데 왜 이 점수를 주냐가 아니라, 내가 이 과목에서 이 학점을 받으면 등록금을 내야 한다는 얘기예요.

냉정하게 보면 카이스트가 상대평가는 아닙니다. 모든 교수가 자기가 볼 때 우수하다고 생각하면 모두 좋은 점수를 줄 수 있고요. 그런 의미에서는 절대평가라고 볼 수 있습니다. 다만 '학점 인플레이션'을 막기 위해 평균 평점이 너무 높으면 학교 측에서 경고를 하지요. 그거 말고는 절대평가이기 때문에요. 세간에서 얘기하는 것처럼 반드시 상대평가여서 너무 가혹하다, 그렇지는 않습니다.

사회자 그런데 징벌적 등록금제는 존재하는 상황이고, 서남표 총장이 서울대 강연에서 요즘 학생도 교수도 부담을 많이 느낀다, 나는 이 사람들이 자살할까 염려된다, 이런 말을 했다고 합니다. 이번 사태가 나기 전에요. 오늘 〈한겨레〉 권태선 칼럼에 나온 얘기인데, 서남표 총장에게만 최근 사태에 대한 책임을 물을 수는 없다, 이런 말씀을 하셨죠? 하지만 지금 이 시점에서는 서남표 총장이 책임져야 하는 거 아닙니까?

정재승 네, 그런 면도 있어요. 그런 의미에서 용단을 내릴 수 있을 것 같고요. 저는 좀 더 근본적으로 일을 해결했으면 합니다. 사실 서남표 총장이 취임해서 그동안 장학금을 받던 학생들에게 갑자기 '이제부터는 돈을 받겠다' 이런 결정을 내린 건 아닙니다. 지난 20년간 전에는 교육부, 지금은 교과부가 계속 카이스트에 그런 요청을 해왔습니다. 왜 카이스트 학생 전원에게 장학금을 주느냐, 그건 형평성에 위배된다, 그런 얘기를 주로 했지요. 그런 얘기를 하는 분들은 대부분 카이스트와 경쟁하고 있는 대학들 출신이겠지요. 그런 분들이 보기에는 카이스트에만 특혜가 간다, 그래서 부적절하고 공평하지 않다, 이런 거고요. 그런데 카이스트 입장에서는 서울에 있지도 않은 단과대학이 국가에서 부여한 고등영재교육을 수행하려면, 창의적이고 우수한 인재를 데려와 교육하려면, 그 정도의 혜택이 필요하다고 주장하는 것이고요.

더 곤란한 건, 카이스트에 오는 학생들 중에는 가정형편이 안 좋은 경우가 많다는 점입니다. 카이스트는 장학금 혜택이 많기 때문에, 똑똑하지만 가정형편이 넉넉지 않은 학생들이 많지요. 반면 서울이나 부산 등 주요 도시의 특목고 반에서 열심히 사교육을 받으며 공부해서 과학고를 거쳐 들어오는 학생들도 있고요. 안타깝게도 가정형편이 좋은 학생들은 영어 노출 경험도 적당히 있고, 과학고나 영재고에서 대학과정도 이수해서 학점도 좋아요. 등록금 걱정이 없지요. 설령 내야 한다고 해도 경제적인 부담도 적고요. 문제는 지방에서 학교장 추천으로 온 일반 고등학교 출신 학생들이지요. 가정형편이 어려운 경우도 있고, 외국에서 생활한 경험도 없어 영어 노출 경험도 적고, 일반 고등학교에 진학하면 카이스트 학부 교육과정을 따라오는 데(특히나 과학고 학생들과 경쟁하는 데) 어려움이 있지요. 그러니까 같은 장학금이 누군가에게는 당연한 거고 누군가에게는 버거운 거예요.

저는 우리가 21세기의 뛰어난 과학 영재를 키우려고 하는데, 카이스트라는 학교에는 어떤 미션을 줘야 하고, 국가는 어떤 지원을 해야 하나, 그리고 그들에게 무엇을 기대할 것인가에 관한 사회적 합의가 있어야 한다고 봅니다. 예를 들면 어떤 학교는 평준화를 보완하기 위해 만들어졌고 학생 수도 적으니까 이러이러한 혜택을 주되, 학생들이 자유롭게 창의적으로 공부할 수 있도록 해주고 잘되면 조금씩 확대하자, 이게 지난 20년간 카이스트에서 많은 교육 실험들을 거쳐 전국으로 옮겨 가는 과정이었거든요. 징벌적 등록금제가 이렇게 화제가 되고 많은 사람들에게 이슈가 됐을 때, 한 개인보다는 교과부의 생각이 바뀌었으면, 이 문제를 다른 대학과의 형평성 문제로 귀착시키지 않았으면 하는 게 카이스트에 몸담고 있는 사람으로서 제 생각입니다. 제가 구성원이다보니 이런 이기적인 생각이 드네요.

사회자 교수님도 영어 수업을 하십니까? 카이스트 교수 한 분이 우리말 수업을 하겠다고 얘기하니까 포항공대 교수 한 분이 우리 학교는 영어 잘하는 교수한테 학생들이 몰린다, 영어 수업 계속해야 한다, 이렇게 반박을 했어요. 글로벌 인재를 키운다며 영어를 강조하고 있는데 놓치는 건 없나, 라는 내부의 목소리는 없습니까?

정재승 많이 있고요, 일단 저도 우리말로 했으면 강의 평가가 만점이었을 텐데(청중 웃음) 영어로 해서 강의가 참 평범합니다. 교과서 중심으로 딱 해야 할 말만 하고 있고요. 제가 농담을 해도 학생이 못 알아듣고 저도 농담을 하기 어렵고. 서로 굉장히 답답합니다. 저는 온갖 농담이 난무하는 수업을 하고 싶은 게 바람이고, 제가 인터뷰 특강에 나온 이유가 바로 그겁니다!(청중 웃음) 우리말로 강연하고 싶어서요.

사실 우리가 세계적인 학자를 키우고 그 세계적인 학자가 외국인들과 경쟁하려면 영어를 잘해야 하는 것은 맞습니다. 그런데 제 생각에는 글로벌 인재가 된다는 게 영어라는 말을 잘하는 것만이 아니거든요. 전 세계적 관점에서 우리 역사를 바라보고, 철학을 바라보고, 글로벌 어젠다(agenda)가 뭔지 주목하고 배우는 것, 이런 게 중요한 글로벌 인재를 키우는 과정이라는 생각이 들고요. 지금처럼 준비도 안 된 학생에게 교수가 불쑥 영어로 수업하는 건 사실은 아주 일방적이거든요. 무엇보다 강의에 몰입하지 못하는, 통찰력 넘치는 강의를 들으며 감동하는 경험을 못하고 있는 카이스트 학부생들에게 미안하지요.

사회자 〈한겨레21〉 인터뷰 특강, 여러분도 강연 중간 문자를 통해 의견을 보내실 수 있고, 강연 후에 정재승 교수님과 직접 말씀 나누는 기회도 가질 수 있습니다. 자, 정재승 교수님의 강연을 박수로 청해 듣겠습니다.(청중 박수)

정재승 사실 제목을 붙이면서 굉장히 고심을 했습니다. 제가 원래 생각했던 건 불안하고 불온하고 불쌍한 청춘들의 고'뇌'였지만 뭔가 어설픈 유머를 하면 안 되겠다 싶어서(청중 웃음) 바꿨는데 분위기상 적절했던 것 같네요. 오늘 저는 제 청춘에 대해 좀 얘기하고 요즘 제가 교육하고 같이 만나 많은 얘기를 나누고 있는 사람들의 청춘에 대해 말씀드리려고 합니다. 여기엔 청춘에 돌입하려는 분들, 청춘의 한복판에 있는 분들, 또 청춘을 떠올려보는 기회로 오신 분들도 계실 것 같습니다.

제도와 관습에서 벗어나려는 노력

저는 뇌를 연구하는 물리학자입니다. 그래서 주로 뇌에 관한 얘기를 할 거고, 또 뇌를 중심으로 청춘들의 이야기를 뽑아내려 합니다. 제가 강연 제목을 이렇게 붙인 이유는 저의 청춘이 딱 이랬던 것 같기 때문입니다. 저는 대학교 3학년 때까지 그냥 걸어 다니는 교과서였다고 보시면 됩니다.(청중 웃음) 교과서에 쓰여 있는 대로 세상을 살았습니다. 처음 오락실을 간 게 대학교 2학년 때였으니까요. 어떤 인간인지 아시겠죠?(청중 웃음) 그것도 웬만하면 대학교 졸업할 때까지 안 가려고, 기록을 세우려고 했는데, 제 여자친구가 가자고 해서 할 수 없이 갔다가 기록을 못 세워서 그날 돌아와 억울해 했던, 그냥 귀여운 너드(nerd)라고 보시면 됩니다. 초등학교 다닐 때 저는 선생님이 오락실은 절대 가면 안 된다, 길거리에 오락실이 있으면 다른 길로 돌아가라(청중 웃음) 그래서 정말 항상 오락실 있는 거리를 돌아갔어요. 어떤 학생이었는지 아시겠죠?

중학교 때 음악, 미술 실기 시험을 보는데 아무리 열심히 해도 선생님들이 점수를 너무 나쁘게 주는 거예요. 그래서 내가 재능이 없나, 생각하고 있는데 어느 날 선생님께서 "재승아, 밤이 먹고 싶다. 이런 가을날에는 밤이 먹고 싶다" 그러시더라고요. 집에 와서 열심히 놀다가 어머니께 말씀을 드렸죠. "엄마. 우리 선생님이 갑자기 나보고 '재승아, 밤이 먹고 싶다'라고 하셨어." 그래서 저희 어머니가 그 말이 '밤을 달라'는 뜻인가,(청중 웃음) 고민을 하셨어요. 그래서 며칠 뒤에 조그만 통에 친구들과 먹을 것과 선생님께 드릴 밤을 싸주셨어요. 그래서 그 밤을 멋쩍어 하면서 드렸는데 그때 제 실기 점수가 만점이 나왔어요.(청중 웃음) 그때 세상에 대한 굉장한 적개심이 생겼어요. 세상에, 그 전까지는 선생님이 하라는 대로 정말 다 했는데, 알고 보니 점수를 마음대로 주는 거였구나, 내가 이 점수를 받으려고 그렇게 고생했던 거구나, 하고요. 그때부터 음악, 미술 선생님에 대한 적개심이 생겨서 그런 거 없이도 다닐 수 있는 학교로 도망가야겠다, 해서 과학고등학교를 가게 됐어요.

저는 수학, 과학을 꽤 잘해서 그 학교에 갔는데, 갔더니 저보다 잘하는 애들이 너무 많은 거예요. 수학, 과학만 하고 있는 애들을 보니까 뭐랄까 진짜 불쌍하다는 생각이 들었어요. 그리고 내가 중학교 때 애들이 나를 이렇게 봤겠구나, 이런 생각이 든 거예요. 그래서 제가 그때부터 삐뚤어지기 시작합니다. 국어 공부를 하기 시작해요.(청중 웃음) 과학 고등학교에서 말이죠. 그리고 음악, 미술에 심취합니다. 그래서 제가 졸업할 때 저희 학교 사상 처음으로 음악 실기 만점, 미술 실기 만점, 국어 1등으로 졸업을 하게 됩니다. '밤' 없이도.(청중 웃음)

그때 책을 굉장히 많이 읽었고요. 제가 조금이라도 남다른 구석이 있거나 창의적인 구석이 있다면, 그건 전적으로 제가 그 시기에 입시 공부를 하지 않았기 때문입니다. 그러니까 제가 뭘 더 많이 해서가 아니라 남들이 다 하는 걸 저는 안 했기 때문에 오히려 다른 특징들을 갖게 된 것 같고요. 저는 대학 시절에 고등학교 때보다 훨씬 더 공부를 열심히 했습니다. 누구와 경쟁하거나 시험에 붙기 위해서가 아니라 학문을 하기 위해 도서관에서 밤을 새우는 게 진짜 멋있는 삶이라는 생각이 들어서 도서관에서 굉장히 많은 시간을 보냈고 공부도 열심히 했어요. 또 20대 때보다 30대 때 공부든 연구든 훨씬 더 많이 했습니다. 책도 훨씬 더 많이 읽었고요.

그런데 여자친구를 만나면서 삶이 엉키기 시작합니다. 그러다 제가 정말 온전히 마음을 주었던 여자친구와, 그녀를 위해 오락실까지 갔는데(청중 웃음) 헤어지게 된 거죠. 결국 '교과서대로 하면 되는 일이 하나도 없구나' 이런 생각이 크게 들었어요. 그래서 대학원 시절에는 굉장히 망가지고 방탕한 삶을 살았죠. 사회에 대한 적개심과 규범에 대한 강한 회의, 권력으로부터 소외된 사회적 약자에 대한 연민들은 대개 그때 형성된 것입니다. 그래서 되도록이면 그런 제도나 그 전까지 관습으로 내려왔던 것으로부터 벗어나기 위해 끊임없이 도전하고 회의하고 다른 방향으로 가려고 했던 것 같아요. 요즘도 그렇고요. 다행히 그게 창조적인 방향으로, 또 생산적인 방향으로 에너지가 응축돼서 '남들과는 다르지만 그래도 아주 이상한 방향으로 가지는 않게 된' 케이스인 것 같습니다.

세상도 인정하는 문제를 찾아 집중하라

저는 원래 천체물리학을 전공했고, 제 인생에서 가장 중요했던 일, 그러니까 제가 대학교 다닐 때 결심한 게 세 가지 있었어요. 먼저, 당장 죽어도 후회하지 않을 사랑을 한번 해보는 것. 그때는 했다고 생각했는데 그 뒤에 사람들을 쭉 만나면서 그때 죽었으면 큰일 날 뻔했다,(청중 웃음) 그런 생각을 했습니다. 그 다음에는 우리 학교 도서관에 있는 책들을 다 읽겠다, 그래서 내가 평생 답을 구할 질문을 하나 찾겠다는 게 목표였는데 졸업할 때 제가 책을 가장 많이 대출하기는 했습니다. 다 읽지는 못했습니다만.(청중 웃음) 그때 답을 찾지는 못했지만 많은 질문들이 거쳐 갔습니다. 마지막으로 죽기 전에 남들에게 기여할 만한, 세상을 깜짝 놀라게 할 뭔가를 하나 찾겠다는 생각을 했습니다. 제가 서태지와 동갑인 서태지 세대인데 그는 우리보다 훨씬 더 긍정적으로 세상을 바꾸고, 또 문화라는 틀을 넘어서 세상에 긍정적인 영향을 미쳤잖아요? 그게 너무나 충격적이어서 어떻게 하면 나도 세상을 저렇게 긍정적으로 들었다 놨다 할 수 있을까, 그런 목표가 좀 생겼어요.

그때까지만 해도 평생을 '이 우주가 어떻게 탄생했는가'라는 물음에 답하는 학자가 되고 싶었습니다. 그런데 주변에서 걱정을 너무 많이 하시는 거예요. "천체물리학 해서 어떻게 먹고살려고 하느냐, 그거 진짜 취직 안 된다." 우리나라에 취직할 곳이 몇 군데 없거든요. 그래서 제 주변 사람들이 다 저를 걱정했습니다. 그런데 그 무렵 어느 날, 학회에서 아주 복잡한 시스템을 다루는 '복잡계 과학'이라는 분야를 만나게 됩니다. 여러분 모두가 읽으셨을 이 시대 지성인의 필독서『과학 콘서트』의 모티프가 된 바로 그 이론.(청중 웃음) 그 복잡계 과학이라는 것을 만나고 제가 지나치게 흥분을 했어요. 천체물리학이란 수많은 천재들이 수백 년 동안 만들어놓은 탑입니다. 그걸 다 공부하고 올라가서 마지막에 제가 저만의 조그마한 돌을 올려놓는 걸 목표로 삼아야 하는 그런 학문이지요. 그런데 이 복잡계 과학이라는 것은 이제 막 만들어진, 젊은 과학자들이 모여 있는 일종의 소용돌이 같은 학문이에요. 도대체 어떤 모습으로 마무리돼서 퇴적물이 쌓일지 아직 모르는 학문이라 내가 이 안에 있다는 것만으로 하나의 학문이 만들어지는 걸 볼 수 있고, 또 얼마간은 만드는 데 기여할 수도 있을 것 같아 이 분야로 완전히 전향을 하게 됩니다. 우리나라에서는 거의 처음이었어요. 뇌를 연구하는 물리학이라는 걸 혼자 공부하게 되죠. 제 지도교수님도 그걸 하시지 않은 분이었는데 그걸 할 수 있도록 해줄 테니까 혼자 공부하라고 해서 제가 박사 과정을 밟게 된 거고요.

제 주변 친구들이 다 걱정을 했습니다. "차라리 천체물리학을 해라,(청중 웃음) 이 분야는 직업 자체가 없는데 이걸 왜 하려고 하느냐, 나는 물리학자가 뇌를 연구한다는 걸 태어나서 처음 들어본다." 제 박사 학위 논문이 알츠하이머 환자, 치매 환자의 뇌를 컴퓨터상에서 모델링 한 다음에 그게 실제로 알츠하이머 환자의 뇌와 비슷하게 바뀐다는 걸 증명하는 내용이었거든요. 매일 치매 환자분들 실험하고 요양원 돌아다니는 물리학자가 없잖아요? 그러니까 다들 "그럼 너는 졸업하고 어디 가는 거니?" 이렇게 된 거죠.

제가 졸업을 하고 박사 학위를 받고 뇌를 제대로 연구해보려고 포스닥(박사 후 연구원, post doc)을 미국 의대로 갔어요. 정신과로 갔는데, 이제는 유학생들이 다 저를 걱정하는 거예요.(청중 웃음) 우리나라는 물리학을 한 사람이 정신과를 가면 "이 사람은 물리학자다, 우리 사람이 아니다"라고 얘기하고, 물리학과에서는 "저 사람은 우리를 버렸다, 더 이상 물리학자가 아니다"라고 얘기해요. 그러니까 양쪽을 하면 두 군데 다 배척하는 분위기입니다. 그런데 저는 하고 싶은 신경물리학 공부를 하고 싶었고, 이거 아니면 안 된다는 절박함이 있었기 때문에 선택의 여지가 없었습니다. 그래서 뇌에 대해 제대로 연구하고 싶어서 의대 정신과에 가게 됐습니다. 그중에서 소아정신과라고 우울증 아이들이 왜 자살을 선택하는지, 이런 연구들을 조금씩 하게 됐어요. 그리고 한국에 와서 군대 문제를 해결할 즈음에, 갑자기 융합 붐이 일면서 세상에 『통섭』이라는 책이 뚝 떨어지더니, 학문 간 융합을 하고 통섭을 한 사람들을 뽑겠다, 이렇게 된 거예요. 그리고 카이스트에 그런 학과를 만들겠다, 그런 사람을 모으자, 이렇게 된 거죠.

우리나라는 굉장히 특이한 게, 뭐가 하나 중요하다 이러면 그런 사람을 가르칠 생각은 안 하고 일단 뽑습니다.(청중 웃음) 그러니까 저처럼 혼자 하고 싶은 거 했던 사람이 갑자기 주목받는 상황이 돼버린 거죠. 옛날 같았으면 저를 굉장히 산만한 애라고 생각했을 텐데 갑자기 '융합의 아이콘' 이렇게 된 거죠. 그래서 본의 아니게 한국에서 직장을 가질 수 있게 됐어요. 그 전에는 도저히 한국에서 직장을 가질 수 없을 거라고 생각해서 미국에서 직장 제안이 왔을 때 두말하지 않고 무조건 가겠다고 했거든요. 그런데 고맙게도 제가 공부했던 카이스트에서 당시에는 이름도 생소했던 바이오시스템 학과를 만드는데 와줬으면 좋겠다고 해서 아주 즐거운 마음으로 저희 학교로 올 수 있게 됐습니다.

카이스트에서 제가 내내 했던 일도 그런 일입니다. 뇌라는 우주에서 가장 복잡한 시스템을 물리학적 관점에서 연구한 다음 공학적으로 혹은 의학적으로 응용하는, 진짜 아무도 안 하는 이런 일을 하는 거죠. 저는 제가 하는 일을 그냥 계속 하기만 해도 이 분야의 선구자가 되는 거예요.(청중 웃음) 남들이 안 하는 걸 하는 게 제 전략입니다. 카이스트 물리학과 학부 졸업생 중에서 제가 처음으로 카이스트 교수가 됐습니다. 안전한 선택을 했다면 좋은 전자회사에 갈 수도 있었겠지만, 저는 제가 하고 싶은 일, 할 수 있는 일을 했습니다. 제게 교수란 기업 오너라는 한 사람을 위해서가 아니라 젊은이들을 위해, 혹은 인류를 위해 내가 중요하다고 생각하는 연구와 교육을 독자적으로 할 수 있는 직업이라고 생각합니다. 그게 교수의 매력이지요. 다행히 운이 좋아서 우리 사회에 기여할 수 있는 여건도 갖추게 됐고요. 그래서 젊은 학생들에게는 자신의 청춘이 끝나기 전에 세상도 인정하는 그런 문제를 찾아 집중하라고 얘기합니다.

내 것이 아닌 욕망에 달려드는 젊은이들

지금부터는 지난 15년간 뇌에 관해 연구한 것을 토대로 청춘들의 뇌, 10대와 20대의 뇌에 대해, 그리고 청춘들에게 어떤 방식으로 조언을 하면 좋을지에 대해 생각한 내용들을 말씀드리겠습니다. 그래서 저의 지극히 개인적인 삶이 녹아 있을 수도 있습니다.

지금 보시는 이 불빛, 이게 '집어등'이라는 겁니다. 오징어 배 같은 것을 보면 등이 쭉 매달려 있는데, 오징어들을 모으는 기능을 합니다.

제가 철학자 강신주 선생님의 책에서 '지금 우리 사회는 욕망의 자본주의 시대다. 요즘 젊은이들은 집어등에 달려드는 오징어 떼 같은, 그러니까 그 욕망이 자신에게 좋은지 나쁜지도 잘 모르면서, 심지어는 독이 되는 욕망인지도 모르면서 무조건 내달리고 있다'라는 대목을 보고 깜짝 놀랐는데, 진짜 이런 모습 같아요. 제가 트위터에 카이스트가 우리 사회의 축소판이라고 썼을 때 처음 머릿속에 그렸던 게 이런 이미지입니다. 요즘 대다수 학생들이 갖고 있는 욕망, 그러니까 나는 어느 대학 어느 과를 가서 나중에 뭐가 돼야지, 라는 그 욕망이 진짜 자신의 욕망인지 냉정하게 생각해보면 그렇지가 않아요. 다 습득된 욕망, 또 부모로부터 혹은 사회로부터 내려온 스며든 욕망들입니다. 남의 욕망이 자신의 욕망인 줄 알고 열심히 추구하다가 동력을 잃어버리면 어느 순간 좌절하고, 벽을 만나 실패하면 더 이상 추동할 힘이 없어 극단적인 선택을 하기도 하는 게 지금 우리 사회인 것 같아요.

저보다 먼저 강연을 하신 분들도 그렇고, 제 뒤에 강연하실 분들도 이 시대의 청춘들을 걱정하고 상처를 보듬으려는 말씀들을 하실 것 같아 저만이라도 그런 얘기는 안 하려고 했지만, 상황이 상황이니만큼 이 얘기만은 드렸으면 합니다. 지금 젊은이들은 열심히 공부하고 사교육 받고 그래서 좋은 대학에 간다 해도 아무것도 보장받을 수 없고, 또 혼자 어떻게 세상에 나가야 할지 겁이 나 스펙 쌓기를 할 수 밖에 없는 상황이지요. 세상에 나가서도 끊임없이 경쟁으로 내몰리고, 또 한 번이라도 낙오하면 그걸로 끝인 시대에 우리가 젊은이들을 내몰았고요. 우리 기성세대가 일단 젊은이들에게 진심 어린 사과를 해야 한다는 생각이 듭니다. 그들도 벗어날 수 없는 상황이에요. 우리가 더 나은 세상을 만들기 위해 함께 노력해야 하지만, 먼저 그들에게 적절한 삶의 지표를 제시하는 게 미약하게나마 제가 앞으로 했으면 하는 일입니다.

전전두엽을 발달시켜라

이게 제가 주로 연구하는 인간의 뇌입니다. 무게는 1.4킬로그램 정도 되고요. 갓 죽은 사람의 뇌를 바로 꺼내면 보시는 것처럼 약간 덜 익은 곱창전골처럼 미끈미끈하면서(청중 웃음) 핏기가 벌겋게 돌고…… 그런데 6시간만 지나도 고무지우개처럼 단단해집니다. 검은 회백질로, 약간 푸른빛이 도는 검은 회색으로 바뀌고요. 무게가 1.4킬로그램이지만 우리가 먹는 음식의 에너지 중 20퍼센트 이상을 뇌가 씁니다. 우리가 생각을 한다는 건 그만큼 아주 많은 에너지를 쓰는 프로세스란 뜻이고요.

뇌의 각 영역들이 무엇을 하는지 우리도 대충 알고 있습니다. 눈이 있고요, 목이 있고, 눈으로 뭔가를 보면 뒷통수로 갑니다. 소리를 들으면 옆으로 가고요. 맛이나 냄새는 안쪽으로 가고 촉감을 통해 얻은 정보는 위로 갑니다. 그래서 뇌 전체를 딱 반으로 잘랐을 때 뒷부분의 반이 오감으로 얻은 정보를 처리하는 영역입니다. 6살 때까지 열심히 발달하고요. 시각 정보를 처리하는 후두엽 아래가 소뇌입니다. 우리가 의식적으로 하지는 않아도 반드시 해야 하는, 숨을 쉬고 체온을 조절하고 이야기를 하면서도 이렇게 걸을 수 있게 하는, 다음 발을 어디 둘지 고심하지 않아도 알아서 잘 걸을 수 있게 하는 일을 다 여기서 합니다. 가운데의 측두엽이 언어와 기억을 담당하는 곳인데 6살부터 12살까지 급속도로 발달합니다. 이 시기에는 대체로 두세 번쯤 들으면 다 기억합니다.

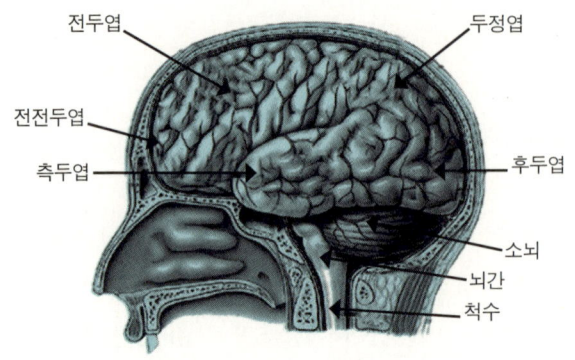

 앞부분은 전전두엽으로, 인간을 인간답게 만드는 고등한 영역입니다. 이 영역이 하는 일은 13살부터 18살까지 아주 급속도로 발달합니다. 25살 때까지 꾸준히 발달하고, 우리가 흔히 청춘이라고 하는 시기는 여기가 발달하는 시기라고 보시면 됩니다. 이 영역은 제일 먼저 상황을 파악하고 다음 행동을 결정하는 일을 합니다. 자기가 할 수 있는 적절한 행동들 중에서 가장 적절한 행동이 무엇인지를 고르는 게 이 영역이 하는 일입니다. 상황을 파악하고 적절한 행동을 하는 것 말고도, 책을 읽고 깊이 있게 이해를 하거나 머릿속으로 뭔가를 떠올려보거나 비판적으로 사고하는 일 등은 다 저기서 벌어지는 일입니다. 도덕적인 윤리관도 저기서 만들어집니다. 연쇄살인범의 가장 큰 생물학적 특징은 이 영역의 크기가 현저히 작고 활동이 많이 떨어져 있다는 겁니다. 이 영역은 인간만 이렇게 크고 원숭이 이하의 동물은 거의 없다고 보시면 됩니다.
 안쪽으로 들어가 보면 예전에는 파충류의 뇌라고 불렸던 달팽이 모양의 원시적인 뇌가 있습니다. 이 뇌는 감정을 표상하는 뇌입니다. 그래서 슬프거나 두렵거나 기쁘거나 만족스럽거나 하는 일들을 여기서

표상하고요. 그 다음에 쾌락의 중추가 있지요. 여기에 자극을 주면 오르가슴을 느낍니다. 사람이 좋아집니다. 그래서 어렸을 때는 초콜릿이나 사탕 같은 것을 주면 저기가 활발하게 활동하고요, 커서는 술, 담배, 마약, 섹스를 할 때도 저기가 자극을 받아 오르가슴을 만들어 냅니다. 어린 시절에 여기를 어려운 수학 문제를 풀어서 자극받느냐, 선생님 몰래 피운 담배로 자극받느냐에 따라 인생이 달라지는 겁니다.(청중 웃음) 이 영역은 동기, 그러니까 모티베이션(motivation)을 만들고 저 영역을 자극받기 위해 계속 활동하고, 저 영역은 같은 자극이 계속 오면 이내 싫증을 냅니다.

제 생각에는 '나의 경우 무엇이 저곳을 자극하는가'를 청춘 시기에 찾아내는 것이 제일 중요한 미션입니다. 의외로 많은 사람들이 자기가 뭘 좋아하는지 몰라 고민하고 있습니다. 그들에게는 매우 절박한 고민입니다. 주입된 방식으로 욕망하게 만들어져 자기가 진짜 좋아하는 게 뭔지 찾아볼 수 있는 기회도 부여받지 못하고, 그런 자극을 제대로 받아본 적도 없는 청춘들 혹은 예비 청춘들이 아주 많죠. 그러니까 청춘 시기에 해야 할 일은, 수많은 자극들을 섭렵하면서 '아, 이 자극은 나하고 안 맞는 것 같아', '어, 나는 이 자극에 굉장히 민감하구나', '내가 정말 모티베이션을 느끼는 자극은 바로 이거였구나'를 찾는 것입니다. 이왕이면 본인에게도 또 우리 사회에도 에너지가 될 수 있는 긍정적인 자극이면 더 좋겠죠. 결국 중요한 의사 결정은 이 전전두엽이라는 곳에서 합니다.

전전두엽이 발달하려면, 다시 말해 발달하고 있는 우리의 뇌를 잘 활용하고 또 우리 사회에서 의미 있는 일을 하기 위한 준비 과정으로 청춘이 해야 할 일은 무엇이 있느냐, 뇌 과학적 관점에서 제가 추천해드리는 것은 다음과 같습니다.

첫째, 운동입니다. 운동을 하면 의외로 뇌세포가 만들어집니다. 흔히 뇌세포는 2살까지만 만들어지고 그 이후로는 만들어지지 않는다고 배우셨잖아요? 사실이 아닙니다. 뇌세포는 계속 만들어지고, 운동을 할수록 많이 만들어집니다.

둘째, 수면입니다. 특히 청춘의 잠은 매우 중요합니다. 젊었을 때 많이 주무세요. 잠자는 시간을 줄여가면서 무리하게 뭔가를 하려고 하지 마세요. 우리의 뇌는 자는 동안 전에 배웠던 정보들 중에서 쓸데없는 것들은 버리고 의미 있는 것들은 장기 기억으로 넘기는 일들을 합니다. 잠이 부족하면 많은 경험을 해도 머릿속에 오래 남지 않아요. 잠을 잔다는 건 아주 액티브한 활동입니다. 그중에서도 렘수면이 그런 일을 합니다. 근데 렘수면이 1시간 30분마다 오거든요? 그러니까 6시간 자면 그런 과정을 네 번밖에 못 거치는데 7시간 30분을 자면 5번 거칠 수 있는 거예요.

셋째, 독서, 여행, 사람 만나기입니다. 안 하면 나중에 후회하는, 청춘 시기에 꼭 해야 하는 게 바로 이런 것들입니다. 독서하고 여행하고 새로운 사람들을 만나는 것, 이게 모두 하나의 세상을 만나는 겁니다. 아주 의미 있는 세상과의 충돌, 이게 사람의 인생을 바꾸는 겁니다. 이 세 가지는 자기가 실제로 물리적 환경에서 경험할 수 없는 것들을 경험하게 하는 감정 체험의 과정이에요. 청춘 시기에 이것을 얼마나 많이 했느냐에 따라 사람의 삶의 밀도가 결정됩니다. 그래서 저는 후회하지 않는 청춘을 위해 독서, 여행, 사람 만나기, 이 세 가지를 꼭 권해드립니다.

창의적인 사람들의 뇌

대한민국의 학교는 아직 창의적인 교육을 하기 힘든 공간입니다. 본질적으로 교육이란, 아이를 위해서 하는 게 아니라 어른을 위해서 하는 겁니다. 냉정하게 말해 어른들이 통제할 수 있는 수준으로 아이들을 획일화해놓는 과정이 교육입니다. 교육이 아이를 위한 것이라고 얘기하려면 지금처럼 교육하면 안 되는 거죠. 학교가 아이에게 유익한 공간이 되기 위해서는 학생 수대로 교사가 있어야 하고 거기에 맞는 교육을 해야 합니다.

사실 학교에서 해줘야 할 일은 창의적인 사고입니다. 창의적인 사고라는 게 무척 모호한데요. 창의성을 잴 수 있는 어떤 지표가 있다고 가정해봅시다. 창의적이려면 IQ가 높아야 할까요? 한번 손들어볼까요? IQ가 높을수록 창의성도 같이 높아질까요? 아니면 IQ와 창의성은 완전히 다른 걸까요? 둘 중에 뭐가 답일까요? 사실은 둘 다 답입니다. 무슨 얘기냐면, IQ 110 이하에서는 IQ가 높을수록 창의성도 높아집니다. 그런데 110에서 120이 넘어가면, 150이라고 해서 더 창의적이진 않습니다. 다시 말해서 창의적이려면 어느 정도 지적인 능력은 있어야 합니다. 그게 IQ 110~120 정도라고 보시면 됩니다. 물론 그러기도 쉬운 건 아닙니다. IQ 100이 무슨 뜻인지 아시죠? 10살일 때 10살의 지적 능력을 갖고 있으면 IQ 100인 겁니다. 대부분의 사람들이 100인 거예요. 그런데 10살인데 12살의 지적 능력을 갖고 있으면 120인 겁니다. 그러니까 쉬운 게 아니죠. 어쨌든 110에서 120 이상의 지적 능력을 갖고 있으면 굳이 150, 160일 필요가 없는 겁니다.

두 번째 질문입니다. 바둑을 둘 때 7급인 사람이 머리를 많이 쓸까요, 7단인 사람이 머리를 많이 쓸까요? 질문을 바꿔보겠습니다. 운전

할 때 면허 딴 지 일주일 된 사람이 머리를 많이 쓸까요, 3년 된 사람이 머리를 많이 쓸까요? 일주일 된 사람이 많이 쓰겠죠. 네, 똑같습니다. 바둑이 7급인 사람은 아무것도 없는 바둑판에 바둑돌을 올릴 때마다 머리에서 난리가 납니다.(청중 웃음) 아주 중요한 상황에서 전세를 역전시킬 수 있는 수를 찾을 때나 아무것도 없는 바둑판에 바둑돌을 놓을 때나 똑같이 난리가 나기 때문에 아주 특별한 생각을 하기가 어려운 거죠. 바둑 7단인 사람은 중요하지 않은 순간에는 별로 머리를 쓰지 않습니다. 그러다 진짜 중요한 상황일 때 자신의 에너지를 확 모으는 거죠. 창의적인 사람은 암기를 안 할 것 같다는 편견이 있는데 전혀 그렇지 않습니다. 어느 정도 지식도 쌓고 스킬도 몸에 익히면서 기본적인 것을 해놔야 진짜 어려운 문제에 자신의 에너지를 모을 수 있는 거죠.

아주 창의적인 사람들을 보면 평소에는 머리를 안 쓰다가 확 모아서 쓰는데, 그러기 위해서는 '만 시간의 법칙' 같은 것들이 필요합니다. 청춘의 시기에 무언가에 만 시간 정도 집중해서 스킬을 완전히 익히고 나면 그 위에 천재적인 업적들을 얹을 수 있다는 거죠. 그래서 이 시기를 어떻게 보내느냐, 무엇에 인생을 거느냐, 이게 굉장히 중요합니다. 물론 우리 모두가 천재적인 업적을 낼 수 있는 건 아닙니다. '천재는 1퍼센트의 영감과 99퍼센트의 노력으로 이루어진다.' 우리 모두 잘 알고 있는 말이죠. 실제로 에디슨이 이 말을 언제, 어떻게 했느냐, 상황은 이렇습니다. 에디슨이 제너럴 일렉트릭(General Electric)이라는 회사를 차리고 엄청난 돈을 벌었어요. 이 회사에서 미국에 전기를 다 깔고 수많은 가전제품들을 만들었지요. 그래서 〈라이프〉라는 잡지의 인터뷰를 한 거예요. 기자가 "하나의 아이디어를 내기도 어려운데 당신은 수많은 아이디어를 냈고, 그걸 상업적으로 상용화하는 건 쉽지 않은 일인데 그 아이디어들을 모두 상용화해서 엄청난 부자가 됐습니다. 어떻게 그런 일이 가능했나요?"라고 물었더니 에디슨이 정확하게 이렇게 말을 합니다. "그야 99퍼센트가 노력이죠. 그런데 사람들은 모두 저처럼 노력을 합니다. 저는 그들이 갖고 있지 않은 1퍼센트의 영감이 있습니다." 그러니까 사실 에디슨은 잘난 척을 한 거예요.(청중 웃음) '너희 다 열심히 하잖아. 나도 열심히 하는데 그런다고 나처럼 되는 건 아니야. 나는 너희에게 없는 1퍼센트의 영감이 있어.'

그럼 어디서 영감을 구할 것이냐, 이건 답이 없어요. 우연히 종소리와 함께 귀에 들어올 수도 있고, 누군가와의 만남일 수도 있고, 완전히 새로운 환경일 수도 있고, 무심코 본 책장 안에 있을 수도 있는 겁니다. 그렇기 때문에 여러분은 젊었을 때 수많은 세상과 많이 만나야 합니다. 반드시 노력이 필요하지만 노력으로 해결할 수 없는 부분들이 있는데 그건 여러분이 많이 부딪쳐봐야 합니다. 창의적인 사람들이 아이디어를 내는 순간 뇌에서 무슨 일이 벌어지는지 찍어보면 어느 한 군데서 혼자 만들어내는 게 아닙니다. 이들에게는 유일한 공통점이 있습니다. 사실 이 실험을 하기가 쉽지 않았는데, 창의적인 사람을 'Functional MRI'라는 원통 안에 넣어놓습니다. 그리고 뇌를 찍어요. "자, 창의적인 생각 하세요!"(청중 웃음) 이러면서 뇌를 찍는 겁니다. 그런다고 창의적인 생각이 나는 건 아니겠죠? 그래서 과학자들이 실험에 실패합니다. 그러다 기발한 아이디어를 생각해냅니다. 예를 들면 그 안에서 시를 씁니다. 시를 쭉 쓰는 동안 뇌를 다 찍어요. 그리고 나중에 보는 거죠. '아, 이 시구는 정말 잘 썼다' 싶으면 그때의 뇌를 들여다보는 겁니다. 바둑을 둡니다. 전세를 완전히 역전시키는 기발한 수를 뒀을 때 뇌에서 무슨 일이 벌어지는지 보는 거예요. 그랬더니 이겁니다. 그 순간 전혀 상관없어 보이는, 평소에는 전혀 연결되지 않던 뇌의 영역이 서로 연결되는 겁니다. 이게 바로 창의성이라는 거죠.

교육은, 그리고 학교는 '이런 자극이 들어오면 이렇게 반응해'라고 가르치는 곳입니다. 그리고 학원은 그걸 잘하도록 가르치는 곳이고요. 아까 제가 말씀드린 전전두엽을 발달시키기 위해 사춘기 시절과 대학 시절의 교육들이 다 여기를 발달시키도록 만들어놨습니다. 여러분들의 교육 과정이 다 그렇습니다. 문제를 보면서 상황을 파악한 다음 다양한 안들 중에서 가장 적절한 안을 스스로 찾아보는 겁니다. 그런데 여기를 써서 풀어야 할 문제를, 공식을 외우고 문제의 유형을 파악하고 대입해서 실수하지 않고 빨리 답을 구하는 문제로 바꿔주는 게 학원 선생님이나 과외 선생님이 하는 일입니다. 그렇게 해서 남들보다 수능 점수가 좀 더 잘 나올 수는 있어요. 그리고 더 좋은 대학을 가요. 그리고 그 아이가 우리 사회의 중요한 의사 결정자가 돼요. 그런데 그 아이는 사춘기 때 의사 결정을 하고 스스로 문제를 푸는 뇌를 별로 쓰지 못했어요. 세상에 나가면 공식도 없고 문제의 유형도 다양해서 그 과정으로 풀 수 없는 문제들이 도처에 산재해 있는데 그런 상황에 대처할 능력이 없는 거예요. 그래서 사실 뇌를 연구하는 사람들이 보기에 그런 사교육 시스템이 굉장히 위험해요. 그런 교육을 받고 엘리트가 된 사람이 나중에 어떤 의사 결정을 할지 예측할 수 없으니까요.

청춘들을 위해 고민해야 할 문제

그런 의미에서 뇌의 여러 영역들이 굉장히 독특하게 연결됐을 때 창의적인 아이디어가 나오는 거예요. 그래서 어떤 문제를 엉뚱한 방향으로 바라보거나 전혀 상관없는 걸 연결하는 일이 필요합니다. 창의적이려면 어린아이처럼 생각해라. 이게 무슨 뜻이냐, 어린아이들은 2살 때까지 뇌세포가 만들어져서 더 이상 안 만들어지는 게 아니라 2살 때까지 뇌세포들이 서로 쫙 연결돼요. 의미 있는 연결은 계속 남아 있고, 안 쓰는 연결은 다 끊어버려서 점점 사라지는 거죠. 성장한다는 얘기는, 우리가 학교를 통해서 세상에 나온다는 얘기는 비슷한 연결망을 갖게 된다는 거죠. 필요 없는 것들은 지워나가는 방식으로 뇌가 발달하거든요. 그러니까 어렸을 때는 모든 게 연결돼 있기 때문에 어른 생각에는 전혀 상관없는 것들을 잇기도 하는 거예요. 어른들 눈에는 굉장히 창의적으로 보이지만, 사실 그 아이는 뭐든 다 연결돼 있기 때문에 그렇게 연결하는 게 어렵지 않아요. 그런데 우리는 커가면서 계속 같은 자극에 대해 어떻게 반응하라고 배우면서 나머지 반응들을 다 지워나갔던 거죠. 연결이 줄어드는 겁니다.

그럼 어떻게 하면 우리가 더 많이 연결할 수 있느냐, 사람들마다 연결이 다 다를 테니 다른 사람들을 계속 만나보는 거예요. '야, 이 사람은 이런 걸 이렇게 생각하네?' 그렇게 자꾸 만나다보면, 한 번만 보면 상대방의 창의성을 나도 배울 수 있어요. 처음 그걸 생각해내기가 어렵지, 그런 생각을 배우는 건 어려운 일이 아닌 거죠. 그리고 그 사람이 다른 곳에 가서 그 얘기를 하면 갑자기 창의적인 사람이 되는 거예요.(청중 웃음)

그런 의미에서 아까 말씀드린 여행이나 독서 많이 하시고요. 또 연결을 강화하는 물리적, 화학적 방법이 하나 있더랍니다. 그게 담배입니다.(청중 웃음) 뇌의 멀리 떨어져 있는 영역을 연결하는 아세틸콜린(acetylcholine)이라는 신경전달 물질이 잘 붙도록 해주는 수용체가 니코틴이거든요? 니코틴을 공급해서 그쪽에 붙게 해주는 거예요. 그러면 멀리 떨어져 있는, 평소에는 연결되지 않는 게 연결됩니다. 그래서 좋은 아이디어가 잘 안 나오다가도 담배를 피우면 나오는 거예요. 이제부터 담배를 피워야겠죠? 그런데 문제가 있습니다. 담배를 피우는 동안에는 창의적인 아이디어가 더 잘 나오는데, 담배를 피우지 않는 동안에는 아무 아이디어도 안 나옵니다.(청중 웃음)

1904년에 미국 세인트루이스에서 엑스포가 열렸어요. 각 나라마다 전시장이 있으니까 여름에 사람들이 줄 서서 들어가는데 기다리다보면 엄청 더우니까, 아이스크림 노점이 엄청 인기입니다. 장사가 아주 잘되니까 아이스크림이 금세 동이 나는 거죠. 아이스크림은 주인이 전날 밤에 미리 많이 만들어 올 수 있는데 콘은 공장에서 납품을 받는 거예요. 그러니까 한 노점의 주인이 받을 수 있는 콘의 수가 정해져 있는 거지요. 그러면 콘의 개수만큼 팔고 나면 아이스크림이 아무리 많이 남아 있어도 못 파는 거예요. 이 문제를 어떻게 해결하느냐, 공장에 연락해서 콘을 더 달라고 하는 게 아니에요. 옆에 있는 와플 가게 주인이 보니까 와플은 따뜻해서 안 팔리는데 아이스크림은 콘이 없어서 못 팔아요. 그래서 그가 '와플을 콘처럼 만들어서 주면 저 사람도 좋고 나도 좋겠네' 해서 만들어진 게 와플콘 아이스크림이에요. 아이스크림 파는 사람이 처음에 이 얘기를 듣고 2시에 동이 나니까 2시 이후에는 와플콘 아이스크림을 팔자고 했어요. 그런데 누구나 그걸 먹어보면 아이스크림콘은 안 먹게 되는 거예요. 그래서 1904년 미국 세인트루이스 엑스포의 최고 히트 상품이 저 와플콘 아이스크림입니다. 1904년도에 엑스포가 없었다면, 그해에 아이스크림이 잘 안 팔렸다면, 혹은 와플 가게 아저씨가 그런 아이디어를 내지 못했다면 베스킨라빈스나 하겐다즈에서 지금은 아주 익숙한 이 아이스크림 맛을 못 볼 수도 있었던 거죠.

이런 식의 문제 해결, 이런 게 창의적인 아이디어인 거예요. 20, 30대 때 이런 거 시키면 아주 잘합니다. 엉뚱한 거 연구하라 그러면 아주 재밌어 하고요. 근데 이게 조금만 나이가 들어도 힘겨워 하고 "아, 이런 쓸데없는 짓을 왜 해야 되나"(청중 웃음) 막 화를 냅니다.

아까 제가 전전두엽 말씀을 드렸는데 요즘 아이들이 덩치가 크고 사춘기에는 거의 어른 같고 대학생들은 좀 무서워졌습니다. 아이가 몸이 크다고 해서 어른이 된 건 아닙니다. 그의 전전두엽은 계속 발달하고 있다고 보시면 되고요. 25살이 넘도록, 사실은 30살 가까이 되도록 전전두엽은 계속 발달하고 성숙합니다. 그들이 전전두엽을 많이 쓰도록 시간을 확보해줘야 합니다. 하루 2~3시간 정도는 혼자 책상에 앉아 낑낑대면서 두세 문제를 풀 때, 학원에서 스무 문제 쭈르륵 푸는 것보다 전전두엽이 훨씬 더 발달합니다. 좋은 부모가 할 일은 선생님으로부터 학교로부터 학원 선생님으로부터, TV로부터 게임으로부터 아이를 보호하고 아이가 혼자 새로운 세상과 대면할 수 있도록 시간을 확보해주는 것입니다. 그리고 그들이 세상에 나가기 전까지 끊임없이 시도하게 하고, 실패를 용납해야 하는 거죠. 그들이 끊임없이 자신의 전전두엽으로 뭔가를 시도하고 스스로 규제하고, 그게 실패하면 어떤 게 잘못됐다고 얘기하고 다시 기회를 주는 일을 할 수 있어야 합니다. 학교에서 못 하면 부모님이 해주셔야 합니다. 아이가 스스로 문제를 해결하고 자신의 전전두엽을 십분 활용할 수 있는 그런 일들을 해줘야 하는데, 저는 그게 우리 사회가 청춘들을 위해 고민해야 할 문제라고 생각합니다.

또 다른 예를 들면 이런 겁니다. 공원이 있는데, 더러워요. 사람들이 쓰레기를 함부로 버리는 거예요. 우리가 교육받은 방법은 이렇습니다. 자, 쓰레기 버린 놈 다 나와.(청중 웃음) 우리가 예비 청춘들을 교육하는 방식인 거죠. 그런데 재미 이론(fun theory)은 이런 겁니다. 쓰레기통에 쓰레기를 하나 버릴 때마다 소리가 납니다. 마치 그 밑에 굉장한 굴이 있는 것처럼. 그러면 아이들이 이상한 소리가 나니까, 남이 버린 쓰레기를 주워 와서 자기가 버리는 겁니다. 그러더니 공원이 깨끗해졌다, 뭐 이런 거예요. 그런데 재밌는 건 나중에는 피아노 소리가 안 나고 색칠만 돼 있어도 계단을 이용하고, 색칠이 안 돼 있어도 거길 지나가본 사람들은 계단을 이용한다는 거예요. 왜냐면 계단을 이용하면 좋다는 메시지를 즐겁게, 기꺼이 받아들였기 때문에, 강요하지 않았기 때문이에요. 그리고 메시지는 그들도 충분히 이해하고 있거든요. 이런 교육적이면서도 충분히 즐거운 시스템을 만드는 게 우리가 청춘들을 위해 해줘야 할 일이라는 생각이 들어요.

선택의 폭을 줄여라

미국 뉴욕에 잼 가게 두 개를 빌립니다. 한 곳에서는 6종류의 잼을 팔고, 또 한 곳에서는 한 20종류의 잼을 파는 거예요. 사람들이 어디서 잼을 더 많이 살까요? 실제로 과학자들이 이 실험을 했는데, 20종류의 잼을 파는 집에 사람들이 더 많아요. 그런데 판매는 다른 쪽이 훨씬 더 좋습니다. 그리고 재구매도도, 만족도도 이쪽이 훨씬 높다는 거죠. 왜 이런 일이 벌어지느냐, 사람들은 잼의 종류가 많을수록 더 나은 선택을 할 거라고 믿지만 실제로는 그렇지 않다는 거죠.

이런 걸 상상해보시면 돼요. 남자와 여자가 청바지를 구입하는 방법이 완전히 다릅니다. 만약 명동에서 청바지를 산다고 하면 여자는 일단 롯데백화점, 신세계백화점 등 명동의 청바지 집을 다 가보고,(청중 웃음) 다 입어보고 그중에 좋은 거 세 개쯤을 생각해놨다가 명동교자에서 만두를 먹으면서 친구와 다시 한 번 생각해요. 그리고 다 먹고 나서 그 세 군데를 한 번씩만 더 가봐요. 그러고 나서 한 군데서 최종 결정을 합니다. 그리고 얼마 후에 이대 입구에 가서 같은 청바지가 거기에서는 얼마에 팔리는지 확인합니다.(청중 웃음) 반면 남자들은 그냥 롯데백화점 남성복 코너에 가요. 청바지 파는 데 가서 입어보지 않고 34, 36 주세요, 그래요.(청중 웃음) 그런데 둘 중에 청바지에 대한 만족도가 더 높은 쪽은 남자예요. 왜 이런 일이 발생할까요?

TV 채널은 정반대입니다. 여자들은 〈시크릿 가든〉 한다며 방송 시작 전에 미리 집에 와서 목욕 재계하고 과일 먹으면서 리추얼(ritual)을 합니다.(청중 웃음) 인터넷으로 관련 자료 같은 거 보고 방송 끝나면 게시판 들어가서 무슨 얘기들이 올라오는지, 실시간 검색어들은 뭔지 즐기는 겁니다. 반면에 남자들은 리모컨으로 계속 다른 채널에선 뭐 하는지 봅니다. 혹시 다른 데 뭐 재밌는 거 없나? 요즘 채널이 한 60개쯤 되잖아요? 한 바퀴 쭉 돌고 돌아오는데 3분 40초쯤 걸린대요. 미국 사람이 낸 통계입니다. 한 바퀴 쭉 돌고 올 때쯤 되면 여기서 멈추는 게 아닙니다. 다시 한 바퀴 돕니다.(청중 웃음) 그새 새로 시작한 건 없을까.(청중 웃음)미국의 중년 남자가 평균 2시간 TV 보는 동안 그렇게 채널 스캐닝(scanning)을 여섯 번을 한다고 해요. 그럼 이 경우엔 여성이 만족도가 높을까요, 남성이 높을까요? 당연히 여성입니다. 같은 이유입니다. 사실 만족이라는 건 상대적이거든요. 내가 선택하지 않은 것에 대한 미련, 내가 선택한 것에 대한 불확신, 내가 지금 가장 좋은 선택을 했는지 확신할 수 없기 때문에 만족도가 오히려 떨어진다는 겁니다.

저희 연구실을 찾아오는 수많은 다른 대학의 젊은이들, 다 비슷한 고민을 해요. '내가 정말 하고 싶은 게 뭔지 잘 모르겠다, 이것도 하고 싶고 저것도 하고 싶고, 딱히 뭘 해야 할지는 잘 모르겠고, 한다고 해서 못할 것 같지는 않다.' 그리고 자기가 하고 싶은 게 있고, 부모가 했으면 하는 게 있고, 우리 사회가 했으면 하는 게 있는데 그것들 중에서 뭘 선택해야 할지 몰라 다 다리를 걸쳐놓는 거예요. 이것도 조금 준비해놓고, 혹시 몰라서 이것도 좀 준비하고, 그러면서 어디 하나에 매진하지 못하고 계속 준비만 하는 삶을 살고 있는 거죠. 선택의 폭이 넓다고 해서 꼭 좋거나 만족스러운 건 아닙니다. 여러분은 선택의 폭을 줄이고 인생을 걸 만한, 하지 않으면 정말 후회할 것 같은, 하면 정말 좋을 것 같은 그런 일을 꼭 하시기 바랍니다. 그런 선택을 해야만 나중에 후회하지 않을 거예요.

지금 우리 사회는 젊은이들에게 경쟁하면서도 협력하는 법을 가르쳐줘야 합니다. 그리고 지식들을 가르쳐주는 한편 거기에 매몰되지 않고 전 세대가 만든 지식에 대해 끊임없이 회의하는 능력도 함께 키워줘야 해요. 마음껏 시도해보게 하지만 어떤 것은 절대로 하면 안 된다는 윤리적 기준을 만들고 세상에 대해 연민을 갖게 하는 그런 틀도 만들어줘야 합니다. 공부만 하게 하는 거? 정말 쉬운 일입니다. 마음껏 풀어놓고 하고 싶은 대로 하라며 놀게 하는 거? 어려운 일 아닙니다. 이제 우리 시대가 고민해야 할 것은, 어른들이 다음 세대에게 알려주어야 할 것은 '그 둘 사이에 균형을 잡는 일'입니다. 우정도 중요하지만 경쟁도 중요하기 때문에, 경쟁하면서 협력하는 법, 놀 것 다

놀면서 공부도 잘하는 법을 가르쳐줘야 하는 것이지요.

　앞으로 우리가 고민해야 할 문제는 그 둘 사이에 균형을 잡는 창의적인 방법입니다. 아까 제가 보여드린 것처럼 무슨 일이든 기꺼이 즐겁게 하도록 하려면 어떻게 해야 할까, 이런 게 정말 어려운 문제이고, 청춘들에게만 맡길 게 아니라 우리 사회가 함께 고민해야 할 문제입니다. 아직 이런 세상을 만들지 못해 청춘들에게 정말 미안하고 진심으로 사과합니다. 여러분이 이 청춘의 시기를 관통해서 다음 청춘들에게는 꼭 이런 균형 잡힌 세상을 물려줄 수 있도록 지금 우리 함께 노력했으면 좋겠습니다. 감사합니다.(청중 박수)

　　사회자 네. 정재승 교수님 말씀이었습니다. 하고 싶은 일을 해라, 지난 세대의 경험과 권위에 의존하지 마라, 끝없이 회의해라. 저는 이 부분이 아주 깊이 마음에 와 닿았습니다.
　　문자 메시지로 들어온 질문을 하나 드리겠습니다. 뇌를 연구하다보면 인간을 지배할 수 있을 것 같습니다. 공부하시는 게 두렵지 않으십니까?(청중 웃음)

정재승 그래서 인류를 위해 공부를 자제하고 있습니다.(청중 웃음) 너무 열심히 하면 세상을 지배할까봐.(청중 웃음) 사실은 우리가 공부하는 이유가, 학문하는 이유가 나는 누구인가, 또 인간은 어떤 존재인가에 답을 하기 위해서인데, 뇌를 공부하는 사람의 가장 큰 행복은 그 질문에 답을 하기에 매우 적절한 분야라는 거예요. 그래서 공부하면 할수록 나를 알게 되고 또 인간이란 족속을 알게 되고 또 그들이 모인 사회를 알게 되니까 공부가 굉장히 즐겁지요. 다행히 하면 할수록 해야 할 것들이 늘어나고, 아는 양이 늘어나는 것에 비해 모르는 걸 알

여러분은 선택의 폭을 줄이고 인생을 걸 만한, 하지 않으면 정말 후회할 것 같은, 하면 정말 좋을 것 같은 그런 일을 꼭 하시기 바랍니다. 그런 선택을 해야만 나중에 후회하지 않을 거예요.

게 되는 경우가 훨씬 더 많기 때문에 아직 그런 걱정은 안 하셔도 될 것 같습니다.

사회자 정재승 교수님과 일대일로 대화하시고 싶은 분? 네, 남성분.

청중1 안녕하세요. 저는 고등학교에서 국어를 가르치고 있습니다. 고등학교 보면 문과, 이과로 나뉘어 있지 않습니까? 그러다 보니 오늘도 아이들을 데리고 왔는데 문과 학생들은 "어, 안 가도 되지 않아요?" 이렇게 얘기하고 또 이과 학생들은 문학 강연 같은 데는 안 가려고 하거든요. 그래서 좀 안타까운 점들이 많습니다.
　선생님께서는 우리나라 고등학교에서 창의력을 키우기가 어렵다고 말씀하셨는데 문과, 이과를 나누면 앞으로도 여러 문제가 생길 것 같아요. 그래서 문과생은 과학 공부가 필요하고, 이과생도 인문 공부가 필요한데, 거기에 대한 의견을 좀 듣고 싶습니다.

정재승 동의합니다.(청중 웃음) 자명한 얘기여서요. 문과, 이과를 나누는 것은 한쪽 뇌에 자물쇠를 채우는 것과 같다고 보시면 됩니다. 원래 인간은 양쪽이 다 발달해 있어요. 중요한 건 대학에 들어가서인데요. 만약 문과 계열이라면 독서는 이과 분야의 책을 더 많이 읽는 게 좋지요. 그런데 지금은 그런 균형 잡힌 독서 훈련을 안 해서 아주 걱정스럽습니다. 가만 놔두면 사람은 매우 융합적이고 여러 분야를 넘나들 수 있는데, 고등학교 때 문과와 이과로 나누고 대학에서도 전공이라는 세부 분야로 나누면서 사람들의 관심의 폭을 벽으로 막는 것 같아요. 지금 대학의 학과들은 20세기에 필요한 인재를 키우도록 만들어진 것이고, 21세기에 필요한 인재들은 학과를 넘나드는 사람들이어야 하거든요. 교육 시스템을 완전히 바꿔야 합니다. 그게 어렵고도 제일 시급한 문제라고 생각해요. 전 세계에서 4개국만 문과, 이과 구분을 한다고 들었어요.

사회자 자, 계속 질문 받겠습니다. 여성분, 마이크 잡으시고요.

청중2 강연 잘 들었습니다. 저는 쉼 없이 생각을 하면서 사는 편인데, 작년 가을에 스페인 북구 산티아고 가는 길을 걸으면서 세 번쯤 머릿속에 아무 생각도 없는 순간을 경험한 적이 있어요. 생각을 비우는 게 뇌를 잘 돌아가게 하는 데 효과가 있는지 궁금합니다.

정재승 제가 지금은 그런 시간들을 많이 잃어버렸는데 아주 오랫동안 산책과 몽상이 제 취미였어요. 이런저런 상상을 하면서 캠퍼스를 돌아다니다가 마지막에 카이스트에 오리 연못이라고 있는데, 거기 오리들한테 새우깡을 주고(청중 웃음) 숙사로 오면 1시간 10분, 20분쯤 걸리지요. 밥 먹고 해 질 무렵 캠퍼스를 한 바퀴 돌고 산책과 몽상을 하다가 오리 밥 주고 돌아올 때만큼 행복했던 시절이 없었던 것 같아요. 그때 아주 많은 생각들을 했는데 그것들 중에는 책으로 나온 것도 있고, 현실이 된 연구들도 있어요. 그래서 저는 그 시간이 무척 소중하다고 생각해요.

니콜라스 카(Nicholas Carr)가 『생각하지 않는 사람들』이란 책에서 얘기하는 건데, 지하철이나 버스에서 창밖을 보며 멍하게 있는 시간, 엘리베이터 안에서 잠시 쉬는 시간, 잠자기 전에 누워서 이런저런 공상하는 시간에는 평소 전혀 연결되지 않았던 것들이 갑자기 연결되기도 하는데 인터넷, 스마트폰 등이 그런 시간을 삶에서 없애버리는 거예요.

사회자 맨 뒤에 계신 분께 기회 드리겠습니다.

청중3 안녕하세요. 저는 17살 고등학생입니다. 모범생인지는 잘 모르겠지만 공부를 하지 않은 날엔 밤에 자려고 누우면 불안과 공포가 정말 장난이 아니에요. 공부를 왜 해야 하는지 모르겠는 그런 상태예요. 엄밀히 말하면 중고등학생들도 청춘인데요. 저희가 이 시기를 어떻게 하면 즐겁고 창의적으로 보낼 수 있을지, 다른 어른들과 다르게 창의적인 얘기를 좀 해주세요.(청중 웃음)

정재승 사실 지금 하신 말씀이 많은 학생들이 하는 고민 중 하나입니다. 제가 오늘도 그런 학생과 그런 학생을 둔 학부모님들의 전화를 세 통이나 받았어요. 예를 들면 이런 거죠. '공부를 꽤 잘했고 대학에 입학을 했는데 첫 학기를 조금 놀다보니, 두 번째 학기에 들어가는 게 약간 겁이 났다. 그래서 군대를 갔다 왔다, 혹은 공부가 좀 재미없는 것 같아서 고시로 돌아섰다가 막상 해보니 그것도 재미없어서 의학전문대학원을 준비했다가 이것도 재미없어서 어영부영 복학했더니 지금 나이가 얼마다.' 그러다보니 고등학교 때 수학, 과학 배운 걸 다 잊어버려서 이제는 매시간 학교 가서 수업 듣는 게 공포인 거예요. 그래서 오늘 해야 할 양이 있는데 당연히 다 못 채우죠. 그러다 어느새 시험과 맞닥뜨리게 됩니다. 혹은 누워서 자려고 하면 엄청난 불안과 공포에 휩싸입니다. 문득 현실을 자각하고 나태했던 과거로 인해 현재의 상황들이 완전히 재인식되는 거죠. 그러면 너무 두려워서 다음 행동을 할 수 없는 거죠. 그럴 때는 방에 앉아 공부를 하려고 해도 해야 할 게 너무 많아서 공부가 안 돼요. 그게 제일 큰 문제예요. 그래서 결국은 공부를 안 해요.(청중 웃음) 그리고 자요.(청중 웃음) 공부는 계속 안 되기 때문에 다른 일을 자꾸 하는 거예요. TV를 보거나 인터넷을 하면서 그 시간을 잊는 거예요. 잠시 즐겁지만 다시 현실로 돌아오면 문제는 더 심각해지죠. 이런 날들의 연속입니다.

저도 그 시기를 현명하게 넘기지는 못했어요. 다시 그 시절로 돌아간다면 저는 저와 비슷한 고민을 공유하는 좋은 친구를 옆에 뒀을 것 같아요. 친구가 옆에 있었으면 덜 불안했을 거예요. 오로지 저 혼자 내적 고민을 해결하려고 하니까 해결이 안 되죠. 삶을 서로 보듬을 수 있는 친구를 그 시기에 만나는 게 일단 현실적으로 도움이 되는 것 같아요.

'차일피일병(procrastination)'이라는 게 있는데, 현대인의 14퍼센트가 그 병을 앓고 있습니다. 해야 할 일을 하기 싫어 계속 미루다가 사회생활이나 학교생활에 심각한 장애를 초래하는 거지요. 의외로 그런 사람들이 아주 많아요. 그런 사람들이 보이는 유형이 몇 가지가 있어요. 처음 시작을 잘 못하는 사람과 시작은 잘하는데 마무리를 잘 못하는 사람이지요. 그리고 수가 약간 적긴 하지만 시작하는 걸 아주 좋아해서 계속 시작만 하는 분들도 있죠.(청중 웃음) 자신의 생활을 한번 돌아보세요. 만약 자기가 시작을 잘 못하는 사람이라면, 시작하는 상황을 만드는 게 필요하죠. 시작하기만 하면 그 다음부터는 상황이 좋기 때문에 자기가 시작을 잘 못하는 사람이라는 걸 다른 사람들한테 알리고 시작을 하기 위해 노력을 기울이는 겁니다. 끝맺음을 잘 못하는 사람이라면 한 가지 일을 마무리할 때까지 그 일만 앞에 놓고 매진하는 거죠.

사회자 감사합니다. 네 번째 시간이었는데요, 마지막으로 정재승 교수님의 짧은 마무리 멘트 들으면서 오늘 특강을 마무리하도록 하겠습니다.

정재승 〈한겨레21〉 인터뷰 특강에 와주신 여러분 정말 감사합니다. 오늘 오신 분들은 과학에도 관심이 있고 또 카이스트 문제에도 관심이 있는 분들이라는 생각이 들고, 무엇보다도 청춘의 대해 고민을 많이 하시는 분들이라고 생각합니다.

지금 카이스트에 있는 청춘들에게 깊은 관심과 애정을 가져주세요. 카이스트가 한국 사회의 축소판이잖아요? 여기서 잘 해결하면 우리나라 문제도 잘 해결할 수 있는 좋은 실마리를 얻을 수 있을 테니까요. 애정 어린 눈으로 잘 지켜봐주시길 바라겠습니다.

저는 이 자리에 오신 분들은 '청춘이 내 인생에서 가장 불온하고 불안한 시기임에도 불구하고 가장 빛나는 시기'였음을 (지나고 나서가 아니라) '당시에' 만끽할 수 있기를 바랍니다. 그들이 불안하지만 밝고, 불온하지만 건강하고, 불쌍하지만 당당한 젊은이들이 되어주길 바랍니다. 그런 청춘을 위해서 자주 저 같은 '중년'들을 찾아주길 바랍니다. 감사합니다.

사회자 네, 고맙습니다. 안녕히 돌아가십시오.

장항준 ★ 재능 있는 시나리오 작가로 활동하다가 2002년 〈라이터를 켜라〉로 영화감독에 데뷔했다. 이후 〈불어라 봄바람〉으로 처참한 흥행 실패를 겪기도 했으나, 드라마 〈싸인〉으로 화려하게 복귀하여 안방극장의 시청자들에게 범죄수사 드라마의 매력을 선사했다. 여러 TV 프로그램에 출연하여 폭풍 웃음을 선사하는 '예능인'으로도 활약하고 있다.

대책 없고 철없고
엉뚱 발칙난한
영혼의 어른 되기

제6강 장항준

한없이 즐겁고
영화로워라,
청춘!

2011년 4월 18일 저녁 7시
서강대학교 곤자가홀

사회자 제8회 인터뷰 특강 '청춘', 오늘 그 여섯 번째 시간으로 영화감독 장항준 선생을 모셨습니다. 제가 참 즐겨 봤던 영화가 〈라이터를 켜라〉입니다. 세 번은 본 것 같아요. 영화관에서도 봤고, 케이블TV에서도 봤지요. 내용은 이렇습니다. 조폭이 실업자에게서 고작 150원짜리 라이터를 빼앗아 가지요. 실업자는 돌려달라면서 서울에서 부산까지 초고속으로 달리는 열차 안팎에서 조폭과 생사를 건 파워 게임을 벌입니다. 그런 중에 조폭과 경찰의 유착, 이른바 민주화운동 출신 정치인의 이중성까지 해학적으로 고발됩니다. 평론을 보면 도저히 공감할 수 없는 코미디라는 악평이 많습니다.(청중 웃음) 하지만 코미디라는 건 사실 공감하기 힘들 때 생명력이 있는 것 아니겠습니까?

오늘 한 보도를 보니, 인생에서 가장 고달플 때가 마흔다섯 살이라고 합니다. 20대 후반부터 삶의 무게가 점점 가중되면서 마흔다섯 살에 이르러 정점에 이른다는 겁니다. 그런데 쉰이 넘고, 또 예순이 넘으면 '내가 그때 왜 별로 중요하지도 않은 문제 때문에 힘들어 했나'라고 생각한다고 합니다. 이건 영국 애기입니다. 한국과는 퍽 다르지요. 지금의 20대에게 지금부터 마흔다섯 살까지 점점 더 힘들어질 거라고 한다면 얼마나 슬플까요? 게다가 20대의 등에 얹어진 등록금, 일자리와 같은 문제들이 결코 사소하지 않을 텐데 말입니다.

이 20대에게 청춘을 돌려주고 싶습니다. 학점과 취업을 위해 모든 것을 버려야 하는 20대에게 자존감을 세워주고 싶습니다. 150원짜리 라이터를 빼앗긴 것조차 분해서 조폭과 혈투를 벌이는 그 자존심 말입니다. 우리 청춘에게 숨어 있는 유쾌

함을 회복시켜줄 영화감독 장항준 선생, 오늘의 주인공입니다. 큰 박수로 맞아주십시오.(청중 박수)

최근에 연출하신 〈싸인〉의 반응은 어떤가요?

장항준 드라마가 이렇게 돈이 될 줄은 상상을 못 했고, 생각보다 훨씬 더 관심을 갖고 많이 봐주셔서 저희 집이 경제적인 안정을 이뤄낼 수 있었습니다. 굉장히 다행스러운 일이고요. 이게 다 여러분 덕분이라 생각합니다.(청중 웃음)

사회자 우리가 성형수술 얘기를 하면서 '비포 앤드 애프터'를 비교하곤 하는데요. 〈싸인〉의 비포 앤드 애프터를 말씀해주신다면?

장항준 그간 제가 영화만 했었는데, 영화감독의 길이라는 게 일반적으로 생각하시는 것처럼 그렇게 화려하지는 않거든요. 밤에 선글라스 쓰고 다니면서 다리 뻗고 앉아 맛있는 것 드시는 풍족한 분들이 있는 반면, 사실 97퍼센트의 영화감독들은 굉장히 힘듭니다. 경제적으로도 힘들고, 정신적으로도 외롭고, 언제 시장에서 매장될지 모른다는 불안감 때문에 결혼을 안 한 분도 상당히 많습니다.

〈싸인〉이라는 드라마는, 그동안 한국 드라마에서 보여주지 않았던 뭔가를 건드리긴 한 것 같습니다. 한국 드라마는 지나치게 멜로 위주로 이야기를 진행시켜왔지요. 드라마들은 양산되는데 새로운 이야기는 별로 없었습니다. 어쩌다 〈싸인〉이 잘 얻어걸려서 저희 집에도 상당한 호황이 찾아왔습니다. 이제 저희 아버지가 '지시'를 안 내리세요. "이렇게 해라, 저렇게 해라" 안 하시고, 무엇보다 와이프가 돈을 번다

는 게 이렇게 행복한 건지 몰랐는데, 아주 좋습니다.(청중 웃음)

사회자 작가가 조사를 엄청나게 하지 않고서는 이런 작품을 못 만들었을 것이라고 생각하는 분들이 많은 것 같습니다. 실제론 어떻습니까?

장항준 처음 기획을 한 건 12년 전쯤이에요. 시나리오 작가 시절에 이 소재로 영화를 만들려고 준비를 했습니다. 그때만 해도 〈CSI〉 같은 드라마도 없었고 법의학이 일반인들에게 생소한 분야여서, 일반인들이 법의관 같은 직업에 혐오감을 느낄 정도였어요. 그때는 법의관이라는 말도 없었고, 부검의라고 불렸지요. 그 일을 하시는 여성분들이 직업을 숨긴 채 선을 보고 결혼을 하려다가 시댁 될 집안에서 "무슨 그런 일 하는 여자와 결혼하느냐"는 말이 나와 혼사가 깨질 뻔할 정도로 법의학에 대한 인식이 좋지 않았지요. '시체 만지는 사람', '시체 해부하는 사람'이라는 인식 때문에 그 일의 가치를 인정받지 못하는 분위기였어요. 물론 저도 그런 편견을 가진 사람 중 하나였고요.

아무튼 그때 형사물이 섞인 멜로드라마를 하나 쓰려고 했고, 취재차 부검하는 데 가서 이야기를 들었어요. 여성 법의관 한 분을 취재하면서 본인 직업을 그리게 될 텐데 당부하고 싶은 이야기가 없냐고 물었어요. 이건 사실 취재 마지막에 형식적으로 던지는 멘트거든요. "없어요" 하면 "아이고, 수고하셨습니다" 하고 끝내는 거지요. 그런데 이분이 굉장히 수줍게 이런 말씀을 하시더라고요. "시체는 자기 몸으로 얘기합니다. 우리는 그들의 목소리를 듣는 유일한 사람이고, 대한민국에 그런 사람이 20명밖에 없습니다. 우리는 죽은 이들의 친구이자 대변자 같은 사람입니다. 이 사실을 작품에 넣어줬으면 좋겠습니다."

그런데 제 작품은 그런 이야기를 할 작품이 아니었어요. 그때 쓰려던 작품의 콘셉트는 도리어 그분들의 입장에서 볼 때 불쾌할 수도 있었지요. 어떤 형사가 예쁜 여자를 만나 연애를 하려고 했는데 알고 보니 그 여자가 국과수 법의관이었고, 그래서 '아이고, 그런 여자였어? 그렇다면 싫어' 뭐 이렇게 되는 스토리였거든요. 저 역시 당시의 대중들과 마찬가지 인식을 갖고 흥미 위주로 접근했던 건데, 이게 아니라는 생각이 들어서 준비하던 작품을 엎었지요. 이 소재로 작업을 하려면 법의관이 하는 일이 얼마나 중요하고 어떤 가치가 있는 일인지를 이야기하는 게 우선이겠다 싶어서, 나중에 기회가 오면 이런 이야기를 할 수 있는 작품을 꼭 만들어야겠다 생각하고 있었어요.

그러다 시간이 지나고 때마침 제작사에서 드라마를 해볼 생각이 없느냐는 얘기를 들었어요. 그래서 이 이야기를 꺼냈지요. 20분쯤 스토리를 이야기했던 것 같은데 제작사에서 당장 하자고 하더군요. 그때 제가 영화를 준비하고 있어서, 드라마를 집필하려면 계약서 빨리 쓰고 5일 안에 입금을 해줘야 일을 할 수 있다고 말했어요.(청중 웃음)

아주 유명한 분이 이런 말을 하신 적이 있어요. "창작자의 창작 의지의 원천은 제작자의 금고에서 나온다."(청중 웃음) 사실 이게 현실입니다. 셰익스피어도 모차르트도 돈을 받고 먹고살려고 작품을 만든 거예요. 공짜로 만든 게 아닙니다. 피카소도, 고흐나 고갱도 먹고살려고 시장에 작품을 팔려고 했던 사람들이지요. 예술가도 먹고사는 문제와 무관할 수는 없는 게 현실이거든요. 물론 저도 그렇고요. 그 제작사가 5일째 되는 날 입금을 하면서 결국 〈싸인〉이라는 드라마가 만들어졌지요.

사회자 입금이 굉장히 중요하다고 생각하시는 배경에는 과거

시나리오 작가 시절 많이 '뜯기신' 경험도 있는 것 같습니다. 일단 작품이 채택되면 얼마를 주고, 영화화되기 전에는 잔금이 안 들어오는 식의……

장항준 잘 아시네요.

사회자 최고은 씨 사건 때문에 알게 된 겁니다.

장항준 직업을 생각할 때, 하고 싶은 일을 한다는 건 굉장히 중요한 덕목이잖아요. 그런데 저는 그것만으로는 직업이 될 수 없다고 생각합니다. 자본주의 사회에서, 내가 하고 싶은 일을 하면서 정당한 대가를 받아 나와 내 가족이 어느 정도의 윤택함은 누리고 살아야 할 것 아니에요? 우리가 혼자 히말라야 같은 데서 사는 사람들은 아니니까요. 직업이란 하고 싶은 일이면서 그걸 해서 먹고살 수 있는 일이어야 한다고 생각합니다. 제 기준으로는 가족을 먹여 살리지 못하는 직업은 올바른 직업이 아니에요. 그래서 입금이 중요한 거지요.(청중 웃음)

사회자 사실 그렇지요. 저도 공짜로 사회를 보겠습니까? 아무리 좋은 말씀 많이 듣는 자리라도. 최고은 씨 얘기를 잠깐 했는데, 처음 그 소식 접하셨을 때 어떠셨어요?

장항준 저도 최고은 씨의 영화계 선배가 될 텐데, 제가 일한 시절에는 그만큼 심하지는 않았지만 전부터 많이 궁핍했고 소수가 부와 권력을 독점했어요. 천만 명 관객 시대가 열리고 제2의 르네상스를 맞아 한국 영화가 세계로 뻗어가네 마네 하는 중에도 최고은 씨 같은 사람은 많았습니다. 결과적으로 살아남는 자들은 집이 좀 사는 사람들이나 가족을 부양할 의무가 없는, 그야말로 태생적인 방랑자들이었고요.

상당히 슬픈 현실인데요, 여러분이 아는 유명한 시나리오 작가들, 감독들 대부분은 집안이 안정된 사람들입니다. 칸에 가서 상 받거나 이런 게 모두 가족 부양의 의무에서 자유롭거나 집안에서 내놓은 방랑자들이 한 일이지요. 지금은 빈부 격차가 뚜렷해지면서 상대적인 박탈감이 더 심해진 것 같고, 그런 점이 상당히 마음 아픕니다. 사실 저도 돌아서면 후배들이 계속 돈 꿔달라고 하는데, 어디까지 꿔줘야 할지, 못 받을 게 뻔한데…….(청중 웃음) 고민 많이 됩니다.

전에 류승완 감독이 〈무릎팍도사〉에 출연했을 때 강호동 씨가 이런 질문을 했어요. "왜 영화를 선택했습니까?" 류승완 감독이 이렇게 대답했어요. "학력 차별이 없는 곳이라 선택했습니다." 어찌 보면 다른 예술 분야보다는 빈부 격차가 훨씬 덜하고, 가진 자들의 향유하는 정도도 덜하고, 정말 실력으로 승부를 보는 판이 영화계일 겁니다. 여러분도 아시겠지만 미술, 음악, 발레 같은 것들은 돈 없으면 못 합니다. 그게 현실이지요. 그런데 영화는 그나마 돈이 없어도, 배우지 못했어도, 어느 정도 꿈을 키우면서 할 수 있는지라 저도 이 자리에 앉아 있겠지요. 그래서 고졸인 류승완 감독이 많은 작품을 만들어내고 사람들에게 사랑받는 감독이 될 수도 있었고요.

사회자 드라마를 통해 법의학이라는 미지의 영역을 음지에서 양지로 끌어내신 관찰력을 보면 오늘의 청춘들은 어떻게 바라보고 계신지 궁금해집니다. 그럼 장항준 감독님의 강연을 들어보겠습니다. 큰 박수로 맞아주시지요.(청중 박수)

거짓말 잘하는 몰락한 부잣집 아이

장항준 〈한겨레21〉에서 청춘이란 주제로 강연을 부탁하셨는데, 무슨 얘기를 할지 고민을 했습니다. 요즘 강연을 가끔 하는데, 주로 〈싸인〉과 관련한 이야기를 하거나, 어떻게 영화감독이 됐는지에 대한 이야기를 합니다. 오늘은 강연 주제에 맞게 제가 어떻게 어른이 됐는지에 대해 말씀드릴까 합니다.

시작이 거창하지만, 저는 1969년 대구에서 가난한 집의 둘째 아들로 태어났어요. 저의 출생과 동시에 저희 집안에는 엄청난 변혁이 시작됩니다. 어떤 분이 저희 아버지에게 나일론 공장을 위탁하셨는데, 70년대에 나일론은 우리나라 섬유 산업을 절대적으로 이끌었지요. 그 산업이 바로 저의 출생과 함께 시작된 겁니다. 단칸방에서 살던 저희 식구는 제가 태어난 뒤 조금씩 큰 집으로 이사를 시작했고, 몇 년 만에 우리 동네에서 제일 잘사는 집이 됐어요. 문갑에 자물쇠가 달린 텔레비전이 있었던 게 기억나고, 제 기억으로 저희 집이 400평쯤 됐습니다. 대단하지요? 그러나 그 400평 중에 300평은 황무지였어요.(청중 웃음)

그러다보니 여동생이 있었음에도 저희 가족들은 저에게 열광했습니다. 가난에서 해방시켜준 게 저라고 착각했거든요. 실제로 아버지는 엄마, 형, 동생들과 함께 아침 식사를 할 때마다 숟가락을 놓으면서 "너희, 얘 때문에 먹고사는 줄 알아라"라고 하셨어요. 그리고 저도 저 때문에 먹고산다고 생각하면서 성장했지요.

그렇게 대구에서 초등학교를 다니다가 1학년 때 서울로 올라왔어요. 아버지가 나일론 공장을 해서 번 돈을 정리하고 서울에서 건설업을 시작하셨지요. 그때가 79년, 80년이었는데, 그때만 하더라도 서울은 벌판, 특히 강남 쪽은 뽕밭, 지금의 테헤란로 같은 곳은 대머리산이었어요. 당시에 유독 은행을 불신하셨던 아버지는 서울에서 가장 만만한 잠실 땅을 사들이기 시작하셨습니다. 나일론으로 번 돈으로 말이지요. 급기야 잠실역 주변의 적지 않은 땅이 우리 집 소유가 됐어요. 당시 저희 집이 논현동에 있었는데, 자동차가 두 대였고, 정원사, 운전사, 식모 아줌마, 식모 누나와 같이 살았습니다.

참고로, 제 초등학교 동창들이 항상 얘기하는데, 저희 집에서 친구들이 야구를 하곤 했습니다. 중요한 건, 그냥 맨땅에서 한 게 아니고 미국 잔디, 윤기가 나고 상당히 럭셔리한 잔디에서 했다는 점이지요.(청중 웃음) 그래서 저는 미래에 대해 걱정을 하지 않았습니다. 저희 집 일을 봐주시던 분들은 항상 저에게 "너는 좋겠다. 아버지가 부자여서 좋겠다. 회사를 물려받을 거다"라고 얘기하셨습니다. 저도 그렇게 생각했고요.

그런데 아버지에게 드디어 시련이 닥칩니다. 아버지의 자산은 부동산에 투자돼 있었고, 이걸 현금화해야 아파트도 짓고 할 텐데, 잠실 땅이 폐허인 데다 덩어리가 크니까 잘 안 팔리는 겁니다. 그렇게 고민하던 차에 어떤 양복 입은 사람들이 나타나 웃돈을 조금 얹어주면서 땅을 사겠다고 했어요. 결국 땅을 셋으로 나눠 다 팔았습니다.

그다음 해인가요? 1981년 독일 바덴바덴에서 사마란치가 '쎄울' 하고 외쳤습니다. 잠실에서 올림픽이 열리게 된 거지요. 양복 입고 와서 아버지의 땅을 샀던 이들은 올림픽 유치의 가능성이 상당히 크다는 고급 정보를 입수한 대기업, 정부 쪽 사람들이었고, 이후 그쪽의 땅값 상승을 생각하면 이들은 땅을 헐값에 사들인 거였지요. 아버지는 그 후로 몇 년 동안 잠실 쪽으로는 가지도 않으셨습니다.(청중 웃음) 만약에 그 땅을 팔지 않았더라면 제가 여러분 돌아가시는 길에

100만 원씩 드릴 수도 있었을 텐데, 거참 모두가 애통한 일입니다.(청중 웃음) 그러고 나서 아버지가 사업을 확장하시다가 부도를 맞아 집안이 망했는데, 그때가 고등학교 2학년 때입니다. 다행이 집은 뺏기지 않았지만, 참 허탈했지요. 껍데기만 크고 안에 든 건 없는 집이 됐습니다.

이제부터 이야기가 본격적으로 시작되는데, 당시 저는 어떤 학생이었는가? 흔히 발달이 늦는 아이라고 하지요. 초등학교 들어가기 전날 밤에 1, 2, 3, 4, 5, 6, 7, 8, 9, 10을 배우고, 가장 그리기 어려운 숫자 8은 끝내 완전 정복하지 못한 채 입학을 하게 됐는데, 사실 공부에는 관심이 없었고 학교도 친구들과 놀려고 갔었고 한 번도 공부를 잘해 본 적이 없었습니다. 다만 부모님은 제게 이런 말씀을 하셨지요. "나도 공부를 못했는데, 사장이 되지 않았느냐. 너무 기죽지 마라. 너도 잘하는 게 있을 거다."

어렸을 때 저는 음악, 미술, 체육 등 아무것도 잘하는 게 없었어요. 아주 희한한 일이었습니다. 근면하기라도 해야 하는데 그렇지도 않았고, 몸매라도 좋아야 하는데 그렇지도 못한 어린이였지요. 그런 제게 재능이 있었다면 딱 하나, 남들보다 거짓말을 잘한다는 것이었습니다. 정말입니다. 저는 세상에서 가장 아름다운 게 활짝 웃는 사람의 얼굴이라고 생각합니다. 가끔 사진전을 보러 가면, 가장 아름다운 건 어린이나 노인이나 애를 업은 아줌마가 고민 없이 활짝 웃는 모습이라고 생각해요. 그리고 그런 사람들에게 웃음을 주기 위해, 행복을 주기 위해 거짓말을 하는 거지요.

초등학교 3~4학년 때 일입니다. 토요일 오후에 집에 왔는데, 엄마랑 이모들이 살랑거리는 봄볕을 받으며 안방에서 고스톱을 치고 계셨어요. 여러분도 아시겠지만, 세상에 모계사회만큼 끈끈하고 보기 좋은 게 없습니다. 자매들 혹은 엄마와 딸이 같이 늙어가며 친구가 돼가는 관계, 얼마나 보기 좋습니까. 제가 정말 좋아하는 이모들과 엄마가 안방에 계시는데, 문득 이분들을 기쁘게 해주고 싶다는 생각이 들었습니다. "왔나?" 하고 활짝 웃으며 저를 반기시는 그분들을 기쁘게 해주고 싶은 마음에 저도 모르게 이런 말이 입에서 튀어나왔습니다. "엄마, 이모, 나 반장 됐어!"

난리가 났습니다. 이모들이 저를 업고 들면서 자기 일처럼 기뻐해주고, 엄마는 감격에 벅차오르셨는데, 과연 그분들께 월드컵 4강이 이토록 가치가 있을까요? 저는 그렇게 생각하지 않습니다. 아마 대부분의 부모님들에게 가장 기쁜 일은 자식이 잘되는 것일 겁니다. 한국이 월드컵에서 예선 탈락하는 것, 그분들에게 그렇게 중요하지 않아요.

제가 강남 8학군에서 반장이 됐다, 이건 집안의 쾌거였고 상상도 못 할 일이었기에 그녀들이 축제를 벌입니다. "어떻게 된 거냐, 어떻게 된 거냐"고 물어서 "성적으로 어찌어찌 몇몇을 따돌리고 아슬아슬하게 됐다"고 말씀드렸더니 정말 좋아하셨는데, 그리고 나서 저는 잊어버렸습니다. 똑똑한 아이였다면 거짓말의 후환을 두려워했을 텐데, 치밀하게 작전을 세웠을 텐데, 저는 그냥 잊어버렸습니다. 엄마가 준 돈으로 아이스크림 사 먹고, 신나게 놀고, 숙제했냐고 물어보시면 그냥 했다고 하고……. 참고로 저는 숙제는 하지 않는 걸 원칙으로 삼았습니다. 숙제란 어차피 전과 보고 베끼고, 요약된 걸 베끼는 것이었고, 저는 그걸 흑연의 낭비라고 생각했습니다.

그러다 드디어 어머니가 학교에 방문하셨지요. 담임선생님께 감사의 말씀을 드리기 위해, 우리 반 아이들의 학용품을 구매해서, 그 비싸다는 일제 그림물감을 사 가지고 오셨지요. 저는 엄마가 학교에 오셨다는 말을 나중에 들었습니다. 가슴 졸이고 있었지요. 저는 다른 형제들과 달리 항상 부모님과 함께 잤는데, 그날 밤 제 머리맡에서 부모님이 하시는 말씀을 들었지요. "얘가 왜 그랬을까?" "금방 드러날 거짓말을 왜, 뭐 때문에 했을까요? 혼을 내야 하나요?" "아냐, 저도 오죽 답답했으면 그랬을까? 얼마나 반장이 하고 싶었으면."(청중 웃음) 지금까지도 저희 부모님은 그날을 언급하시지 않습니다. 그 부분은 정말 감사하게 생각합니다.(청중 웃음)

시를 만나 부끄러움을 알게 되다

그렇게 답답한 아이가 중학교에 들어가는데, 연합고사가 있었잖습니까? 보통 인문계 고등학교에 가는 건 그리 어려운 일이 아닌데, 우리 어머니는 백일 불공을 드렸고 온 가족이 혼연일체가 돼서 제가 고등학교에 붙어야 한다고 염원했습니다. 그게 통해서였는지 저는 당당히 세 문제 더 맞히고 고등학교에 진학했습니다.

고1 때까지의 삶은 과거와 동일했습니다. 공부를 왜 해야 하는지, 그게 뭘 하는 건지, 재미있는 건지 알지 못했는데, 조금 나아진 게 있다면 책을 좋아했다는 겁니다. 사실 책이라기보다는 만화책을 좋아한 거지요. 그런 아이에게 어느 날 특별한 사건이 발생합니다. 저희 반에 우원석이라는 친구가 있었습니다. 우원석이 말했습니다. "항준아, 우리 문예 동인지를 만들 건데 같이 하지 않을래?" 걔는 원래 말투가 그렇습니다. 전형적인 상류층 말투 있잖습니까? "얘들아, 밥 먹어라" "허허, 이 개구쟁이 녀석들. 빨리 일어나야지" 같은 말투를 쓰는 집이었지요.(청중 웃음) 그 친구가 제게 제의를 해서 10여 명이 동인지를 만들게 됐지요. 다들 공부를 잘하는 친구들이었어요. 전 그때 반에서 인기가 좋은 편이었습니다. 엉겁결에 수락을 했습니다. '보·듣·쓰·생'이라고 '보고 듣고 쓰고 생각하자'의 준말인데, 2주에 한 편씩 시를 쓰고 그걸 모아서 동인지를 내게 됐지요. 돌아가면서 한 번씩 편집장도 하고요. 그때 우원석이 제 인생을 바꿨습니다. 저에게 부끄러움을 처음 알게 해준 친구입니다.

시라면 동시밖에 모르던 저에게 동인지를 내는 작업은 부끄러움 그 자체였습니다. 세상을 바라보는 시선도 확립돼 있지 않고, 문체나 문장에 대한 이해도 없던 저는 그 친구들의 시와 제 시의 확연한 차이가 굉장히 부끄러웠습니다. 그 친구들보다 공부를 못하는 건 괜찮았는데 시까지 못 쓴다는 게 부끄러웠지요.

그때부터 서점에 가서 시를 읽기 시작했습니다. 그 친구들이 세계사나 정치에 관한 것들을 알려줬고, 관련 서적들을 읽고 토론을 했는데, 그때는 그걸 '의식화'라고 불렀습니다. 그때 우원석은 대학생 형들도 읽기 어려운 인문, 사회과학 책을 읽는 데까지 도달했고, 저는 대학생들이 읽을 만한 세계사, 인문, 사회과학, 심리학에도 관심을 갖기 시작했지요. 희한하더라고요. 그게 재미있다는 걸 처음 알게 됐어요. 시를 쓸 때도 닥치는 대로 썼는데 마지막 시를 묶어낼 때 처음으로 친구들에게 칭찬을 들었습니다. "잘 썼다"고 하더라고요. 친구들에게서 마지막 시 청탁이 들어왔을 때 두렵고 부끄럽고 지금 그것 때문에 얼마나 고통스러운지에 대한 심정을 적었어요. 그 시가 친구들에게 아주 좋은 반응을 얻었지요. 하지만 동인지를 냈던 친구들 중에서 문인은 단 한 명도 나오지 않았습니다.(청중 웃음) 아무튼 저에게 부끄러움을 알게 해주었고, 제가 알아야 할 게 뭔지 알려준 친구들이었어요.

이 시절에 또 다른 문제에 봉착하는데, '나는 무엇을 해야 할 것인가?'라는 문제였어요. 아까 말씀드렸던 저희 집 부도와 제 고민의 시기가 일치하게 된 거지요. '아, 이제 내가 알아서 살아야 하는 것인가?' 하고 정신이 확 들었지요. 내가 잘하는 게 뭔가 생각하다가 '아, 나는 거짓말을 잘하지. 그럼 이 재능을 도대체 무엇으로 살릴 수 있나?' 고민해보니, 저한테는 그게 영화였습니다. 저는 '주말의 명화'를 아버지와 같이 보곤 했는데, 저희 아버지는 시험 전날에도 함께 영화를 보자고 하셨어요. 어차피 공부해봤자 성적도 안 나오니까 마음 편히 가지라는 의도였던 것 같아요. 그때는 개봉한 영화 정보가 신문 하단에 나왔는데요, 신문을 보고 친구들한테 '어제 극장에 갔었다'고 거짓말을 했습니다. 연소자 관람 불가 영화 정보를 하나 보고 나서 첫 장면부터 친구들에게 말해줬지요. 몇몇 부작용이 있긴 했어요. 실제로 영화를 본 친구들이 있었던 거지요. 뭐, 세상에 부작용 없는 일이 어디 있겠어요. 그 정도는 견딜 만했습니다.(청중 웃음)

당시에 제가 좋아했던 영화는 프랜시스 포드 코폴라 감독의 〈대부〉와 홍콩 누아르의 신호탄이라 불리는 오우삼 감독의 〈영웅본색〉이었는데, 이 두 작품 모두 갱스터 무비지요. 어쩌다가 그때부터 갱스터를 소재로 소설을 쓰게 됐어요. 고등학교 2학년 때 쓰기 시작했는데, 그 소설은 제 시와는 달리 상당히 임팩트가 있었어요. 기본적으로 미국 뉴욕을 배경으로 했고, 저와 친한 우리 반 친구들이 주인공이었고, 물론 조직의 총책임자는 저였지요. 소설이 인기가 많았는데, 물론 잘 썼겠지만, 비열한 상대 조직의 우두머리들이 전부 수학 선생님, 영어 선생님 등이었고 매 회마다 그분들을 처참하게 죽였습니다.(청중 웃음) 이후 청탁이 들어오기 시작했는데, 이를테면 "화학 선생님도 죽여줘, 아주 처참하게!" 뭐 이런 거였어요. 제 기억으로 교장 선생님이 가장 처참하게 죽었어요. 그렇게 비열한 악당을 제가 다시 만들어낼 수 있을까요?"(청중 웃음) 계속했어야 했는데, 저도 그만 지치고 말았습니다. 고등학교 2학년을 마칠 때쯤 느닷없이 핵전쟁으로 모두 죽는 걸로 끝냈습니다. 절필을 선언한 거지요.(청중 웃음)

하고 싶은 일을 하다 죽자

영화와 문학, 인문, 사회과학의 맛을 보고 나서 '난 영화를 해야겠다, 어찌됐든 대학에 가서 영화를 배워야겠다'라고 생각했습니다. 영화를 공부하려면 연극영화과에 가야 하지 않습니까? 지금은 연극영화과가 엄청나게 많은데, 제가 학교에 다닐 때는 전국에 5~6개밖에 없었어요. 경쟁률도 20대 1, 30대 1이었는데, 당시만 하더라도 연극영화과는 공부 못 하는 사람들이 가던 과였어요. 연극영화과에 들어가려고 전국의 돌들이 경쟁을 하던 판이었지요.(청중 웃음) 그런 상황에선 재수하기가 십상이지요. 지금처럼 가군, 나군, 이런 게 아니고 전기대 떨어지면 후기대에 가야 했는데, 후기대에는 연극영화과가 없었고, 전기대 떨어지면 전문대인 서울예전에 가야 했어요.

그런데 제가 원서를 쓰면서 생각한 건 '붙을 수 있을까?', 그리고 동시에 '대학을 나온다 한들 뭘 할 수 있을까?'였습니다. '만약 영화감독이 되지 못하고 작가가 되지 못한다면 기술도 없는데 어떻게 살아야 할까'라는 두려움이 있었습니다. 그래서 연극영화과 가는 걸 포기하고 다른 걸 배워야겠다고 생각했는데, 고등학교 3학년 마지막 모의고사가 끝나고 최경일이라는 같은 반 친구가 영화를 보러 가자고 했어요. 당시 종로경찰서에 계시던 그 친구 아버지가 관내 허리우드극장 초대권을 주셨어요. 그때 〈썸머 스토리〉라는 영국 영화를 상영중이었는데, 여러분은 아마 거의 모르실 겁니다. 최루성 멜로였는데 많이 울었습니다.

영화를 보고 집에 가는 길에 중앙극장 앞을 지나가는데 순간적으로 많은 사람들의 환영들을 봤습니다. 을지로 짐꾼, 시골에서 결혼식에 참석하려고 올라온 사람들, 회사원, 나들이 가는 가족들, 길을 모르는 듯한 할머니 등 각양각색의 사람들이 있었는데, '이 많은 사람 중에 자기가 하고 싶은 일을 하며 사는 사람은 몇 명이나 있을까?'라는 생각이 들었어요. 제 눈에는 없었거든요. 자기 일을 하면서 행복하게 사는 사람들 말이지요. 그때 '난 어차피 이리 가도 안 되고, 저리 가도 안 될 것 같으니 내가 하고 싶은 일을 하다 죽자'라는 생각을 하게 됐지요.

그러고 나서 친구한테 초대권 종이를 달라고 했습니다. 제 인생을 바꿔놓은 종이니까요. 지금도 그 초대권은 우리 집 사진첩에 들어 있습니다. 그 종이를 들고 아버지께 가서 "저 연극영화과 가겠습니다" 하고 말씀드렸지요. 지금도 그렇겠지만 부모님께 '연극영'까지 말하면 보통 '싸대기'를 맞았으니까 사실 많이 두려웠지요. 그럼에도 저희 아버지는 상당히 좋아하셨어요. "하고 싶은 일이 있다니 정말 다행이다" 하셨지요. 그런 다음 시험을 치고 우여곡절 끝에 연극과를 가게 됐는데, 왜 연극과를 갔느냐, 이유는 간단합니다. 어떻게 연극영화과를 가야 할지 몰랐던 거예요. 학원도 없었고, 학교에서 보내주는 입시요강이 다예요. 그러니까 들어가려는 학교의 재학생들에게 과외를 받아야 했지요. 저희 어머니 쪽 아는 사람 중에 연극과 형이 있었어요. "저는 영화과 가려고 하는데요" 했더니 "학교만 들어가면 얼마든지 영화과로 바꿀 수 있어"라고 한 거지요. 아르바이트 자리를 뺏기지 않으려고 했던 그 형의 거짓말이었어요.(청중 웃음)

어쨌든 서울예전 연극과에 진학하게 됐는데 첫날부터 '아, 잘못 왔구나' 싶었어요. 첫날 교수님이 꿈이 뭐냐고 물어보시는데, "저는 무대에서 죽고 싶습니다", "저는 셰익스피어의 왼쪽 발가락이라도 되고 싶습니다", "연극을 위해 죽을 수 있다면 청춘을 불사르겠습니다" 등등 다들 연기를 하더라고요. 저는 영화를 하고 싶었는데 선배 때문에 어쩔 수 없이 들어왔단 말을 할 수는 없어서 대충 거짓말을 했지요. 교수님을 기쁘게 해드리려고.(청중 웃음)

그때 사실을 말했다면 어땠을까요? 사람이 가끔은 거짓말도 해야 합니다. 남에게 크게 피해를 주지 않는다면 말이지요. 옛날 성룡 주연의 영화에서 악당이 "가랑이 사이로 지나가라" 그러면 주인공이 분개하곤 하는데, 저는 사실 그게 그렇게 억울한가 싶었어요. 돈을 내라는 것도 아닌데. 그냥 가랑이 사이로 나와서 집에 가면 되잖아요.(청중 웃음) 굳이 복수할 필요도 없고. 저는 세상에서 제일 쉬운 게 무릎 꿇는 거라고 생각합니다. 그건 하나도 어렵지 않아요. 어쨌든 교수님이 다음 주 준비물로 슈즈와 타이츠를 준비하라는 말씀을 하셨지요. 왜 요즘 〈개그콘서트〉 보면 '발레리노' 있잖습니까, 딱 달라붙는 옷 말이에요. 사실 남자들은 그런 옷 입으면 민망해지는데, 그걸 사는 날 '빨리 그만둬야겠다'고 생각했습니다.(청중 웃음)

사실 갈 데도 없었어요. 그때부터 마음을 고쳐먹고 영화과, 극작과, 문창과 수업을 청강하기 시작했습니다. 저는 연극과보다 청강하는 과에 신경을 많이 썼고, 두려움도 컸어요. 전문대라는 곳이 '옥상에 올라가 아무나 한 명 쏘면 졸업생 아니면 신입생이다'라는 말이 있을 만큼 층간이 없어요. 1년 지나면 나가라는 말 같은 거지요. 그런데 제 동기들은 그렇지 않았어요. 그들의 그 여유로움을 뭐라고 표현할 수 있을까요? 정말 신나게 놀더군요, 1학년 때. 나이트 가고, 소개팅 하고, 술 먹고 길에서 자고, 토하고.(청중 웃음) 그런데 학교를 다니면서 마음에 품고 있던 하고 싶은 일마저 하지 않으면 진짜 쓰레기가 될 것 같더라고요. 공부야 하기 싫어서 안 했다 치고, 체육이야 못해서 안 했다 치고, 음악, 미술이야 큰 관심이 없어서 안 했다 쳐도, 제가 정말 하고 싶은 일도 제대로 하지 않는다는 게 스스로에게 너무 미안했던 겁니다. 그래서 2년 동안 최선을 다해야겠다고 생각하고 닥치는 대로 강의 들어가고, 쓰고, 책을 읽었습니다.

서울예전에는 다른 학교에 없는 대본이 참 많아요. 오손 웰스의 〈시민 케인〉 시나리오도 있고, 동랑 유치진 선생이 직접 쓴, 몇 십 년 된 등사본 원고도 있고요. 감히 말씀드리지만 서울예전이 생긴 이래 그걸 다 읽은 사람은 아마 저밖에 없을 겁니다. 대학 시절, 단 한 번도 카페에서 커피 마시면서 누구랑 얘기 나눈 적이 없어요. 대본이라도 읽지 않으면 제가 너무 이상한 사람이 되는 것 같았습니다. 그리고 영화를 하겠다 생각하고도 반드시 봐야 하는 영화를 보지 못했던 게 걸려서 학교 앞에 있던 영화진흥공사의 시청각 자료실을 많이 이용했지요. 거기 있는 자료들을 다 보고 나니 볼 게 없어서 일본, 독일, 프랑스 문화원에 가서 영화를 봤어요. 한번은 프랑스 영화를 보러 갔는데 자막이 영어예요. '아, 이래서 부모님이 영어 공부하라고 하셨구나' 싶었지요.(청중 웃음)

그러다가 졸업할 때가 됐고 제가 생각했던 것들을 얼추 마치고 나서, 영화과 강 모 교수님을 찾아가 영화 쪽 일을 하고 싶다며 소개 좀 해주십사 말씀을 드렸지요. 연락처를 적어두고 가라고 하셔서 삐삐 번호랑 집 전화번호를 적어두고 왔지요. 한 2주 정도 기다려도 연락이 안 오는 거예요. 그래서 다시 학교로 찾아갔어요. 물론 돌아가서 기다리라는 말만 듣고 왔지요.(청중 웃음) 아무리 기다려도 연락이 안 오기에 어떻게 할까 생각하다가 그 교수님 사모님을 찾아갔어요. 교수 연구실에서 사모님을 뵌 적이 있었는데 당시에 출판사를 운영 하고 계셨고, 그래서 꽃을 사 들고 출판사로 갔지요. 사모님께서 깜짝 놀라시더라고요. 여차저차해서 교수님께 영화 쪽으로 소개를 좀 부탁 드렸는데 안 해주셔서 찾아왔다고.(청중 웃음) 교수님께서 안 해주시는 이유는 알고 있었어요. 1년에 영화과 학생 110명이 졸업을 하는데 과 제자들도 다 취직을 못 시켜주는 실정이었거든요. 그러니 타과 학생한테까지 신경 쓰시지는 못했던 거지요.

그런데 저는 해냈습니다. 결국 교수님이 집으로 전화를 하셨지요. "항준이냐? 너 우리 마누라한테 찾아갔어?" "아, 예. 죄송합니다."(청중 웃음) 그래서 결국 한 영화사의 객원 연출부 막내로 사회에 첫발을 내딛게 됐습니다. 그런데 첫 작품인 〈비상구는 없다〉의 후반부 작업이 들어가면서 회사가 부도가 났어요. 한참 후에야 영화가 완성됐고, 저는 그때 다섯 달 일하면서 10원도 못 받았습니다.

화려한 성공과 잃어버린 꿈

졸지에 직장을 잃고 '아, 나는 왜 이리 운이 없을까' 한숨 쉬다가 갑자기 SBS 예능국에서 작가로 일하는 형이 있다는 게 생각났습니다. 극작과에서 청강할 때 항상 제 옆자리에 앉았던 형이 SBS 작가가 됐다는 첩보를 입수한 거지요. 그 형이 오랜만에 학교에 오는 날을 잡아 만나서 부탁을 했지요. 당시에 그 형이 하던 프로그램이 최고의 인기를 누리던 〈꾸러기 대행진〉이었어요. 희한한 게 그때 마침 프로그램에서 FD를 뽑고 있었던 거예요. 당시 방송 3사의 FD 자리에 들어가기가 하늘의 별 따기였어요. 그런데 딱 자리가 빈 데다 그 형이 메인

PD랑 아주 친했던 거예요. 형도 그 자리가 비었다는 걸 모르고 부탁한 건데 딱 맞아떨어진 거지요.

그렇게 들어갔지만 FD가 하는 일이 뻔하지요. 촬영 준비하고 배차 받고 청소하는 일이에요. 그러다 어느 날 대본이 펑크가 난 거예요. 그리고 제 습작으로 촬영을 하게 돼서, 그걸 계기로 작가의 길에 들어섰습니다. FD 시절, 집에 가면 항상 그날 녹화했던 코너의 내용을 습작하고 영화를 세 편씩 보고 잤어요. 작품성 있는 영화는 제대로 보고, 할리우드 B급 영화는 다른 방식으로 봤지요. 스릴러 영화를 본다고 하면, 맨 뒤로 돌려 악역이 누군지 확인한 다음 앞으로 돌려보면 영화의 전체 구조가 보이는 거예요. 작가나 감독이 이 악역을 몇 신쯤에 등장시키고, 이 인물이 범인인 줄 모르도록 하기 위해 어떤 속임수를 쓰고, 주인공과 이 악역이 언제쯤 만나게 되는지 그 구조가 보이는 겁니다. 이런 걸 깨닫기 위해 그렇게 봤던 건 아닌데, 결과적으로 그게 저한테 많은 도움이 됐어요. 그래서 기회가 왔을 때 잘 잡을 수 있었지요. 그게 제가 SBS에서 일한 지 석 달 만의 일입니다.(청중 환호) 그리고 한두 달 있다가 SBS 작가실에 들어갔지요. 굉장히 신이 났습니다. 월급도 올랐고, 출입증이나 명함 같은 게 나오니 으쓱했고, 여자들한테도 인기가 좋았지요.

AD 중에 김병욱이라는 사람이 있었어요. 지금은 PD가 됐는데, 그 사람이 학력이나 파벌이나 그렇게 좋은 출신이 아니었어요. 방송국 개국할 때 들어왔지만 나름 홀대를 받고 있었지요. 그 사람이 프로그램을 하나 맡게 됐고, 재미난 거 한번 해보자고 작가 세 명 중에 저를 불렀어요. 그런데 같은 회사 프로그램에 섭외할 연예인이며 방송 포맷을 다 뺏기는 거예요. 그렇게 무력할 수가 없었어요. 그때 만든 프로그램이 〈좋은 친구들〉이었습니다. 그런데 그 프로그램이 그때 엄청 인기를 끌었지요. 방송국의 잉여 인력들이었던 작가와 PD가 모여서 만든 것이 SBS 전체 프로그램에서 시청률 1위를 하고, 사장이 금일봉을 주고, 결국 그 주 방송 3사에서도 시청률 1위를 했지요. 일요일 오전 10시쯤 시작했는데, 원래 그 시간대는 죽은 시간대였습니다. 〈한지붕 세가족〉, 〈장학퀴즈〉 이후로는 누구도 일어나서 TV를 보지 않았습니다. 그런데 〈좋은 친구들〉을 하면서 광고 단가가 달라진 겁니다. 김병욱 PD는 PD로서 전성기를 맞이하기 시작했고, 저는 촉망받는 작가가 돼서 인터뷰도 많이 했지요. 아니, 이렇게 잘생기고 젊은 작가가 있다니 하면서.(청중 웃음)

사람이 안락해지면 꿈을 잃습니다. 꼬박꼬박 나오는 월급에 매혹되다보니 영화를 하고 시나리오를 쓰고 싶었던 꿈은 다 놓아두게 됐어요. 94, 95년에는 케이블TV가 한창 활기를 띨 때여서 회의만 해줘도 작가들에게 상당한 돈을 주었습니다. 그런 걸 한 달에 여러 개 뛴다고 생각해보세요. 저도 그때 벌이가 상당히 좋았지요.

그러던 어느 일요일 아침에 어머니께서 전화 받으라고 깨우시더라고요. 전화를 받으니 안 모 실장님이라고 예전에 저를 취직시켜주신 교수님과 절친하시고 몇 번 집에도 데려다주신 분이었어요. 제 인터뷰 기사를 보고 연락을 주신 거였지요. "너 아직도 영화 하고 싶냐? 시나리오 한번 써볼래?" 이렇게 돼서 그날로 방송국 관두고 시나리오를 쓰기 위해 영화사에 출근을 하기 시작했습니다.

사실 영화나 방송의 계약금이 신인한테는 엄청 짠데, 그래도 저는 방송을 하는 중에 계약해서 〈박봉곤 가출사건〉의 시나리오를 썼고, 다행히 그 시나리오가 영화화돼서 당시로서는 흥행에도 성공했습니다. 도탄에 빠졌던 영화사가 돈을 벌고, 저는 그해에 백상예술대상 각본상에 역대 최연소로 노미네이트됐지요. 그때 나이가 스물일곱 살이었으니, 대단하지요?(청중 웃음) 관계자가 저한테 말했습니다. 당신이 역대 최연소 후보자다. 저는 그랬지요. "앞으로 제가 갈 길을 생각하면 아무것도 아닙니다."(청중 웃음)

아무튼 저의 스타트가 아주 순조로웠고, 지금까지 말씀드린 이 모든 일이 순식간에 벌어졌습니다. 제가 2년제 대학을 나오고, 군대도 방위를 갔다 왔기 때문에 4년제를 나오고 현역을 다녀온 제 친구들보다 3~4년은 사회에 빨리 나와서 쉽게 말해 신문에도 이름이 오르내리는 사람이 된 거예요. 영화배우들 만나서 술도 마시고, 세상이 제 것 같았습니다. 그런데 어린 나이에 너무 빨리 성취를 하다보니 자만심, 이상한 똥고집이 생기더라고요.

그러다가 감독을 해야겠다 싶어서 주변에 "저는 더 이상 시나리오 의뢰를 받지 않겠습니다. 제 작품의 시나리오만 씁니다"라고 말하고 다녔습니다. 그리고 이렇게 말하면서 결혼을 합니다.(청중 웃음) 제 아내인 김은희. 제가 예능 작가일 때 아내의 사수였는데, 괜찮아 보여서 결혼을 했지요. 결혼하고 아내에게 말했습니다. "방송 일 그만둬라, 내가 편하게 살게 해줄게. 일하고 싶으면 해라, 배우고 싶은 일 배워. 뭐, 그깟 푼돈 과연 가치가 있을까?"(청중 웃음)

그러나 이후 고난의 길이 시작될 줄은 아무도 예상하지 못했습니다. 시나리오 의뢰를 받지 않았으니 작가로서의 수입은 전혀 없었고, 오로지 제가 쓴 시나리오만 들고 투자자들을 만나 감독을 하겠다고 했지요. 엄밀하게 말해 족보도 없는 놈이 시나리오 한두 개 갖고 나타나 감독을 하겠다고 하니 딱히 누가 봐주질 않았어요.

그러고 3년 정도가 흘렀습니다. 어느 날 아버지가 저희 내외를 불러서 "너는 감독이 못 될 거다. 용산에서 나랑 철공소를 하자" 하시는데, 제가 더 이상 아버지께 드릴 말씀이 없더라고요. 그런데 제 아내가 아버지께 무릎을 꿇고 "이 사람, 언젠가 감독이 될 겁니다. 딱 1년만 시간을 주십시오"라고 했습니다. 며느리가 시아버지께 그런 얘기를 하면 보통 한국 정서상 "말도 안 되는 소리"라고 말하지 못합니다.(청중 웃음) 그래서 저희 아버지께서 "그래? 그럼 딱 1년만 더 시간을 준다"라고 하셨지요.

그때 제가 경제적으로 가장 힘든 시기였습니다. 제 아내에게 돈을 벌어 오라고 했지요. "너 지금 뭐 하고 있니? 나가서 돈 벌어와야지"(청중 웃음) 당연한 것 아닙니까? 남편이 못 벌면 아내가 벌어야지요. 아내도 많이 쉬었잖습니까?(청중 웃음) 그래서 아내가 라디오 작가를 하면서 돈을 벌어 오고, 저는 집에서 살림을 했습니다.(청중 웃음)

저는 '아줌마'라는 사람들이 태어날 때부터 그런 줄 알았는데 절대로 그런 게 아니더군요.(청중 웃음) 제가 요리하는 것도 좋아하기 때문에 집에서 된장찌개를 만들어놓고 아내를 기다립니다. 저녁 7시쯤에 들어온다고 하면 딱 7시에 맛있게 끓이는 거지요. 어머님들께서는 아시겠지만, 가장 맛있는 상태에서 맛있게 먹어주길 바라는 마음, 바로 그거거든요. 그런데 안 오는 겁니다. 한 시간이 지나도 안 오고, 그쯤 되니까 전화도 안 하게 되더라고요. 찌개가 줄기 시작하고, 밥은 윤기를 잃어가고, 한 11시쯤 되니까 현관문 열리는 소리가 들려요. 아내가 술을 먹고 들어온 겁니다. 그래서 제가 앞치마를 사정없이 바닥에 던지면서 소리를 질렀지요. "집에서 기다리는 사람은 생각도 안 하는 거야!"(청중 웃음) 그럼 제 아내가 이렇게 맞받아칩니다. "밖에서 일하는 사람 심정도 생각해줘야지!"

그때 느꼈습니다. 환경이 사람을 바꾸는구나. 이런 감정이 드는 건 남녀가 따로 없구나 싶었습니다. 밖에 일하러 나가는 사람이 하루 종일 기다리라 그러지 않지요. 그래도 기다리게 됩니다. 그렇게 사랑하지도 않아요. 그런데 기다립니다. 왜 그럴까요?(청중 웃음) 저는 언젠가 과학자들이 이런 걸 과학적으로 밝혀줬으면 좋겠어요. 사람의 이런 심리를, 왜 집에 안 들어오면 화가 나는지.(청중 웃음)

기회라는 놈은 뒷머리채가 없다

아무튼 이런 시기를 거치던 중에 예전에 같이 일했던 PD 형이 저를 찾아옵니다. "나는 지금 우리나라에서 시나리오를 제일 잘 쓰는 사람이라 생각한다. 이 시나리오를 가지고 네가 감독을 해줬으면 좋겠다"라고 하더라고요. 그런데 저는 "나는 다른 사람이 감독 할 시나리오도 안 쓰지만, 다른 사람의 시나리오로 감독 하기도 싫어. 이건 작가 출신의 자존심이야"라고 말했습니다. 그 형이 "배가 덜 고프구나" 하면서 시나리오를 두고 갔습니다.(청중 웃음) 그 시나리오가 〈라이터를 켜라〉였지요.

"시나리오 읽어봤어?" "안 한다니까." "그러지 말고 읽어보기라도 해." 형이랑 계속 티격태격하다가 시나리오를 읽었는데 너무 재미가 없는 겁니다. 형을 만나 마지막으로 안 한다는 의사를 전달하면서 "형, 계약서 쓰고 바로 입금해줄 거야?" 물었더니 단번에 "해주지" 하는 겁니다.(청중 웃음) 그래서 저는 남자답게 계약을 요구했습니다. 그 시나리오가 영화로 만들어질 확률이 낮다고 판단한 저로서는 계약금만 받고 1년쯤 흐르면 영화가 엎어지겠구나 싶었던 거지요.

그런데 지금까지 제게 기회가 찾아왔던 때에 비춰보면 그건 가장 소극적인 순간이었어요. 항상 남들이 안 해주겠다고 해도 찾아가서 부탁하곤 했는데, 이번에는 하자고 하는데도 자존심 때문에 안 하고 있었던 거예요. 그렇게 살 필요가 없는데 말이지요. 그래서 다시 시나리오를 읽었습니다. 그런데 여전히 재미가 없는 거예요.(청중 웃음) 내 식으로 어떻게 바꿔야겠다는 생각은 확실히 있었습니다. 그때부터 시나리오를 다시 만지기 시작했지요. 절대적인 해피엔딩을 루저들의 이야기로, 사회적 영웅의 이야기보다는 꿈틀하는 남자들의 이야기로 말이지요. 차승원 씨가 맡았던 조폭 캐릭터도 어찌 보면 슬픈, 권력과 자본주의에 희생된 사람으로 그려보려고 했습니다.

그런데 시나리오를 쓴 박정우 작가가 왜 이렇게 시나리오를 고치는지 모르겠다고 했습니다. 대판 싸우고 따로 시나리오를 고치기 시작했는데 결국 제가 박정우 작가를 못 이겼어요. 당시 박정우 작가는 흥행에 거의 실패하지 않는 억대 작가였거든요. 그래서 저는 '일단 박정우 작가의 시나리오로 촬영을 시작하자, 찍으면서 고치자'라고 마음먹었지요. 성공했습니다.(청중 웃음) 감독이 메가폰을 잡으면 권력은 급변하기 때문이지요. 그다음에는 어떻게 할 방법이 없어요. 제작자나 투자자들이 오면 안 보여주는 거지요.(청중 웃음)

저는 굉장히 운이 좋은 사람이었습니다. 한 번도 운이 나빴던 적이 없었어요. 나이 마흔이 넘어서 생각해보니 '사람이란 게 자기 앞을 스쳐가는 수십 번의 기회를 모른 채 살 수도 있겠구나' 싶었지요. 왜 그런 말 있지 않습니까? '기회라는 놈은 뒷머리채가 없다.' 앞으로 달려서 쑥 지나가는데, 뒤를 돌아 잡으려고 하면 대머리인 거지요.(청중 웃음) 직감적으로 스쳐가는 운을 낚아챌 수 있는 방법은 '갈증'에 있다고 생각합니다. 얼마만큼 그 일에 굶주려 있느냐. 항상 그 일을 생각하고 지켜봤기 때문에 기회를 잡을 수 있었던 겁니다.

분명히 저는 성공하지 못한 감독입니다. 이제 삶의 지혜를 좀 알게 됐는데, 아이러니하게도 나이가 들어가고 있습니다. 제 꿈은 예순 살

왜 그런 말 있지 않습니까? '기회라는 놈은 뒷머리채가 없다.' 직감적으로 스쳐가는 운을 낚아챌 수 있는 방법은 '갈증'에 있다고 생각합니다. 얼마만큼 그 일에 굶주려 있느냐. 항상 그 일을 생각하고 지켜봤기 때문에 기회를 잡을 수 있었던 겁니다.

생일에 촬영 현장의 감독 의자에 앉아 있는 겁니다. 우리나라에 감독이 300명 있다면 그중 200명의 감독은 첫 작품이 유작이 됩니다. 딱 한 작품 하고 평생을 동네에서 감독님 소리 들으면서 사는 거지요. 두 번째 작품을 하는 사람은 그 반, 세 번째 작품을 하는 사람은 그 반에 반입니다.

여러분이 알고 계시는 유명한 감독들은 정말 대단한 사람들입니다. 제가 〈품행제로〉를 만든 조근식 감독과 친한데요. 〈품행제로〉 이후 한참 있다가 〈그해 여름〉이라는 영화를 만들었는데, 그렇게 쫄딱 망할 수가 없는 겁니다. 그 뒤로 영화를 안 만들고 있지요. 월드컵 4강에 대한 자부심이 컸는지 4년에 한 편씩 영화를 만드는 분들이 상당히 많습니다. 그러다 보면 경제적으로 빈곤해질 수밖에 없지만 티를 안 내지요. 영화라는 장르는 점점 놀이공원의 롤러코스터처럼 돼버렸고, 유흥산업의 하나가 돼버렸습니다. 그들은 영화를 배울 때 '영화는 제7의 예술'이라고 배웠던 사람들이지만, 화려한 자본주의 시대에서 살아남기 위해 몸부림을 칠 수밖에 없습니다. 이제 투자자들에게 "이렇게 하면 장사 안 돼요, 이렇게 못 고치겠으면 감독 하지 마세요"라는 말을 듣고, 배우에게도 "분량이 너무 적은데 이 배역은 이렇게 써주면 안 됩니까?"라는 말을 듣는 건 여러분이 알고 계시는 유명한 감독들도 마찬가지입니다.

지금까지 여러분께 부족하나마 제 인생을 '대충' 말씀드렸는데, 저도 앞으로 제 여생을 진짜 대충 한번 살아보려 합니다. 재밌게 즐기면서, 그리고 오는 기회는 잡아가면서 말이지요. 누군가가 그랬습니다. '긴장하면 지는 거고, 설레면 이기는 거다.' 설레면서 아주 대충대충, 이제 돈은 제 아내가 버니까요.(청중 웃음) 얼마나 즐겁습니까. 남은 인생 동안 부족하나마 제가 만들 수 있는 최선의 작품을 보여드리

도록 노력하겠습니다. 감사합니다.(청중 박수)

사회자 장항준 감독님이 오늘 몇몇 어록을 남기셨습니다. '기회라는 놈은 뒷머리채가 없다', '운이 왔을 때 지체하지 않고 붙잡을 수 있었던 힘은 갈증이었다', '설레면서 재밌고 즐기는 인생, 아내 덕에 한번 누려보겠다' 등등.(청중 웃음) 그런 인생이 영화로운 인생임을, 청춘에게 힘차게 말씀해주셨습니다. 부럽습니다.
 감독님, 고2 때 소설을 쓰셨잖습니까. 오늘날 정치권 인사들을 그 선생님들 자리에 넣어서 소설을 쓰신다면 어떤 분을 캐스팅하고 싶습니까?(청중 웃음)

장항준 그렇다면 파란 지붕 밑에 사시는 분을 한번 그려보고 싶은데, 그것참…….

사회자 영화로운 인생에 지장이 되지요?

장항준 그렇지요. 영업 활동에 상당히 지장이 많습니다. 여러분이 생각하시는 것 이상입니다.

사회자 문자 메시지로 들어온 질문입니다. 지금의 감독님을 있게 하는 데 아버님의 영향이 크지 않았는지 물으셨습니다.

장항준 네, 제가 사회의 열등생으로 살아가지 않도록 도와주신 분입니다. 지금도 그렇지만 그때 강남 분위기를 생각해보십시오. 대단한 집안의 아이들이 넘쳐났고 공부 조금 못하면 큰일 나는 줄 알았지요. 그런데 사실 어차피 못하는 놈은 못하고, 잘하는 놈은 간섭 안 해도 잘합니다. 못한다고 때리고 혼낼 필요가 있나 싶어요. 못한다고 혼내면 성적표를 위조합니다.(청중 웃음) '못할 수도 있지'라고 생각하는 게 낫지요. 제가 만약 공부 못한다고 혼나고 위축되고 그랬으면 과연 영화감독이 되겠다고 할 수 있었을까, 세상을 만만하게 볼 수 있었을까 싶습니다.

사회자 영상작가 지망생께서 질문 주셨습니다. 감독님께서는 습작 시절 많은 대본들을 읽었다고 하셨는데, 도움이 될 만한 대본이나 최고라고 생각하는 시나리오가 있다면 추천해주셨으면 합니다.

장항준 최고라는 게 참 애매합니다만, 제가 좋아하는 영화는 〈대부〉입니다. 특히 〈대부〉 2편이 문학성 있고 서사적이라 좋아합니다. 현대 영화로는 다소 국수주의라고 생각할 수도 있지만 미국 영화 〈크림슨 타이드〉가 잘 씌었다고 생각합니다. 그리고 감독으로서 '와, 이 영화 대단하다'라고 생각했던 건 〈블랙 호크 다운〉입니다.

사회자 외국어고에 다니는 학생분이 문자로 질문을 하셨는데요, 이분께는 직접 질문할 기회를 드리겠습니다.

청중1 안녕하세요? 지금 시험 기간인데 친구랑 함께 왔습니다. 감독님 말씀 잘 들었습니다. 감독님의 고등학교 시절 친구들과 제가 지금 학교에서 보고 있는 친구들은 상당히 다른 것 같습니다. 제 친구들은 일단 공부에 지나치게 강박관념이 있는 것 같은데, 자세히 살펴보면 뭔가 뚜렷한 목적을 갖고 공부하는 것 같지도 않습니다. 그런 학생들에게 해주실 말씀이 있다면 한마디 부탁드리겠습니다.

장항준 저도 딱히 잘된 사람이 아니라 말씀드리기가 좀 그런데, 가끔 아내에게도 이런 말을 합니다. 남의 장단에 춤추지 말라고요. 극작가 후배들에게 유행을 따르지 말라고 합니다. 그거 다 남의 장단 아닙니까. 그냥 자기 얘기를 하면 되는 겁니다. 사실 지금 굉장히 힘들다고 하지만 잘 찾아보십시오. 노는 친구들도 있습니다. 그때도 마찬가지였습니다. 그때도 엄청난 입시 스트레스를 받았습니다. 다만 지금과 다른 건, 그때는 대학 나오면 웬만한 데는 다 취직이 됐는데 지금은 그렇지 않다는 거지요.

저는 대학 나오는 거 중요하게 생각합니다. 왜 대학 나오고 국영수 잘한 사람들을 PD로 뽑는지 알겠더라고요. 매번 코피 쏟으면서 밤새워야 하는데, 잠 안 자본 사람들이 유리하니까요. (청중 웃음) 앞으로 뭔가를 하고 싶다면 공부도 적당히 하셨으면 하고요. 어차피 걱정한다고 크게 달라지는 게 없기 때문에 영혼을 살찌우는 데도 신경을 쓰셨으면 합니다.

사회자 이제 객석에서 질문을 받아보겠습니다.

청중2 안녕하세요? 저는 서울예대 극작과 00학번입니다. 말씀 잘 들었습니다. 저도 내년이면 졸업이고 공부도 열심히 한다고 했는데요. 물론 작가는 트레이닝으로 완성되지만 감각이나 감성을 가진 친구들이 많잖아요. 그런 친구들은 학교 다니면서 벌써 백 단위, 천 단위 돈을 벌고 빵빵 터지는데 옆에서 보는 저로서는 자격지심이나 질투에 눈이 멀게 되더라고요. 이런 걸 극복하기 위한 방법을 찾기 위해 그 친구들이 어떤 작품을 읽고 어떻게 공부하나 조사도 해봤지만 그것만으로는 따라잡기 어려웠습니다. 그래서 생각한 게 실패에서 방법을 찾아야겠다는 것입니다. 아까 감독님께서 말씀하신 안 팔린 시나리오, 그것의 원인은 무엇이라고 생각하시는지요? 혹은 경계해야 할 것은 무엇인지요?

장항준 나쁜 시나리오는 아니었어요. 지금도 그 작품에 매력을 느끼는 제작자가 있고, 여전히 기억하는 사람들이 있습니다. 아닐 때 기다릴 줄 알아야 했는데 저는 그게 부족했던 겁니다. 이 작품의 때를 기다리고 빨리 다른 작품을 썼어야 했는데, 무슨 세계적인 걸작인 것처럼 쥐고 있었던 게 가장 후회되는 일입니다.

또 친구분들 얘기를 잠시 하셨는데 희한한 건 초반에 잘된 사람치고 끝이 좋은 사람들이 별로 없다는 점입니다.(청중 웃음) 이건 정말입니다. 절 보면 아시겠지만, 학교 다닐 때 잘된 친구들 중에서 지금 활동하는 사람이 별로 없습니다. 혹시 다른 동물로 변했는지 그건 잘 모르겠습니다.(청중 웃음) 그런데 그런 친구들이 재능이 있었거든요. 너무 빠른 축포와 샴페인은 더 많은 걸 잃게 하는 것 같습니다. 나중에 아시겠지만 끝까지 이 자리에 있는 사람이 이기는 겁니다. 솔직히 그런 사람들에게 배울 건 없습니다. 그냥 배가 아프다는 것만 기억하시면 됩니다. 질투심이 좋은 원동력이 될 겁니다.

사회자 감독님께 꼭 물어봐달라고 한 분이 계십니다. 열정이 있으면 기회가 온다고 하셨는데, 요즘은 청소년은 물론이고 20~30대도 자신이 무엇을 원하는지, 자신의 꿈이 무엇인지 모르는 경우가 많습니다. 어찌 해야 할까요?

장항준 사실은 옛날에도 많았지요. 꿈이 뭔지, 뭘 해야 하는지 모르고 대학 나와서 회사 들어가는 분들이 90퍼센트가 넘었지요. 이제는 저처럼 정도(正道)를 걷지 않은 사람들도 박수 받을 수 있는 세상이 된 거예요. 정통 코스를 밟지 않은 이단아들이 박수 받을 수 있는 세상, 이건 굉장히 신나는 일입니다. 짜여 있는 인생에서 변수들이 생긴다는 말이지요. 그런데 그런 분들이 부각되기 때문에 마치 자기만 빼고 다들 꿈을 가진 것처럼 보이는 겁니다. 물론 꿈은 중요하지만 꿈이 생각나지 않는 것 때문에 괴로워할 필요는 없다고 봅니다. 어떻게 모두가 세상의 밀알이 되겠습니까?(청중 웃음)

청춘에 꼭 필요한 것은 독서와 연애

사회자 20대 청춘을 4년쯤 남겨둔 분의 질문입니다. 청춘들에게 이것만은 반드시 해보라고 권하고 싶은 게 있다면 말씀해주십시오.

장항준 20대가 꼭 해야 할 일 중 하나는 독서인 것 같습니다. 지적 호기심은 읽으면 읽을수록 늘어나는 것 같습니다. 저의 경우 참 다양하게 읽었습니다. 개인적으로는 역사서, 인문서, 사회과학 책도 그랬지만 심리학 책을 아주 재밌게 읽었습니다.

또 하나는 연애라고 생각합니다. 누군가를 죽을 것처럼 사랑하고, 버림받아보기도 하고, 차보기도 하고, 누군가 때문에 술 먹고 4차선 중앙선에 누워보기도 해야 합니다. 트럭이 안 지나가야 다행이지만요.(청중 웃음) 비겁하게 외면하기도 하고, 후회도 하고, 창피한 마음도 느껴봐야 하지요. 아무튼 사람을 많이 사귀어봐야 합니다. 많이 사귀어본 사람이 잘 삽니다. 여러 사람을 만나봐야 선구안이 생깁니다. 제 아내를 보면 아시겠지요?(청중 웃음)

사회자 또 다른 청중 질문 받아보겠습니다.

청중3 안녕하세요? 간만에 꿈에 현빈 씨가 나와서 아주 행복했던 평범한 아줌마입니다. 저는 사실 장항준 감독님의 영화나 〈싸인〉은 보지 못했습니다.

장항준 나가주세요.(청중 웃음)

청중3 그래도 예능 프로그램이나 오늘 이 자리를 통해서 장항준 감독님의 매력을 느끼고 앞으로 감독님의 작품을 챙겨봐야겠다고 생각했습니다. 감독이라는 본연의 직업이 아니라 예능이나 다른 통로를 통해 자신이 알려지는 것에 대해서는 어떻게 생각하시는지 궁금합니다.

장항준 저는 일단 예능에 나가는 것 좋습니다. 방송에서도 말씀드렸지만 제가 예능을 하는 이유는 순전히 돈 때문입니다. 대부분은 이렇게 말하지 않지요. 그 고정적인 수입이, 또 얼마나 편합니까? 예능은 준비할 게 없습니다. 입만 열려 있으면 되니까 양치질만 하고 가면 됩니다.(청중 웃음) 개인적으로 뭔가를 연마해서 갈 필요가 없습니다. 사실은 아주 운이 좋은 거라 생각합니다. 말을 잘한다는 게 옛날에는 정말 쓸데없는 것이었습니다. 천대받고, 진중하지 못하다는 소리를 들었어요. 아마 제가 조선시대 같은 때 태어났으면 남사당패란 남사당패는 다 돌아다녔을 겁니다. 예능은 제게 경제적인 안정을 가져다줘서 좋았고, 저는 사람들이 저를 보고 웃는 걸 굉장히 좋아합니다. 활짝 웃는 모습을 아름답다고 생각하기 때문이지요. 다만 못 웃기면 어쩌나 하는 걱정은 합니다.

사실 〈싸인〉이 상당히 진지한 드라마였기 때문에, 사람들에게 혼란을 주고 싶었어요. 제가 얼마나 가벼운 사람인지 알려주고 싶었지요. 사람은 획일적이지 않다는 걸 보여주고 싶었습니다.

사회자 한 분만 더 질문을 받아보겠습니다.

청중4 안녕하세요? 저는 대학생이고요, 감독님 강연 잘 들었습니다. 제가 여쭤보고 싶은 건 두 가지입니다. 좋은 영화나 드라마는 무엇이라고 생각하시는지, 그리고 이준익 감독님도 앞으로는 상업영화를 안 하시겠다고 하시는데, 그게 무슨 말인지 말씀해주시면 감사하겠습니다.

장항준 여기 계신 분들 중 상당수가 예술영화를 보지 못했을 겁니다. 흔히 잘 만든 상업영화를 예술영화로 착각하는 경우가 많은데요, 예술영화는 정말 재미가 없습니다. 예를 들면 〈살인의 추억〉이나 〈올드

보이〉는 예술영화가 아닙니다. 잘 만든 상업영화입니다.

미국이 전 세계 영화산업을 주도하면서 칸이나 베니스, 베를린 같은 큰 영화제들이 예술성보다는 상업성에 초점을 맞춰서 시상을 하기 때문에 지금 상황에서는 예술영화를 보시기가 힘들 겁니다. 보더라도 '이 영화는 대체 뭐라는 걸까'라는 생각이 들 정도로 대중과의 괴리가 아주 클 테고요.

상업영화와 예술영화의 차이점은 별로 없습니다. 대중적인 정서를 고려하지 않은 작가주의 영화를 예술영화라고 합니다. 대중들이 잘 못 알아들어도 상관없이, 감독만의 상징, 은유 등 감독이 심어놓은 것들에 초점을 맞춘 겁니다. 물론 예술영화 중에도 잘 만든 게 있고 못 만든 게 있습니다. 어떤 메시지를 정확히 관객들에게 전달하고 싶다, 그리고 장르적으로 관객들에게 즐거움을 주고 싶다, 하지만 좋은 만듦새를 보여주고 싶다, 이게 상업영화가 지향하는 겁니다. 전 세계 영화의 90퍼센트 이상이 상업영화입니다. 상업영화 중 90퍼센트 이상이 미국 영화고요. 그 나머지를 갖고 전 세계 나머지 나라들이 나눠 먹기를 하는 겁니다. 실제로 자국 내에서 1년에 10편 이상 영화를 만드는 나라는 몇 안 됩니다. 미국이 다 점령해버렸어요. 미국 영화가 세계 영화가 되었습니다. 프랑스, 이탈리아가 한때 영화 강국이었습니다. 알랭 드롱과 로셀리니 감독을 배출했던 나라가 이제는 영화를 못 만듭니다. 그래서 한국 사람들이 대단한 겁니다. 계속 만들고 있으니까요.(청중 웃음)

사회자 〈한겨레21〉 17돌 기념 제8회 인터뷰 특강 여섯 번째 시간이었습니다. 이제 마무리 말씀 해주시겠습니다.

장항준 부족한 제 말을 끝까지 들어주셔서 감사합니다. 그리고 청춘들, 너무 고통스러워하지 않았으면 좋겠습니다. 고통은 인구의 2~3퍼센트만 느끼고, 저희는 문제점만은 알고 있어서 그들이 변혁을 시도하려 할 때 박수 쳐주는 그런 사람이 됐으면 좋겠습니다. 사회 구성원이 많이 웃어야 좋은 나라라고 생각합니다. 언젠가는 다들 잘되겠지요.(청중 웃음) 이상입니다.

제7강 심성정

자유로이 노래하는 청춘을 위하여

2011년 4월 19일 저녁 7시
서강대학교 곤자가홀

억압의 청춘을
열정의 청춘으로 바꾸는
세상 만들기

심상정 ★ 교육자의 꿈을 이루기 위해 서울대 역사교육과에 입학했으나 마음에 둔 남학생마다 운동권인 바람에 자연스레 운동에 입문했다. 구로공단에서 야학 및 공장 활동을 하면서 참담한 노동 현장의 실상을 깨달았고, 구로동맹파업의 주동자로 지목되어 지명수배자로 살아가기도 했다. 이후 노동운동 활동을 이어오다가 정계에 입문하여 제17대 국회의원으로 활동했다.

사회자 〈한겨레21〉 창간 17돌 기념 제8회 인터뷰 특강 '청춘'! 오늘 그 대미를 장식하는 날입니다. 사회를 맡은 김용민입니다. 오늘은 4월 19일입니다. 51년 전 오늘은 이 땅의 청춘들이 부정선거에 항거하며 민주주의를 바로 세우기 위해 혁명의 깃발을 든 날입니다. 오늘 나온 조사 결과를 보니 대학생 10명 가운데 4명은 정치에 무관심하다고 응답했다고 합니다. '무관심할 때가 아닌데'라는 생각이 듭니다만, 그렇다고 '요즘 청춘들 문제 많다'는 이야기를 하려는 건 아닙니다. 오히려 '요즘 청춘들 참 지혜롭다'는 생각을 해봤습니다. 촛불을 들어도, 시위를 해도, 혁명을 해도 세상은 달라지지 않는다는 거지요.

오늘 모신 분은 정치인입니다. 17대 국회에서 굵직한 존재감을 보여주셔서 상장주식 같다고 '심상장'이라 불린 분이지요. 18대 국회의원 선거에서 낙선, 또 경기지사 출마의 뜻을 접고 지금은 한껏 낮은 자세로 임하시는 분입니다. 너무 정적이어서 요즘은 '심상정'이 됐다고 합니다. 심상정 전 진보신당 대표 모시겠습니다. 큰 박수로 맞아주십시오.(청중 박수) 근황이 어떠십니까?

심상정 미국에 두 달 반 갔다 왔는데요, 미국에 있을 때는 한국 가면 좀 여유 있게 생활해야겠다고 생각했는데 들어오자마자 일정에 많이 쫓기고 있어요. 무엇보다 내년에는 반드시 정권 교체가 돼야 한다는 국민의 열망이 매우 높고, 진보정치가 자기 몫을 다하기 위해 애써야 할 것 같고 그렇습니다. 그리고 아시다시피 제가 정적이고 싶어서 정적인 건 아니고…… 네, 배지(badge)가 없습니다.

2008년에 제가 고양시에서 낙선했을 때 섭섭해 하시는 국민들이 무척 많았어요. 그때 '지켜주지 못해서 미안하다'고도 하셨고, 일주일 새 2천 명이 당원으로 가입해주시기도 했어요. 내년에는 다시 그런 아픔을 드려서는 안 되겠다 싶어 지역구에서도 열심히 해보려고 합니다.

그나저나 요즘 국회에서 출석 좀 불렀으면 좋겠어요. 현역 의원님들이 새벽부터 지역구에서 저희보다 더 열심히 뛰고 계시거든요. 거의 선거전을 방불케 합니다. 주민들께서 "너 그러다 안 된다"고 하세요. 그래서 지역구도 좀 더 열심히 뛰어야 할 것 같습니다.

사회자 직전에 유시민 국민참여당 대표가 그 지역구 의원이셨지요? 유 대표님이 내년에 그쪽으로 출마를 하실까요?

심상정 제가 그분보다 몸무게가 좀 더 많이 나가요. 그래서 나오면 아마 제가…….(청중 웃음)

사회자 사실 생각해보면 얽힌 게 많아요. 경기도지사 때도 그랬고, 만약 내년에 총선에서 또 붙으시면…….

심상정 제가 경기도지사 선거 때 그랬어요, 인생에 도움이 안 되는 사이라고.(청중 웃음) 이제 크게 양보 받을 날이 있으리라 기대합니다.

사회자 지방선거 이후 진보신당이 굉장히 시끄러웠습니다. 당원이 선출한 경기도지사 후보가 그렇게 자진 사퇴할 수 있느냐고요. 심상정 전 대표께서는 대의를 위해, 야권 통합을 위해 도지사 후보에서 내려오셨는데 당시 당내 논란은 잘 수습이 된 겁니까?

심상정 진보신당 창당하고 나서 일찍부터 진보정치의 미래에 대해, 또 변화를 열망하는 국민들과 굳게 손잡으려면 정치를 어떻게 해야 하는가에 대해 근본적인 물음을 갖고 치열하게 논의가 전개됐어야 한다고 보는데, 그런 점에서 저희가 너무 게을렀다고 생각합니다. 진보신당의 대표 선수로서 당원들과 국민들께 송구스러웠고요. 또 밀린 숙제를 한꺼번에 하다보니 상당히 많은 논란을 겪고 있지만, 진보정치가 국민들에게 신뢰를 주는 대안 세력이 되기 위해서는 불가피한 진통이라고 생각합니다.

진보신당은 피임 정당?

사회자 사실 진보신당을 보면 당내 의사 결정이 그 어느 정당보다 민주적이고 공정한 듯 보이지만, 그게 또 단점으로 작용한다는 평가도 있습니다. 논란만 무성하고 권력 의지는 없다보니, 정당은 모름지기 집권을 위해 조직된 정치 결사체인데 불임 정당이 아니라 피임 정당 되는 것이 아니냐, 뭐 이런 얘기도 있고요. 어떻게 보십니까? 진보신당이 내년 대선에서 큰 역할을 해야 하지 않을까요?

심상정 예, 그렇게 하려고 합니다. 이 자리에 오신 분들은 다 공감하고 계시겠지만 진보정치 하는 분들은 과거에 사회운동, 시민운동에 종사했던 경우가 많잖아요. 진정성을 갖고 구석구석 우리 사회의 문제를 천착하고 청춘을 바쳐 헌신적으로 노력해왔던 분들이 많습니다. 그런 진정성을 우리 국민들도 다 알고 계신다고 봅니다. 왜 진보정치가 무럭무럭 크지 않느냐, 빨리 커서 우리 청춘들에게도 힘이 돼줘야 하지 않느냐, 이런 안타까움을 많이 가지고 계실 것 같아요.

저도 진보정치의 얼굴 중 한 사람이다보니 많은 고뇌의 시간을 가졌습니다. 앞으로 정치를 계속할 것인가, 한다면 어떤 정치를 해야 할 것인가, 그리고 대한민국 사회에서 진보정치는 어디까지 가능할 것인가, 이런 것들에 대해 고민을 많이 했는데요, 우리 국민들은 아직 진보정당을 대안 세력, 통치 세력이라기보다는 저항 세력으로 보고 계신 게 현실인 것 같습니다. 그래서 그런 열정과 헌신, 책임을 바탕으로 진보정당이 분명한 집권 전략을 갖췄더라면 훨씬 더 빠른 속도로 국민의 기대에 부응하지 않았을까, 이런 아픈 성찰의 시기를 지금 겪고 있다고 생각하고요. 이런 과정을 거쳐 진보정치가 국민들을 큰 가능성으로 찾아뵙게 될 거라고 확신하고, 내년 총선 전에 그렇게 만들어나가겠습니다.

사회자 정치 이야기를 해서 탐탁지 않아 하는 분들이 계실 것 같은데, 사실 이 이야기를 꺼낸 이유가 있습니다. 오늘날 청춘의 절망적인 현실에 대해 가장 적극적으로 대변해온 정당이 바로 진보정당이고, 그 가운데 진보신당이 있다는 말이지요. 이 진보신당이 현실적 변화를 이끌어내기엔 실제로 힘이 너무 약한 것 아닌가, 청춘들은 이 점을 좀 답답해 하는 것 같고요. 또 청춘들의 의사를 적극적으로 대변해주는 정당인데 왜 당사자들로부터 전폭적인 지지를 얻지 못하는지도 좀 답답합니다.

심상정 파스칼의 아주 유명한 경구가 있지 않습니까? '힘없는 정의는 무력하고 정의 없는 힘은 폭력이다.' 지금 진보정치 세력은 이 경구에서 '힘없는 정의는 무력하다'라는 대목을 되새겨봐야 한다고 봅니다. 작년에 제가 도지사 완주는 못 했습니다만, 그때 많은 도민들한테서 "진보정당 뜻도 좋고 정책도 좋고 신뢰도 가는데 문제를 해결할 힘이 있느냐, 힘을 다 합쳐 돌파해도 쉽지 않은데 지금 이렇게 나뉘어 있지 않느냐" 하는 말씀을 많이 들었습니다. 그런 국민들의 걱정 속에 진보정치가 나아가야 할 길이 있다고 생각합니다.

사회자 심상정 전 대표께서는 미국에 다녀오시기 전에 핀란드, 스웨덴, 노르웨이 북유럽 3국을 다녀오셨는데요. 그 나라의 청춘들도 한국의 청춘들이 아파하는 것과 같은 이유로 아파하는지 궁금합니다.

심상정 저는 원래 교육자가 되고 싶어 사범대에 갔습니다. 그래서 교육에 남다른 관심이 있습니다. 지금은 정치를 하고 있지만 대한민국 사회가 희망을 향해 가려면 제일 먼저 교육부터 바뀌어야 한다는 확신을 갖고 있거든요.

북유럽 3국은 그 나라들의 교육 현실을 보고 싶어서 갔습니다. 청춘이란 말이 새싹이고 푸르름인데, 우리나라 청춘들은 어렸을 때부터 입시를 위해 관리되고 있지요. 그 나라 청춘들은 우리 청춘들에 비해 공부에 찌들어 있지 않고 아주 자유로운 모습이었습니다. 굉장히 부러웠고, 정치인으로서 소명감을 크게 갖게 하는 체험이었어요.

특히 핀란드에 법적으로 규정돼 있는 청소년 의회가 가장 인상 깊었습니다. 핀란드도 19세 이상부터 유권자거든요. 그런데 유권자가 되기 전인 13~18세 청소년들이 실제 지역구 청소년 의원을 선출합니다. 정당과는 상관없이, 학교에서 학생회장 뽑는 것 말고 지역구 청

소년 의원을 뽑습니다. 지역구 단위로 청소년 의회가 구성돼 있고, 재정 지원도 합니다. 두발 자유화라든지 청소년 캠핑 문화를 위한 지원 같은 것들에 대해 청소년 의회 대표들이 의회에 가서 연설도 하고 제안도 합니다. 물론 관철은 잘 안 된답니다.(청중 웃음) 하지만 어렸을 때부터 정치는 낯선 게 아니다, 자신과 공동체를 위해 위임한 권리의 총합이 권력이다, 그 권력에 개입하고 참여하고 평가해야 한다, 이런 생각들을 일상적으로 체득합니다. 그런 모습이 정말 부러웠습니다.

사회자 그 나라들에서 등록금은 어떻습니까?

심상정 평생 무상교육이지요. 재원은 조세로 마련하고요. 우리나라 국민들이 굉장히 고단하고 힘든 이유가 모든 것을 개인이 해결해야 하기 때문이잖아요. 내 직장 문제도 걱정이지만 아이들의 미래까지 짊어져야 하지요. 지금 우리나라 현실은 부모의 부와 지위가 아이의 학교를 결정하고, 또 학벌에 의해 미래가 결정되니까 너무 힘든 겁니다. 그러니 공동으로 책임져야 할 문제들에 대해서는 짐을 내려놓고 십시일반해서 사회가 함께 해결하자, 그게 아이들에게도 출발선에서의 평등권을 보장하는 것 아니냐, 이게 요즘 한참 논란이 되는 보편 복지의 기본 개념이고, 그건 바로 북유럽 3국에서 나온 것입니다.

사회자 뭔가 우물이 아주 깊을 것 같지 않습니까? 그럼 〈한겨레21〉 창간 17돌 기념 제8회 인터뷰 특강 '청춘', 심상정 진보신당 전 대표의 강연으로 여러분을 안내하겠습니다. 큰 박수 부탁드립니다.(청중 박수)

교육자를 꿈꾸던 소녀에서 운동권 여대생으로

심상정 여러분을 만나러 오면서 정말 오랜만에 저의 청춘을 한번 돌이켜봤습니다. 젊은 청춘들도 많이 와 계시고, 또 저와 나이가 비슷한 옛 청춘도 많이 와 계신데요. 과연 제 청춘의 체험이 지금 이 시대를 살아가는 청춘들과 얼마나 소통이 될 수 있을지 걱정하면서 이 자리에 왔습니다.

우선 제 얘기부터 할게요. 저는 78년도에 대학에 갔습니다. 78년 하면 떠오르시는 게 있을 거예요. 79년에 박정희 대통령이 피살됐고, 80년에 광주항쟁이 있었지요. 제가 대학을 다니던 시기는 독재 정권의 말기였습니다. 온 사회가, 특히 대학과 지식인 사회가 독재를 끝장내는 시대적 과제에 올인했던 시기예요.

여러분도 장래희망을 많이 써내셨을 텐데, 저희 때는 그런 걸 새 학년 때마다 써냈습니다. 저는 하고 싶은 것도 아주 많았고 변덕스러워서 한 스무 가지쯤 됐던 것 같아요. 외교관이라고 했다가 미술가라고 했다가 또 역사학자라고 했다가…… 그런데 스무 가지씩이나 써낸 저의 장래희망 중에 정치가는 없었습니다. 하여튼 그런 과정을 거치면서 대학에 가기 전에 '아, 나는 교육자가 돼야겠다'라고 생각했어요. 아버님이 교사이셨고 언니도 교사였으니까, 실제 주변에서 체험할 수 있는 전망이 교육자였습니다. 그래서 사범대에 갔어요.

그리고 대학 가면서 저는 절대 운동권은 안 되겠다고 마음먹었습니다. 요즘은 가훈이 그럴 거예요. '무조건 튀어라!' 아마 부모님들 아이들에게 이렇게 말할 텐데, 저희 때만 해도 부모님들 걱정이 많았어요. 아침에 학교 가려고 툇마루에서 버스표 두 개 받아 가지고 뒤돌아서서 현관을 나가면 뒤에 꽂히는 말이 있었습니다. "절대 나서지 마라."

지금은 우리나라가 세계에서 유례없는 대학 진학률을 보이고 있잖아요. 거의 80~90퍼센트가 대학에 갑니다. 그런데 저희 때만 하더라도 20퍼센트 정도만 갔어요. 그러니 상당히 선택받은 사람들이지요. 그때는 대학만 가면 미래가 보장되던 시절이었습니다. 단, 운동권만 아니라면. 운동권이 되면 인생 끝장난다, 그런 게 있었기 때문에 대학 보낸 부모님들이 "절대 운동권 하지 마라"는 얘기를 귀에 못이 박이도록 했지요.

저는 부모님이 운동권 하지 말라고 해서 안 하려고 했던 게 아니고, 교육자가 돼야겠다는 목표가 뚜렷했기 때문에 할 생각이 없었어요. 대학 들어갈 때 세 가지 소박한 꿈이 있었어요. 그 꿈을 이루기 위해 곁눈질하지 않고 올인해야겠다고 생각했지요. 그 꿈이 뭐였냐면, 아마 지금 대학생들도 그런 꿈을 다 가지리라고 보는데, 첫째는 연애를 실컷 해봐야겠다, 둘째는 참고서 말고 역사책, 소설책 같은 걸 실컷 읽어야겠다, 셋째는 여행을 신나게 다녀야겠다였어요. 이 세 가지가 제가 대학에 가면 꼭 하고 싶었던 일이에요.

그런데 대학 입학 후 5월쯤 전투경찰들이 갑자기 도서관에 밀어닥쳤어요. 당시에는 학교 시위라는 게, 위에서 선배들이 유인물을 뿌리면 전투경찰들이 학교에 들어와 학생들을 잡아 패면서 끌고 갔지요. 저희 과 선배가 데모하다가 피를 철철 흘리면서 끌려가는 모습을 보고 굉장히 충격을 받았지만 애써 외면하려고 했어요. 저는 제 길이 있었기 때문이었지요.

그런 제가 어떻게 운동권이 됐냐. 제가 마음에 들 만한 남자 친구들을 좀 찍어봤어요. 일단, 지나치게 잘생기지 않은 친구. 제가 미모에 자신 없어서 그랬던 건 아닙니다.(청중 웃음) 그때는 제가 긴 생머리 소녀로, 나름 괜찮았어요. 그런데 잘생긴 남자들은 경쟁자가 많을 것 같았어요. 그리고 공부만 하는 친구들 말고 적당히 낭만도 즐길 줄 아는 친구들을 찍었는데, 그 친구들 뒤를 쫓다보면 영락없이 다 운동권이었어요. 그런데 놓치고 싶지 않은 친구가 있었어요. 이 친구와 좀 더 깊이 교제를 하려니 그 세계에 들어가야겠더라고요. 그래서 운동권이 됐습니다.

그렇게 운동권이 돼서 학회에 들어간 이후부터 맹렬하게 시대에 빨려 들어갔지요. 당시 운동권 여학생들은 전부 차림이 비슷했어요. 커트 머리에 청바지 입고 운동화 신고 다녔거든요. 그래서 속으로 '아니 운동권이더라도 저렇게 획일적일 필요가 있나' 하는 생각을 했어요. 왜냐면 저는 긴 생머리에 굽 7센티미터 이하인 신발은 신지도 않았거든요.(청중 웃음) 굉장한 멋쟁이였어요. 지금은 제가 좀 뚱뚱해서 판이 조금 변형됐지만.(청중 웃음) 커트 머리에 청바지만 입고 다니니까 괜히 좀 그렇더라고요.

어쨌거나 학회에 들어가면서 그 남자 친구에게 잘 보이려고 데모하는 곳을 열심히 쫓아다녔어요. 스커트 입고 긴 머리에 하이힐 신고 말이지요. 신림 사거리까지 열심히 데모대를 쫓아다녔는데 연말에 학생처장이 부른다고 해서 갔어요. 갔더니 데모에 참여한 사진을 이만큼 쌓아놓고 제적, 무기정학, 근신, 이렇게 징계를 하는 거예요. 그런데 저는 누가 그런 정보를 준 적도 없고, 운동권 학생들이 갖고 있는 정보조차 전혀 없었기 때문에 그게 무슨 사태인지 몰랐습니다. 지금도 기억이 생생한데, 불려갔더니 학생처장이 안경을 들었다 놨다 하면서 저를 쳐다보더라고요. 도무지 실체 파악이 안 되는 거지요. 다들 위장한다고 마스크 쓰는데 마스크도 안 쓰고, 차림새가 암만 봐도 운동권처럼 안 보이는 거예요. 한참 있다가 저한테 "자네 운동권 애인 됐나?" 이렇게 물어보더라고요.(청중 웃음) 사실 무기정학감인데 제 미모 덕분에 근신 처분을 받았습니다.

　돌이켜보면 저는 정말 제가 원하던 연애를 하고 싶었고, 책을 읽고 싶었고, 여행을 가고 싶었어요. 그런데 연애를 하려다보니 그 시대 지식인으로서의 사명 같은 것으로 쭉 빨려 들어갔고, 제가 읽고 싶은 책을 읽으려고 했는데 그게 다 금서가 돼서 방해를 받았습니다. 그때는 〈아침이슬〉도 금지곡이었고, 얼마 전에 돌아가신 리영희 선생님의 『전환시대의 논리』도 금서였어요. 또 운동권이 되지 않고 제가 추구하는 지성과 낭만을 대학에서 누리고 싶었는데, 그걸 만끽하기 위해서는 독재 정권의 장벽을 뚫고 나가야 하는 상황이었지요.(청중 웃음)

25년 동안 노동운동을 계속할 수 있었던 이유

제가 2004년에 국회에 들어갔을 때 기자들이 저에게 물어본 것은 단 한 가지였습니다. 25년 동안 노동운동을 했다는데, 남들은 이미 다 벗어난 그 길을, 얼마나 이념이 투철했으면 25년 동안 흔들림 없이 했냐는 거였어요. '얼마나 이념이 투철했으면', 이 얘기를 들었을 때 저는 굉장히 낯설더라고요. 저는 이념으로 운동권이 된 게 아니었거든요. 또 90년대 초반에 동구 사회주의가 망하면서 운동권 선후배들이 그 길을 벗어날 때도 "동구 사회주의가 망하든 말든 제가 있는 구로공단 노동자들의 삶이 바뀌지 않았는데 왜 노동운동을 그만둬야 합니까?" 이런 질문을 던졌어요. 누구한테 던졌냐면, 현재 경기도지사인 김문수 씨에게 제기동 컴컴한 지하 다방에서 울면서 던졌습니다. 학생운동으로 우리 사회의 변화를 위해 이 길을 달려왔는데, 그리고 우리 현실은 변한 게 없는데 왜 동구 사회주의가 망했다고 내가 일을 그만둬

야 하느냐는 그 질문을 마지막으로 김문수 씨와 동지 관계를 청산했습니다.(청중 웃음)

'25년 동안 어떻게 흔들림 없이 그 길을 왔느냐', 한 5년까지는 이념으로 할 수 있을 거예요. 그러나 10년, 20년, 25년, 평생을 이념의 힘만으로 살기란 불가능하다고 봅니다. 그리고 제가 어떻게 25년 동안 노동운동을 계속할 수 있었을까 생각해보면 '아, 이 길이 내 길이구나' 하는, 흔들림 없는 확신이 있었던 것 같아요.

다시 한 번 제가 노동운동을 시작할 때를 되돌아봤습니다. 광주항쟁이 있었던 80년 겨울방학에 제가 구로공단에 들어갔습니다. 여러분도 아마 농활은 아실 거예요. 청소년 분들도 대학 가면 농촌활동을 경험할 기회가 있을 겁니다. 그런데 공장활동 경험은 잘 못하셨을 거예요. 그때는 농활도 있었지만 공활도 있었습니다. 여름방학, 겨울방학 때 실제로 공장에 들어가 노동자의 삶을 체험하는 거예요. 저는 한국사회에서 노동자들은 어떤 삶을 살고 있는지를 체험하기 위해 80년 말에 구로공단 공장에 들어갔다가 25년 동안 노동운동을 하게 됐습니다.

공장에 들어가서 '우리 사회의 다수가 노동자인데, 정직하고 성실하고 착한 노동자들이 이렇게 대접을 못 받으면서 생활하고 있구나' 생각했어요. 굉장히 쇼크를 받았어요. 당시엔 노동자를 사회적으로 하대하는 표현이 있었어요. 혹시 아시는 분? 네, 공돌이, 공순이. 텔레비전 드라마에서도 공돌이, 공순이라는 말을 아주 쉽게 썼습니다.

당시에 산업체 특별학급이라고, 공장에 인력이 많이 필요하니까 돈도 벌게 해주고 학교도 보내준다며 농촌에서 13~17살짜리 학생들을 많이 불러왔어요. 그 친구들이 오면 주로 봉제공장 같은 곳에서 '시다'를 하는데, 다림질, 프레스 작업을 오후 4~5시까지 하고 야간학교를 갑니다. 프레스가 뭐냐면, 칼라나 소매를 아주 센 열로 다림질하듯이 누르는 거예요. 또 학교 갔다 오면 기숙사에 가방을 놓고 다시 일하러 와서 철야를 합니다. 그리고 새벽 2시쯤 숙소로 들어가서 아침 9시에 다시 출근합니다. 너무 피곤하지요. 이 친구들이 프레스를 하다가 깜빡 조는 사이에 그냥 손을 눌러버리는 거예요. 그러면 손이 눌린 오징어처럼 됩니다. 이런 산재 사고를 한 달에도 몇 번씩 봤지요.

제가 교육자가 되고 싶었다고 했잖아요? 그런데 내가 정말 있어야 할 곳은 이곳이라는 생각이 들더라고요. 이렇게 성실하고 근면하고 불만도 없고, 박봉 받아 시골에 계신 부모님 약값, 동생 학비 보내주는 사람들이 제대로 대접받는 사회가 돼야 우리나라 민주주의가 발전하지 않겠나, 이런 생각이 들었습니다. 그렇게 한 달 동안 공장활동하면서 결심을 하고 25년 동안 그 길을 걸어왔습니다. 강한 이념과 신념이 25년 노동운동가의 길을 안내한 게 아니라, 내 삶의 주인이 바로 나이기 때문에, 그게 내 길이라는 확신이 있었기 때문에, 25년 동안 남들 하지 않는 노동운동을 계속할 수 있었던 것이지요.

그때 저를 노동운동으로 안내했던 분이 누구냐면, 여러분도 잘 아시는 전태일입니다. 『전태일 평전』을 보면서, 교육자로 살고 싶다는 생각을 했던 제가 굉장히 순진했다는 것을 알았습니다. 전태일 동지는 눈을 팔아서라도 아픈 사람을 도와주고 싶어 했고, 결국은 분신을 통해 우리 사회의 노동문제를 고발했는데 말이지요. 낮은 곳을 향하는 그 연민과 투지, 이런 것들이 젊은 청춘을, 제 열정의 불을 댕긴 거지요. 우리 사회에서 정말 내가 필요한 곳, 또 교육이 필요한 곳에 내 열정을 바쳐야겠다고 생각하게 됐습니다. 지금은 없어졌는데, 명일동에 직업훈련소가 있었어요. 제가 거길 가서 두 달 동안 준비해 미싱사 자격증을 땄어요. 그때가 스물세 살이었는데, 미싱사 자격증을 딱 받아 들고 거의 100미터를 13초 9로 내달리면서 마음속으로 '전태일 동지, 나도 이제 미싱사가 됐어요!'라고 소리를 지르면서 뛰쳐나왔어요. 그때 정말 내 인생의 주인이 됐다는, 벅차오르는 감정을 느꼈습니다.(청중 웃음)

자유란 '자기 이유'의 준말

진보정치가 청춘들의 파트너가 돼야 하기 때문에 고등학생들도 만나고 대학생들도 많이 만납니다. 제가 가끔 고등학생들에게 희망이 뭐냐고 물어보면 그들은 뭐라고 답할까요? 대통령이 되고 싶다든지, 변호사나 미술가가 되고 싶다든지 이런 답을 기대했는데 다들 모기만 한 소리로 "좋은 대학 가는 거요"라고 합니다. 대학에서 강연할 때 "여러분 희망이 뭡니까?" 하면 거의 100퍼센트, 200퍼센트 같은 답이 나옵니다. 아시지요? 예, 취직하는 거지요. 그런 청년들을 만나고 오면 그렇게 마음이 허전할 수가 없어요. 어떨 때는 막 울고 싶어요. 꿈이 거세된 세대구나, 정치인으로서, 또 엄마로서 우리 청춘들의 열정과 끓는 피와 고뇌하는 기회조차 아예 거세시키고 있는 게 아닌가 싶어서 깊은 절망감이 생겨요.

청춘이라면 자신이 뭘 좋아하는지, 뭘 잘할 수 있는지, 어떻게 살아야 하는지, 이런 고민을 부여잡고 끝을 봐야 하는데, 요즘 청춘들은 그런 기회조차 박탈된 세대가 아닌가 싶어 걱정이 많이 됩니다. 전부 트렌드로 안내되고 있는 거지요. 부모님에 의해 어렸을 때부터 좋은 대학 가기 위해 관리되고, 우수한 사람은 사법고시 보거나 삼성 가고, 그게 어려운 친구들은 공무원 시험 보고 임용고시 보는 거지요. IT업

계가 잘 나간다더라, 앞으로 중국이 유망하다더라, 이런 트렌드로 마치 물고기가 떼를 지어 가듯이 개인의 개성과 잠재력과는 전혀 무관한 그런 안내를 받게 되는 겁니다.

그래도 거기에 진입을 하면 그나마 괜찮습니다. 문제는 치열한 경쟁에서 탈락한 사람들이 주변인이 돼버린다는 거지요. 한 번도 그 길 말고 생각해본 적이 없기 때문에 뭘 어떻게 해야 할지 몰라 방황하는 거지요. 하루는 제가 아침 6시 40분쯤 노량진 고시학원 많은 곳을 지나가는데, 사람들이 줄을 엄청나게 길게 서 있는 거예요. 저게 뭔가 하고 차를 돌려서 다시 그 앞을 가봤습니다. 그랬더니 맨 앞줄에 앉으려고 그렇게 줄을 길게 서 있는 거예요. 학문을 하기 위해서가 아니라 갈 데가 없어서 유령처럼 대학을 떠도는 친구들이 굉장히 많다는 겁니다.

요즘 성공이란 말을 많이 하는데, 성공하는 삶을 위해서는 무엇보다 '어떤 게 성공하는 삶인가, 어떻게 살아야 내가 행복한가'라는 질문을 잡고 집요하게 끝을 보시라고 여러분께 권유합니다. 늦지 않았습니다. 내 삶의 주인이 나일 때, 내가 나의 삶을 주도할 수 있을 때 행복하다고 생각해요. 화려한 조명 앞에서 만인의 부러움을 사는 연예인들의 자살 소식 많이 접하셨잖아요. 우리나라 굴지의 재벌이 자살하는 것도 봤습니다. 참 떠올리기도 싫은 일이지만 대통령을 하신 분도 그런 불행한 일을 겪었고요. 높이 올라가는 게 내 행복인가, 그것을 위해 모든 걸 던지고 나를 버리는 게 행복인가, 어떻게 사는 게 행복한 것인가에 대해 진지하게 생각해보시기 바랍니다. 저는 이 자리에 계신 여러 청춘들에게 모든 것을 뒤로 물리고 자유를 찾는 시간을 갖기를 정말 간절한 마음으로 권유합니다. 자유라는 것은 '자기 이유'의 준말이라고 생각해요. 어떤 선택을 했을 때, 나의 이유가 분명한 선택이라면 그건 책임질 수 있는 선택, 즉 행복으로 가는 길이라고 믿어도 좋을 것 같습니다.

고등학교 때 이소룡을 무척이나 좋아하는 친구가 있었어요. 고3 때였는데 하루는 이소룡이 나오는 영화가 그날 끝난다고, 그래서 그걸 봐야 한다는 거예요. 다음 날이 시험인데 말이지요. 저를 꼬이는 거예요. 난 공부해야 하는데, 게다가 난 이소룡도 별로인데.(청중 웃음) 그런데 사람이 부화뇌동의 심리가 있어서 평상시 항상 어울리고 같이 다녔으니까 좀 찜찜하긴 해도 쫓아갔습니다. 그 친구는 자기 목적이 분명했잖아요. 자기가 좋아하는 이소룡을 영화가 끝나기 전에 봐서 정말 즐거운 거예요. 친구는 영화도 즐겁게 보고 밤새 공부해서 시험도 잘 봤어요. 그런데 저는 친구 따라 강남 간 거라 갈 때도 찜찜했지만 가서 영화를 봐도 눈에 들어오지 않고 굉장히 기분이 나쁜 거예요. 내가 영화관에 앉아 있어야 할 이유가 분명하지 않았던 겁니다. '내가 잘못 왔구나' 하는 생각이 계속 드니까 영화도 눈에 잘 안 들어오고, 끝나고 나서 공부도 잘 안 되고 시험도 망쳐버렸어요. 아마 여러분도 그런 경험이 많이 있을 겁니다. 어떤 선택을 하더라도 나의 이유가 분명한 선택, 자기 이유가 분명한 삶, 그것이 자유로운 삶입니다. 그리고 내가 인생의 주인이고 나의 삶을 내가 주관할 수 있을 때 행복한 삶이 아닌가, 저는 그렇게 생각합니다.

저조한 출산율, 지속 불가능성의 지표

25년 동안 노동운동을 하면서 많은 일을 겪었는데요. 제가 언론과 첫 인연을 맺은 게 1985년입니다. 그때 구로동맹파업이라는 큰 스트라이크가 있었지요. 일주일쯤 지나서 KBS 9시 뉴스에 구로동맹파업 배후 주동자로 제 증명사진이 나왔어요. 1계급 특진에 현상금 500만 원이 걸린 수배자로 언론과 첫 인연을 맺었는데요.(청중 웃음) 제가 9년 동안 수배 생활을 했는데 여성으로서는 최장기입니다.

대학 다닐 때는 소주 한 병을 꿀떡꿀떡 마시곤 했는데, 수배 생활을 하면서 심장병도 앓고 해서 그 후로는 술을 잘 못 마셔요. 대학 때 저를 본 분들은 내숭 떤다고 하지요. 하지만 무엇보다도 제가 노동운동가로서 청춘을 살며 고통스러웠던 건 저희 어머니 때문이었어요. 당시에는 공안 사건도 많았고 사형당한 분들도 계실 만큼 아주 고충을 많이 겪었잖아요. 제가 수배 생활을 하고 전담반이 구성돼 사돈의 팔촌까지 다 뒤지니까 '우리 딸 이제 죽었다' 생각하셨고, 안면에 마비 증세까지 왔습니다. 몇 년 동안 얼굴도 못 보면서 참 어려운 과정을 겪었지만, 저는 제가 가는 길을 의심하지 않았고, 자부심을 가졌고, 어떤 어려움이 있어도 그 길을 가는 게 행복했습니다. 진짜 훌륭한 삶은 행복한 삶이고, 그 행복한 삶은 자기 이유가 분명한 선택인 거지요. 그러니까 25년을 견뎠지요. 그렇지 않았다면 많은 분들처럼 저도 이 길을 진작 벗어났을 겁니다.

저는 우리 청춘들을 어떻게 해방시킬 것이냐, 그것을 위해 정치가 할 수 있는 일은 뭐냐, 하는 생각만 하면 마음이 정말 급해집니다. 그런데 이건 제도나 정치의 힘만 가지고는 불가능하고, 각자 자신의 위치에서 노력을 해야 한다고 봐요. 우리나라가 세계에서 대학 진학률이 최고입니다. 제가 갖고 있는 자료로는 80~90퍼센트가 대학에 진학하지만 졸업 후 정규직에 취업하는 사람은 30퍼센트 정도예요. 아무리 경쟁해도 70퍼센트는 속된 말로 루저가 되는 겁니다. 그러니까 친구하고 경쟁해서 이기는 길을 간다 하더라도 70퍼센트는 어쨌든 뜻을 이루지 못하는 게 현실이 됐어요. 30퍼센트가 되기 위한 노력뿐만 아니라 70퍼센트의 좌절을 극복하기 위한 공동의 실천과 연대도 매우 중요하다고 봅니다. 제 인생에서 매우 중요한 투자라고 생각합니다. 더 중요하게는 수십 년 동안 한국 사회를 주도해온 성장이나 경쟁, 효율 가치만으로는 더 이상 사회가 지속 가능할 수 없다는 인식을 국민들이 광범위하게 공유하고 있다고 생각합니다.

역대 정권들이나 대선 후보들이 성장률이 높아지면, 그러니까 불 많이 때서 아랫목 따뜻해지면 윗목까지 따뜻해진다는 이야기를 많이 했는데, 이제는 국민들이 그거 안 믿습니다. 불 많이 때도, 아랫목이 새카맣게 타들어가도 윗목은 여전히 냉골일 수 있다는 걸 국민들이 기억하고 있어요. 무엇보다 인생이 너무 고단하고, 모든 걸 개인이 짊어져야 하는 이런 사회가 견디기 힘들기 때문이지요.

우리 사회가 그런 방식으로는 지속 가능할 수 없다는 걸 상징적으로 보여주는 게 뭐냐, 바로 출산율입니다. 우리나라는 세계에서 가장 아이를 안 낳는 나라입니다. OECD 선진국 중 최하가 아니고 180개 나라 중 꼴찌에서 두 번째인가 그렇습니다. 포항공대 교수가 분석한 바에 따르면, 이 출산율이 그대로 2100년까지 가면 대한민국 인구가 절반으로 줄어든답니다. 이대로 300년 동안 유지하면 지구상에 대한민국 국민은 한 명도 없게 되는 심각한 상태입니다. 아이를 낳는다는 것은 세대가 재생산된다는 것이잖아요. 세대가 재생산되는 데 위기가 생겼다는 건 이 사회가 지속 가능하지 않다는 것이지요.

왜 아이를 안 낳는가? 6~7년 전에 '조' 모 신문에서 우리나라 여성들이 몸매 관리한다고 애를 안 낳는다는 망발을 하기에 너무 속상해서 제가 그 신문을 쫙 찢은 적이 있습니다.(청중 웃음) 그런데 지금은 그런 망발 하는 사람이 없습니다. 제가 노르웨이, 핀란드, 스웨덴에 가서 북유럽의 교육과 보육제도가 완벽할 만한 수준이 돼 있는 배경을 공부하며 알게 됐는데, 스웨덴의 경우 사민당이 70년 동안 집권하면서 권력과 예산을 복지국가를 만드는 방향으로 계속 투여한 겁니다. 말하자면 국민들이 위임한 시민권의 총합, 그게 권력 아닙니까? 그 권력 자원을 복지국가를 만드는 데 투입한 겁니다. 그래서 세계 최고의 복지국가가 된 거지요. 저출산 문제를 해결하기 위해 온 사회와 정치권이 머리를 맞대서 얻은 결과가 바로 보육과 교육제도였던 거지요. 그에 비하면 우리는 더 심각한 겁니다. 온 사회가 머리를 맞대고 이 문제를 해결하기 위해 촉각을 기울여야 하는데, 이명박 대통령께서는 1년 조기 입학 안을 내놓으시고. 애를 1년만 키우고 맙니까?(청중 웃음) 지금 상황이 이렇습니다.

우리가 최근 카이스트 사태에서 눈을 못 떼는 이유는 바로 카이스트가 대한민국과 다를 바 없기 때문입니다. 저는 대한민국 사회가 전환기에 접어들었다고 봅니다. 한국 사회를 수십 년 동안 주도해온 가치, 그것을 뒷받침하는 시스템과 제도로는 더 이상 안 되고, 이제는 새로운 대한민국의 시대를 열어야 합니다. 우리 국민들이 얼마나 답답하고 불안합니까? 직장 때문에 불안하고, 아이들 때문에 불안하고, 노후가 불안하고, 방사능 때문에 불안하고, 구제역 때문에 불안하고, 온통 불안한 3년이었습니다. 이 불안함은 근본적으로 변화해야 하며, 강력한 변화의 열망을 우리 국민들이 갖고 있다고 생각합니다. 그리고 정치에서 그 변화의 물꼬를 터주기를 기대하고 있습니다. 저는 대한민국 사회가 바야흐로 정치의 시대에 접어들었다고 봅니다. 내년이 선거철이기 때문에 정치의 시대라는 뜻이 아니고, 대한민국이 앞으로 어떤 방향으로 나아가야 할 것인가와 관련해 정치의 역할이 결정적이라는 의미에서 한 말입니다.

저는 요즘 일본을 많이 생각해요. 일본을 반면교사로 삼아야 한다고 봅니다. 일본은 이미 70년대부터 저출산 고령화가 큰 사회문제가 됐습니다. 아시다시피 55년 동안 자민당이 집권하면서 고속 성장을 했거든요. 그런데 고속 성장을 하면서도 저출산 고령화 문제에 대해서는 그 어떤 정책도 내놓지 않았어요. 그게 바로 일본의 잃어버린 10년의 원인이 된 거지요. 일본이 그런 위기를 극복해가는 힘이 도리어 일본이 갖고 있는 약점이라는 얘기를 한 적이 있는데, 결국 일본의 인구는 점점 감소하고 있습니다. 저출산 고령화 문제는 일본에 비해 우리나라가 좀 더 심각한 상태라고 봐요. 그리고 이 추세로 갈 때 대한민국 미래의 잠재력을 생각하지 않을 수 없다는 겁니다. 그래서 정치의 역할이 중요하다는 생각을 하면 할수록 여러분께 머리 들기가 죄송하지요.

이제는 노동이 존중되는 복지국가로 나아가야 할 때

국민들은 근본적인 변화를 원하고 있고, 그 변화의 열망을 가장 적극적으로 받아들이자고 시작한 게 진보정치인데, 진보정치가 아직 국민들에게 큰 희망을 드리지 못하고 있습니다. 그러나 저는 국민들의 강력한 변화의 열망이 정치를 변화시킬 것이라는 확실한 믿음이 있습니다. 지금 여야를 불문하고 전부 복지를 향해 달려가지 않습니까? 정당의 정책이 복지이기 때문에 복지로 달려가는 것이 아니라, 지난 지방선거에서 국민들의 정치에 대한 바람이 과거와는 현격하게 달라졌다는 것을 정치인들이 아주 놀란 가슴으로 받아들이고 있는 거지요.

제가 2007년까지 국회에 있었는데요. 17대 국회에서는 복지를 이야기할 때 반드시, 복지 뒤에 '병' 자가 붙었습니다. 진보정당을 제외한 다른 정당에서는 '복지병'을 우려하는 토론만 벌였지요. 그런데 지금 너 나 할 것 없이 복지를 이야기한다는 건 정말 상전벽해와도 같은 일입니다. 저는 정치를 시작한 지 오래되지 않았어요. 2003년 민주노동당 비례대표 1번으로 국회에 들어와서 지금 7년 정도 됐는데요. 정치를 시작한 이래 가장 많이 들었던 말이 "그런데 되겠어?"입니다. "무상교육, 무상의료, 뜻은 좋은데, 그런데 되겠어?" "심상정 똑똑하고 능력 있고 헌신적이지만, 그런데 그거 가지고 되겠어?"(청중 웃음) 이 말을 들으면서 저는 우리 국민들의 정치에 대한 절망을 마주 보는 것 같았어요. 그런 절망을 분명히 바꿀 거라는 믿음으로 바꾸는 게 한국 사회가 변화하는 길이고 한국의 청춘들이 희망을 갖는 길이라는 확신을 가졌습니다.

여러 가지 질문들이 있겠지만 일단 저는 '평등과 평화와 생태 복지국가의 길, 새로운 대한민국의 길을 열기 위해 진보정치가 어떻게 나가야 할 것인가'라는 큰 틀에서 정당들이 자신의 노선과 비전을 중심으로 재편돼야 한다고 봅니다. 진보정당도 지금 많이 분산돼 있는데, 진보정당들의 통합뿐만 아니라 진보정치를 열망하는 그 힘들을 최대한 세우고, 또 내년 선거에 복지국가로 나아가기 위한 연대와 협력을 통해 연합 정치를 가장 적극적으로 실현해서 단순한 정권 교체가 아니라 복지국가 대한민국의 길을 열어가는 희망을 만드는 데 최선을 다하겠다는 약속을 드립니다.

그리고 오늘 4·19잖아요. 아침에 일어나서 '과연 대한민국의 민주주의는 어디까지 와 있는가, 우리의 민주주의 현주소는 어디인가?'라는 질문을 던져봤어요. 민주화 초기에는 독재 정권을 무너뜨리는 것, 말하자면 정권 교체 자체가 가장 중요한 목표였습니다. 그러나 '우리가 절차적 민주주의를 쟁취한 이후 민주주의가 어디까지 왔는가?'라는 물음에 대한 답은 우리 국민들이 얼마나 행복한가가 판단 기준이 돼야 한다고 생각합니다.

이제 대한민국은 민주주의도 상당히 제도화됐고, 세계 10위권에 이르는 경제 대국으로 성장했습니다. 그런데 과연 대한민국 국민들은 세계 10위권 경제 대국에 걸맞은 행복을 누리고 사느냐, 그 점에서 우리는 고개를 숙일 수밖에 없습니다. 다 아시겠지만 자살률 최고입니다. 특히 20대 여성 자살률이 최고예요. 출산율 최저지요. 각종 복지 지표율 역시 최하 수준입니다.

그 누구도 우리가 이룩한 경제성장만큼, 또 우리가 이룩한 민주주의만큼 행복하다고 이야기할 수 없는 현실입니다. 그래서 저는 이제 우리 삶의 질을 높이고 우리 청춘이 자기 삶의 주인이 되는 새로운 대한민국을 위해 제2의 민주 혁명이 필요한 시기라고 판단하고 있습니다. 그 길을 여러분과 함께 힘차게 달려갔으면 하는 바람으로 오늘 강연을 마치겠습니다.(청중 박수)

사회자 인생의 행복은 자신의 삶을 스스로가 주도할 때 온다, 자유는 '자기 이유'의 준말이다, 자기 이유가 분명한 삶일 때 행복하다, 그렇다면 우리 국민은 행복한가, 이런 의문을 심상정 전 진보신당 대표께서 우리에게 던져주셨습니다.

많은 분들이 질문을 보내오셨는데요. 우선 최근 이슈가 되고 있는 진보 단일 정당과 야권 단일화에 대한 의견과 비전을 물어 오신 분이 많습니다.

심상정 저는 민주당의 이른바 '좌클릭'은 굉장히 바람직하고 좋은 일이라고 봅니다. 문제는 공동의 목표를 가지고 연합을 할 것이냐, 정당을 하나로 갈 것이냐 하는 건데, 각 정당이 자신의 비전을 다 제출하지만 국민들은 정치적으로 체험한 수준만큼 그 당의 정체성을 인정하는 것 같아요. 그런 점에서 지난 1월에 〈한겨레〉에서 실시한 국민 여론조사를 살펴보니 야권이 연대해서 반드시 정권 교체를 해야 한다는 데 대해서는 국민들이 압도적으로 주문을 하셨어요. 그러나 정당을 원칙 없이 통합하는 데 대해서는 경계하시는 분들이 많았습니다.

저는 우리가 추구하는 '복지국가 대한민국'이라는 과제가 한 번의 집권으로 이루어질 문제는 아니라고 생각합니다. 지속적으로, 일관되게, 책임감 있게 축적해나감으로써 이뤄야 할 과제라는 점을 볼 때, 정당은 노선과 비전이 비슷한 당끼리 재편하고, 선거나 정책에서의 연대는 가장 광범위하고 적극적인 것이 우리 정치 발전을 위해서도 매우 중요한 길이 아닌가 생각합니다.

그런 점에서 저는 국민들이 대체로 세 흐름으로 보는 것 같아요. 크게 한나라당 흐름이 있고, 또 민주당 흐름이 있고, 그다음에 진보정당 쪽의 흐름이 있지요. 지금은 당이 굉장히 많이 분화돼 있는데 국민들이 구별해서 보는 그 흐름대로 정당들이 좀 정돈돼서, 그것을 토대로 야당이 내년에 적극적인 선거 연합을 포함한, 연합 정치를 이루었으면 합니다.

내년 정권 교체는 단순히 후보 단일화라는 소극적인 공조로는 이룰 수 없다고 생각합니다. 작년 지방선거 때도 제가 경험한 것처럼 유시민 후보와 민주노동당이 먼저 단일화를 하지 않았습니까? 그 직후에 제 지지율이 갑자기 6퍼센트로 뛰었어요. 민주당하고 먼저 단일화를 한 다음 민주노동당하고 2차 단일화를 했는데 민주노동당과의 단일화 효과는 그다지 크지 않았던 것 같아요. 그리고 민주노동당 지지자들이 심상정 지지로 더 많이 온 것 아닌가 싶습니다. 즉 후보 단일화는 큰 정당의 표본주의로 인식되는 측면이 많기 때문에 단일화를 하더라도 한 후보의 지지층을 확실하게 표로 결집시키는 데에는 한계가 있다고 봅니다.

그리고 우리 국민들이 야권이 연대하길 바라는 것은 단지 대통령 후보를 단일화하라는 주문 이상의 것이라고 봐요. 정권을 잡아서 과거 정권보다 훨씬 잘할 수 있다는 그런 신뢰가 우리 국민들에게 필요한 게 아닌가 합니다. 그래서 단일화뿐만 아니라 국민들의 요구를 가지고 정책도 합의하고, 또 단순히 정책 합의만 하는 게 아니라 공동 정권을 구성해서 이것을 책임 있게 실천하는 데까지 야권 공조의 전망을 제시할 때 국민들이 안심하고 권력을 주지 않겠는가라는 생각입니다. 결국 진보정당을 새롭게 크게 재편해서 국민들에게 가능성을 보여드리고, 동시에 진보적인 연립정부 구성을 목표로 한 적극적인 연합 정치를 구현해야 한다는 게 제 생각입니다.

사회자 문자 메시지로 들어온 질문입니다. 사람이 나이가 들수록 보수화되는 이유는 무엇일까요?

심상정 왜 보수화되냐고요? 청춘이 가니까.(청중 웃음) 저는 요즘 이런 얘기를 많이 해요. 저희는 사명감의 시대를 살았습니다. 대한민국 현대사에서 개인의 삶보다 사회와 역사에 몰입할 수밖에 없었던 시기, 그게 바로 그 시대 교체기거든요. 그 시대 교체기에 지식인의 사명감으로 소명을 외면할 수 없어서 많은 젊은이들이 그 길을 갔지요. 진보정치가 잘되려면 우선 우리가 억눌림으로부터 해방돼야 합니다. 운동할 때는 과거 독재 권력이 타도의 대상이었잖아요. 정치는 굉장히 부패한, 기득권의 것이자, 경원시되는 대상이었어요. 그러니까 운동을 오래 한 분들은 권력과 친할 수가 없어요. 반면에 현실정치에서 집권을 하려면 권력이란 단어와 아주 친하게 지내야 하지요. 굉장히 괴리감이 있었습니다. 이런 것들을 우리가 잘 극복해야 한다, 이런 말씀을 드리고 싶습니다.

사회자 마이크를 객석으로 넘겨드리겠습니다. 많은 분들이 자녀 교육과 관련된 질문을 하셨는데요. 한번 질문을 해주시기 바랍니다.

국민의 힘으로 예산의 우선순위 바꿔야

청중1 사회를 가꾸는 데 있어서 무엇보다도 교육의 힘이 크다고 하셨는데, 우리나라 교육이 잘못됐다는 것은 다들 인식하고 있지만 어디서부터 어떻게 풀어나가야 할지 얽혀 있어요. 그 방법이나 방향을 어떻게 시정해야 할지 모르는 상황이지요. 어디에 우선순위를 두고 어떻게 접근해서 풀어나가고 싶으신지 구체적으로 말씀해주시면 좋겠습니다.

심상정 우리나라 국민들은 아이들 교육 문제라면 모든 것을 걸지 않습니까? 좋은 정치는 국민들이 가장 절실하게 생각하는 문제를 정책의 우선순위로 두는 것이라고 생각해요. 보수냐 진보냐를 떠나서 말이지요. 그래서 우리나라에서는 교육 문제가 정치의 중심 과제일 수밖에 없다고 생각합니다.

어디서부터 해결할 수 있느냐, 되는 데부터, 뚫리는 데부터 해야겠지요. 댐 같은 경우도 작은 구명 하나면 둑이 무너질 수 있듯이 교육 문제는 순서를 잡아서 하기가 굉장히 어려운 문제라고 봅니다. 예를 들면 무상급식 문제가 있습니다. 무상급식 방법과 관련해 많은 논쟁이 있었지요. 그런데 저는 무상급식 자체보다도 우리가 낸 세금을 제일 먼저 아이들한테 써라, 좀 세속적인 표현입니다만, 우리가 낸 세금을 '뻐까번쩍하게' 건물 짓는 데 쓰지 말고, 콘크리트에 쏟아붓지 말고 우리 아이들에게 써라, 이렇게 말하고 싶습니다. 무상급식은 국민들의 강력한 문제 인식이 상징적으로 표출된 거라고 보거든요.

그런데 교육 문제도 그래요. 너무나 힘들어요. 하지만 경쟁의 길 말고 우리의 연대를 통해서 문제를 해결할 수 있는 가능성이 입증된다면, 저는 우리 학부모들이 그곳으로 다 몰릴 거라고 봅니다. 그게 바로 서울, 경기를 포함해 다섯 군데에서 진보 교육감을 탄생시킨 힘일 겁니다. 사실 곽노현 씨가 교육감으로 당선되기 전부터 그분 이름을 알던 서울 시민이 얼마나 됐을까요? 진보 교육감이라는 것 하나 가지고 당선된 거지요. 저는 그렇다고 봐요. 그리고 그 학습 효과, 그러니까 김상곤 교육감을 통해 학습하셨던 효과라고 보거든요?

그럼 김상곤 교육감이 1년 동안 교육감 하시면서 재선되기 전에 많은 걸 이뤄놓으셨냐 하면 하나도 이뤄놓으신 게 없어요. 왜? 다 반대에 부딪혀서 실현된 게 하나도 없어요.(웃음) 그런데 왜 국민들이 신뢰를 하고 다시 압도적으로 찍어주셨냐? 저는 이 점이 매우 중요하다고 보는데요. 과거의 정치는 국회의원 선거든 대통령 선거든 좋은 공약 내서 당선되더라도 야당이 반대하면 그 반대가 약속을 어기는 명분이 됐어요. 이래서 안 되고 저래서 안 되고 하면서요. 그래서 공약은 흐지부지되고 '빌 공(空)' 자가 돼버렸잖아요? 그런데 김상곤 교육감은 한나라당 의원들이 막고, 도지사가 막고, 검찰에서 간섭하는 그 모든 방해에도 불구하고 당신을 찍어준 국민들을 믿고 일관되게 자기 공약을 추진해갔다고 보거든요. 저는 그런 정책적 성실성, 신뢰, 이것이 큰 힘이 됐다고 생각하고, 결국 교육감님께서 그 힘으로 지금 자신은 이뤄내신 것, 저는 이것이 중요하다고 봅니다.

무엇보다도 중요한 것은 학교 현장, 공교육을 바꾸는 것일 텐데요. 그 모델로 제시되고 있는 것이 혁신학교 실험입니다. 지금 경기도 일원에 혁신학교가 있는 곳은 집값이 너무 많이 올랐어요. 전부 그곳으로 이사를 가고 있어요. 제가 있는 고양시에도 서정초등학교라는 혁신학교가 있는데 지금 너 나 할 것 없이 다 이사를 가고 있어요. 공교육이 제대로 바뀌는 것에 대한 엄마들의 열정이 얼마나 큰가를 보여주고 있습니다.

그런데 그런 혁신학교가 말 그대로 혁신을 잘해서 성공 사례가 되면 '우리 아들딸 다니는 학교는 왜 그렇게 안 하냐' 이럴 거 아니겠습니까? 그런 공감대가 쌓이면 예산의 우선순위를 우리 국민들의 힘으로 다시 바꿀 수 있다고 봐요. 경기도의 혁신학교에서 시도하듯이 한 반을 20~25명 이내로 만들고, 나아가 핀란드처럼 15~20명의 학생에 교사가 두 명씩 들어가는, 그리고 상대평가가 아니라 절대평가로 이루어지는 곳으로 학교를 바꿔야 합니다.

사실 이런 제도가 아무리 좋다 해도 지금 우리는 실현할 수가 없어요. 조건이 안 되기 때문이지요. 그러나 그런 모범을 창출함으로써 개혁에 대한 국민들의 신뢰를 만들어내고 그것을 바탕으로 예산 순위도 바꿔가면서 학교를 개혁할 수 있다고 생각합니다. 시간이 많이 걸릴 것 같지만 작년부터 시작한 혁신학교의 시도가 성과를 내는 데 3년에서 길게는 5년쯤 걸린다고 봅니다. 그렇게 해서 성과가 나온다면 공교육 개혁에 상당한 가능성을 만들어낼 수 있고, 국가 정책의 우선순위, 예산의 우선순위를 교육 환경 개선에 두는 데 우리 국민들이 힘을 모아주실 거라고 봅니다.

이런 과정을 통해서 보다 궁극적으로는 고등교육이 개혁돼야 하지요. 제도 개선 방안은 다 연구돼서 나와 있습니다만, 문제는 그런 개혁을 추진할 수 있는 힘이 없는 것인데요. 그 힘은 우리 국민들의 힘으로 만들어가야 하고, 국민들이 힘을 만들려면 그런 모범 사례들이 축적돼야 하는 겁니다. 열심히 경쟁하는 것뿐만 아니라 이렇게 제도도 바꾸고 내용도 바꿈으로써 '우리가 희망을 찾을 수 있구나' 하는 신뢰를 만들어갈 수 있지 않을까 생각합니다.

사회자 교육 문제에 대해 상세하게 답변을 해주셨습니다. 또 다른 질문입니다. 사회문제에 별 관심이 없는 친구들 혹은 관심은 있는데 운동 방식이 마음에 안 들어서 거리를 뒀던 친구들을 젊은 시절엔 어떻게 보셨고, 또 지금은 어떻게 판단하시는지요?

심상정 대학 다닐 때 비운동권의 대표적인 사람이 바로 저였잖아요.(청중 웃음) 그런데 그때는 80년도가 대학 민주화의 봄이라고 해서 운동권, 비운동권이 따로 없었어요. 정도의 차이는 있었겠지만 대학인들 모두 독재를 청산하는 데 나섰고요. 돌이켜보면 저는 제 일을 하느라 바빠서 저와 같은 길을 가지 않는 분들에 대해 크게 의식하지는 않았던 것 같아요. 그런데 자기 이유가 분명한 선택이 아니고 사명감에 이끌려, 그리고 당위로 운동을 시작한 분들은 결국 오래 못 버티고, 또 자신이 희생을 한다고 생각하기 때문에 그 일을 함께 하지 않는 분들에게 섭섭함을 드러내게 된 것 같아요. "나는 공적인 일에 나 자신을 희생하고 헌신한다. 그런데 왜 당신은 안 하냐?" 그렇게 가는 것 같아요. 그런데 저는 그게 제 삶이었기 때문에 다른 분들이 이 일을 안 하는 것에 대해서는 크게 문제의식을 가져본 것 같지 않습니다.

사회자 고등학교와 대학교에 다니고 있는 청춘들이 이런 질문을 많이 해주셨네요. 청춘들이 정치에 관심을 가지려면 어떻게 해야 할까요?

심상정 최근에 제가 미국에서 7개 대학 순회강연을 했어요. 제가 정치인이다보니 제 강연을 들으러 오는 사람들 중에 정치 지망생이 많았어요. 그거야말로 제가 부러웠던 점입니다. 정치하고 싶어 하는 사람이 많아야 합니다. '훌륭한 정치인이 되겠다, 내가 대통령 한번 해보겠다' 이런 마음을 먹으면 정치와 훨씬 더 친해지지 않을까요?
   특히 여학생들에게 추천하고 싶어요. 여성에게 정치는 블루오션이에요.(청중 웃음) 제가 아주 귀중한 정보를 드리는 겁니다.

대한민국 정치의 희망은 20~40대 여성

사회자 여성 정치와 관련한 질문도 상당히 많았는데요, 그중 하나입니다. 지금은 고인이 되신 한 여성 독립운동가가 "조선 여성이 깨어야 진정한 독립이다"라고 하셨는데, 사회적 약자인 여성들이 깨어 있기 위해서는 어떻게 해야 할까요? 책을 많이 봐야 할까요? 발표는 시키지 마세요, 하셨습니다.(청중 웃음)

저는 이 자리에 계신 여러 청춘들에게 모든 것을 뒤로 물리고 자유를 찾는 시간을 갖기를 정말 간절한 마음으로 권유합니다. 자유라는 것은 '자기 이유'의 준말이라고 생각해요. 어떤 선택을 했을 때, 나의 이유가 분명한 선택이라면 그건 책임질 수 있는 선택, 즉 행복으로 가는 길이라고 믿어도 좋을 것 같습니다.

심상정 대한민국의 여성들은 지금 충분히 깨어 있어요. 이명박 대통령의 지지도가 50퍼센트 이상이라는 여론조사 결과가 여러 번 발표됐잖아요. 그럼에도 불구하고 걱정이 뭐냐면, 20~30대 여성의 지지율이 20퍼센트를 넘어선 적이 한 번도 없었다는 거지요. 그래서 여성특보를 둬야 하느니, 뭐 이런 고민들이 있었나봐요. 어떤 언론사에서 저한테 질문을 했습니다. 왜 이명박 대통령이 여성들에게 인기가 없습니까? 인물 때문에 그렇습니까?(청중 웃음) 솔직히 말씀드려서 별로 호감형은 아니지만 그래서 그런 것만은 아니겠지요. 사실 여성들이 좋아할 이유가 없어요. 왜냐면 대통령 되시자마자 제일 먼저 여성가족부 없애려고 했지요, '마사지 걸' 얘기도 하셨지요…….

인기가 있을 일은 없는데, 그보다 지금 우리 20~40대 여성이 누구냐는 거지요. 지금 30~40대 여성들은 다 고학력자입니다. 그리고 30~40대쯤 되면 아이들 교육 문제 때문에 굉장히 큰 부담을 갖고 있고, 어르신들 모셔야 하고, 직장도 다녀야 하거든요. 대한민국의 엄청난 짐을 온몸으로 지고 있는 게 30~40대 여성들이에요. 이분들은 호남이냐 영남이냐에 관심 없습니다. 오직 자신이 짊어진 짐을 덜어주면 동그라미고, 그렇지 않으면 가위표지요. 그게 지금 30~40대의 거품 없는 정치의식인 거지요.

지난 번 촛불시위 때도 젊은 엄마들이 많이 나오셨잖아요. 저는 대한민국 정치의 희망을 20~40대 여성들에게서 봅니다. 그리고 제가 하고 싶은 정치가 바로 이 여성들과 함께 가는 정치입니다. 저는 20~40대 여성들이 행복으로 가는 길을 안내하는 게 진보정치라는 아주 확고한 믿음을 갖고 있습니다. '대한민국 정치는 여성에게 달렸다.' 이럴 때는 박수가 막 나와줘야 하지 않나요?(청중 박수)

사회자 이번에는 남성분께 질문 기회를 드리겠습니다.

청중3 안녕하세요. 만나서 반갑습니다. 저는 20대 청춘 세대의 정치 참여에 대해 질문하고 싶은데, 사실 20대의 정치 참여가 쉬운 문제는 아니라고 생각합니다. 20대는 어떤 의무적인 동인에 반응하지 않는 것 같아요. 흔히들 얘기하는 20대의 비정치화나 무관심, 정치 혐오는 정치 참여에 대한 자기 이유가 뚜렷하게 와 닿지 않기 때문이라고 생각합니다. 20대의 정치의식이나 정치 참여에 대한 의견을 듣고 싶습니다.

심상정 촛불집회 때 사실 대학생들은 많지 않았고 중고등학교 학생들이 많이 나왔잖아요. 고등학교 고학년이나 대학생들은 인생이 참 바쁩니다. 다른 것에 신경 쓸 겨를이 없어요. 그 길 달려가는 것만도 바쁘기 때문에 다른 데 신경을 쓸 수가 없어요. 제가 대학 강연을 가면 질문이 항상 그렇습니다. "학생운동을 하면 경쟁에서 밀리는데 어떻게 운동을 할 수 있을까요?" 몇 년 전만 하더라도 대학생들이 성공 신화를 좇아 경쟁에 적극적으로 뛰어들었는데, 요즘 대학생들 생각은 이렇습니다. '제발 루저만 되지 않기를.' 그래서 앞으로 많은 변화가 있을 수밖에 없습니다.

정말 경쟁을 통해 나의 미래를 개척할 수 있느냐 할 때, 다수가 어렵다고 판단하고 있고 이것이 절망의 원인이 되고 있지 않습니까? 저는 지금이 전환기라고 보고 있어요. 그러면 결국 다른 해법을 찾아야 할 텐데요. 진보정치가 우리 정치에 가장 절실한 20대를 정치로 불러내는 역할을 해야 하는데, 그런 역할에 매우 소홀했고 또 특별한 방법을 찾기도 어려워 그게 죄송스럽습니다.

내년 선거에서 20대가 자신의 문제 인식을 갖고 비례후보로 전면에 나선다면, 실제로 의미를 가질 수 있는 시대가 왔다는 생각도 듭니다. 그래서 20대를 불러내기 위한 다양한 활동이 필요하다고 보고, 20대를 위한, 우리 대학생들을 위한 맞춤형 공약 같은 것들도 적극적으로 개발해야겠다고 생각하고 있습니다.

사회자 시간이 다 돼서 마지막 질문을 받도록 하겠습니다.

청중5 저는 국책연구기관에서 프로젝트 연구원으로 근무 중입니다. 현재 국책연구기관에서 일하는 연구원의 40퍼센트가 비정규직입니다. 그 40퍼센트는 석사급 연구원들이고, 나머지 60퍼센트는 박사급 연구원들입니다. 그러니까 박사급 연구원들만 정규직이라는 거지요. 물론 비정규직도 있습니다.
　제가 알기로 비정규직 법안은 심상정 대표님께서 17대 국회에 계실 때 만들어졌는데요. 그 법안의 2년 시효가 끝나던 지 지난해 말부터 지난해 초에 아주 많은 논란이 있었고, 작년 1월에는 국책연구기관의 비정규직 노동자들은 또 다른 비정규직으로 분류돼 2년 시효가 없어지고 무기한 비정규직으로 고용할 수 있다는 이상한 제도가 만들어졌습니다. 그런 비정규직 법안에 대해 복안이 있으신지 궁금합니다.

심상정 지금 비정규직 문제는 일부 노동자의 문제가 아닙니다. 이 문제는 노동 문제 차원을 넘어서서 우리 사회, 경제, 정치의 핵심 과제라고 봅니다. 그리고 최근 복지국가 이야기가 있지만, 복지라는 것은 사실 2차 분배거든요? 그러니까 제대로 된 복지국가가 되려면 결국 노동시장 문제, 그리고 비정규직 문제가 해결돼야겠지요. 그리고 한 재벌 그룹이 한 나라 경제의 4분의 1을 차지하는 사회에서는 정상적인 경제 민주주의를 기대하기 어렵습니다. 사실 우리가 복지국가를 쉽게 이야기할 수 없는 이유는, 바로 이런 문제에 대해 진정한 의지를 가지고 해결해나가야 하지만 그 해결이 쉽지 않기 때문입니다. 굉장히 강력한 의지와 노력이 필요한 이유는 그 개혁에 따르는 저항이 엄청나게 크기 때문입니다. 다들 복지국가를 이야기하지만 그것을 가장 진정성 있게, 책임 있게, 또 끝까지 밀고 나갈 그럴 정치적 구심으로서 진보정당이 보다 굳건하게 서야 한다고 생각합니다.

그런 점에서 비정규직 문제는 17대 국회에서 4년 동안 가장 주력한 문제입니다. 당시 열린우리당 정부에서 추진했던 현재의 비정규직법이 비정규직보호법이라고 돼 있지만, 그것은 비정규직을 양산하는 법이라는 게 그때 저의 주장이었습니다. 결국 그 법이 시행된 이후 그것이 비정규직을 양산하는 법이라는 걸 누구도 부정하지 못하게 됐고, 그래서 현재 민주당과 당시 비정규직법을 강력하게 추진했던 유시민 대표도 이제는 비정규직법을 다시 바꿔야 한다고 했습니다. 저희가 주장하는 사유 제한, 어떤 특별한 이유가 아닌 경우에는 비정규직을 사용할 수 없다고 법에 명시하자는 게 핵심이거든요. 그 점에 대해 지금 야권이 일단 정책적으로는 합의를 하고 있습니다.

정책적 합의는 잘되는데 실현이 잘 안 되니까, 내년 선거 국면에서 야권 연대의 가장 핵심적인 정책 과제로 비정규직법 개정 문제를 두고, 단순한 합의가 아니라 연립정부 구성까지 나아가 실제로 그것을 실현시키는 데 모든 노력을 다하겠다는 게 지금 저와 진보정당들의 입장입니다.

사회자 좋은 말씀 잘 들었고요. 〈한겨레21〉 창간 17돌 기념 제8회 인터뷰 특강 '청춘', 대단원의 막을 내리게 됐는데 일곱 번에 걸친 강연의 핵심을 요약하자면 '청춘이여, 너는 너의 것이다'인 것 같습니다.

마지막으로 심상정 전 대표님의 마무리 말씀을 듣도록 하겠습니다.

심상정 저는 청춘이 꽃피어야 대한민국의 미래가 꽃필 수 있다고 생각합니다. 또 저와 진보정치는 청춘을 꽃피우는 파트너가 되겠다는 약속을 여러분께 드리고 싶습니다. 감사합니다.(청중 박수)

내가 걸은 만큼만 내 인생이다
ⓒ 강풀 홍세화 김여진 김어준 정재승 장항준 심상정 2011

초판 1쇄 발행 2011년 10월 7일
초판 19쇄 발행 2021년 9월 6일

지은이 강풀 홍세화 김여진 김어준 정재승 장항준 심상정
펴낸이 이상훈
편집인 김수영
본부장 정진항
인문사회팀 권순범 김경훈
마케팅 김한성 조재성 박신영 조은별 김효진
경영지원 정혜진 이송이

펴낸곳 (주)한겨레엔 www.hanibook.co.kr
등록 2006년 1월 4일 제313-2006-00003호
주소 서울시 마포구 창전로 70(신수동) 화수목빌딩 5층
전화 02-6383-1602~3 **팩스** 02-6383-1610
대표메일 book@hanien.co.kr

ISBN 978-89-8431-509-9 03810

• 값은 뒤표지에 있습니다.
• 파본은 구입하신 서점에서 바꾸어 드립니다.
• 이 책의 내용 일부 또는 전부를 재사용하려면 반드시 저작권자와 한겨레출판(주) 양측의 동의를 얻어야 합니다.